中国博士后科学基金项目(编号：20110490802)
中国教育部人文社科项目（编号：11YJC630070）
重庆市软科学计划项目(编号：CSTC2011CX-RKXA10014)

网络外部性环境下的企业研发行为

Wangluo Waibuxing Huanjingxia de Qiye Yanfa Xingwei

黄波 熊德章 皮星 著

西南财经大学出版社
Southwestern University of Finance & Economics Press

图书在版编目(CIP)数据

网络外部性环境下的企业研发行为/黄波,熊德章,皮星著.—成都:
西南财经大学出版社,2012.8
ISBN 978-7-5504-0802-9

Ⅰ.①网… Ⅱ.①黄…②熊…③皮… Ⅲ.①企业—技术开发—研究 Ⅳ.①F273.1

中国版本图书馆 CIP 数据核字(2012)第 194193 号

网络外部性环境下的企业研发行为

黄 波 熊德章 皮 星 著

责任编辑:刘佳庆
助理编辑:志 远
封面设计:杨红鹰
责任印制:封俊川

出版发行	西南财经大学出版社(四川省成都市光华村街 55 号)
网 址	http://www.bookcj.com
电子邮件	bookcj@foxmail.com
邮政编码	610074
电 话	028-87353785 87352368
照 排	四川胜翔数码印务设计有限公司
印 刷	郫县犀浦印刷厂
成品尺寸	148mm×210mm
印 张	7.5
字 数	185 千字
版 次	2012 年 8 月第 1 版
印 次	2012 年 8 月第 1 次印刷
书 号	ISBN 978-7-5504-0802-9
定 价	25.00 元

前 言

本书是中国博士后科学基金项目（编号：20110490802）、中国教育部人文社科项目（编号：11YJC630070）及重庆市软科学计划项目（编号：CSTC2011CX－RKXA0062）以及第三军医大学人文社科基金课题“基于优化配置公共卫生医疗资源的军地医疗机构合作机制研究”的阶段性研究成果之一。

随着网络经济和高科技产业的发展，越来越多的行业所提供的产品或服务（如即时通信软件，电信或网络服务等）呈现网络外部性特征，即，随着使用产品或兼容产品用户数量的增多，每个用户从消费此产品中获得的效用将增加。具有网络外部性的产品或服务往往还具有一个明显特征，就是产品或技术的更新升级很快，创新行为比较频繁，研发溢出效应比较明显。网络外部性和溢出效应条件下，企业的研发活动呈现出与传统产业不一样的特征。因此，若能对网络外部性和溢出效应环境下的企业研发投资策略进行研究，找出不同环境下的企业最优研发投资策略，可以提高企业（尤其是高新技术企业）的研发投入，增强企业核心竞争力。

随着市场竞争的加剧，产品生命周期的缩短，以及网络经济和高新技术产业的发展，供应链间的产品开发和技术创新竞争越来越激烈，产品网络外部性特征和创新溢出效应明显。为了缩短产品开发周期，利用优势创新资源，增强核心竞争力，供应链上下游企业间的纵向创新合作已成为企业主要创新方式之一。若能对网络外部性、溢出效应环境下的供应链企业纵向合作创新投资策略进行研究，找出不同环境下的供应链企业最优创新投资策略，将极大地提高我国企业的创新投资积极性。

本书针对我国企业，尤其是高新技术企业研发投入不足的现状，以及网络外部性和溢出效应环境下企业研发投资特征，对网络外部性下基于溢出效应的企业独立研发、行业内横向合作研发以及供应链纵向合作研发行为进行研究，并分析网络外部性、兼容性以及溢出效应等对企业研发动机及研发投资策略以及社会福利等的影响，找出不同环境下的企业最优研发投资策略以及完全合作模式下的利润分配机制，为企业研发投资策略以及政府科技政策的制定提供科学的决策依据。

全书共分四部分9章。

第一部分包括第1章“概述”和第2章“我国企业自主研发现状及动因”，在介绍网络外部性及溢出效应等基本概念的基础上，对我国企业自主研发的现状及动因进行了阐述。

第二部分为网络外部性环境下基于投资溢出的行业研发行为研究，包括第3章“网络外部性下基于投资溢出的企业独立研发行为”、第4章“网络外部性下基于投资溢出的行业内横向合作研发行为”和第5章“网络外部性下基于投资溢出的供应链纵向合作研发行为”组成，研究存在网络外部性及投资溢出效应下，单个企业独立研发和双寡头企业同时独立研发时的企业独立研发行为、行业内企业间合作研发行为及供应链纵向合作研发行为，并分析网络外部性、兼容性、投资溢出等对企业独立或合作研发行为的影响，并就促进供应链完全合作提出按投入比例分配机制及该机制下的中间产品转移价格。

第三部分为研发外包激励机制设计，包括第 6 章“网络外部性下基于成果溢出的企业独立研发行为”、第 7 章“网络外部性下基于成果溢出的行业内横向合作研发行为”和第 8 章“网络外部性下基于成果溢出的供应链纵向合作研发行为”，研究存在网络外部性及成果溢出效应下，单个企业独立研发和双寡头企业同时独立研发时的企业独立研发行为、行业内企业间合作研发行为及供应链纵向合作研发行为，并分析网络外部性、兼容性、成果溢出等对企业独立或合作研发行为的影响，并就如何促进供应链上下游企业采用完全合作模式提出按投入比例分配的利润分配机制及该机制下的中间产品转移价格。

第四部分包括第 9 章“网络外部性下企业研发行为未来研究方向”，主要介绍本书的研究方向及未来的研究方向。

本书由熊德章负责撰写第 4、7、9 章；皮星负责撰写第 1、2、6 章；黄波负责其余章节的撰写以及全书的总体构思和统稿。

本书是团队全体成员积极参与研究和撰写的成果，本书团队成员还包括幸昆仑及赵世海，他们直接参与了本书研究和撰写的全过程，在此表示深深感谢。

本书在写作过程中参考了大量文献，虽已尽可能地列在书后的参考文献中，但仍难免有遗漏，这里特向被遗漏的笔者表示歉意，并向所有的作者表示诚挚的谢意。

由于时间仓促及作者水平有限，本书错误之处在所难免，敬望读者批评指正。

黄波

2012 年 5 月

目　录

1 概论

1.1 网络外部性的内涵

1.1.1 网络外部性的概念

1.1.1.1 网络外部性的定义

网络外部性可以从不同角度来理解，主流的观点倾向于从市场主体中消费者之间的相互影响来认识。Katz 和 Shapiro（1985）给出了一个明确的定义：当一个用户消费（使用）一种产品所获得的效用随着使用该产品人数的增加而增加时，就存在网络外部性。Farrell 和 Saloner（1985）将这一定义扩大到了购买兼容产品的情况，Economides（1996）则强调了产品预期销量的作用。著名的“梅特卡夫”法则（Metcalfe Law），即英特网的价值与连接到该网络上的人数的平方成正比）便是网络外部性在英特网情况下的具体表现。从更加广义的角度来说，网络外部性意味着在网络中一种行为的价值的增加，即采取相同行动的代理人数量增加时该行动产生的净价值增量（Hendler 和 Golbeck，2008；López - Sánchez 等，2008）。网络外部性概念揭示了用户数量与产品价值之间的正反馈关系。

从消费者价值角度看，网络外部性意味着网络用户获得的价值包括两部分：一是产品的独立价值（自有价值），即与网络大小无关的产品本身所具有的价值，但有时独立价值为零（如固定电话这样的纯网络产品）；另一部分是网络价值（协同价值），即用户从新用户加入中获得的额外价值，由网络大小决定（张铭洪，2002；史晋川，刘晓东. 2005），如图 1.1 所示。

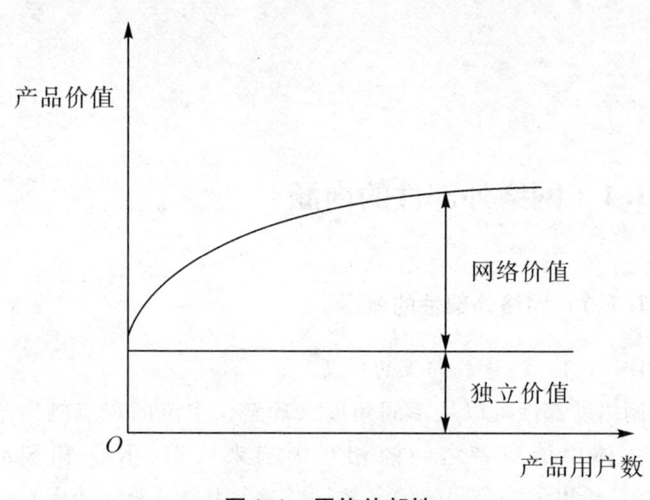

图 1.1　网络外部性

1.1.1.2　网络外部性的分类

网络外部性分为直接（Direct）和间接（Indirect）网络外部性。当用户数量的增加对产品价值有直接影响时，这种产品就具有直接网络外部性；当用户数量的增加对产品价值有间接影响的时候，这种产品就具有间接网络外部性，间接网络外部性通常存在于由互补兼容产品构成的“网络”中（Corts，Lederman，2009；Markovich，2008；Hwang，Oh，2009；Klimenko，2009）。

从另一个角度看，网络外部性可以分为正网络外部性和负网络外部性。网络外部性的定义揭示了网络外部性是一种正的外部性，主流文献中所谈及的也往往是正网络外部性，但这并不意味着负的网络外部性就不存在。例如拥塞就是一种负外部性（Kono，2006；Csorba，2008a，2008b）。但在网络经济中，正网络外部性所带来的经济影响更大，本书所讨论的网络外部性也为正网络外部性。

1.1.2 网络外部性市场特征

1.1.2.1 需求曲线的变化

传统经济学中的需求曲线向下倾斜，消费者对某一产品的需求随着产品价格降低而增加。而对网络产品而言，最后一单位的支付意愿随着预期销售量增加而上升。如果预期销售量随着实际销售而增加，那么均衡时对最后一单位的支付意愿可以随着已经出售的数量而上升。因而，具有网络外部性产品的（预期实现的）需求—价格组合可能不是处处向下倾斜。

消费者在购买第 n 个单位的具有网络外部性产品 A 时，其支付意愿会随着对产品 A 的预期销量增加而上升，但在预期销量已确定的情况下，其消费意愿又会随着价格的下降而上升。假设消费者在预期销量 n^e 单位情况下，为第 n 个 A 产品愿意支付的价格为 $p(n; n^e)$。$p(n; n^e)$ 是第一个变量 n 的减函数，因为需求曲线向下倾斜；而 $p(n; n^e)$ 是第二个变量 n^e 的增函数，反映消费者支付意愿随着对产品预期销量增加而上升。在一个简单的预期均衡已经实现的模型中，有 $n = n^e$，进而可以定义已实现预期的需求为 $p(n; n)$（Yetiskul ea al.，2005；Yin，Lawphongpanich，2006）①。

图 1.2 是典型的具有网络外部性产品的需求曲线。每条曲

① 预期概念强调均衡时预期值与实际值总是相等的，从“结果”角度强调预期是“理性”的。

线 D_i（i = 1，2，3……）表明了在给定预期销量 $n^e = n$ 情况下消费者为一个变动的数量 n 所愿意支付的价格（传统的需求曲线）。当预期实现，曲线 p（n；n）就是网络外部性下的需求曲线。可以看到整个需求曲线呈倒“U”型。

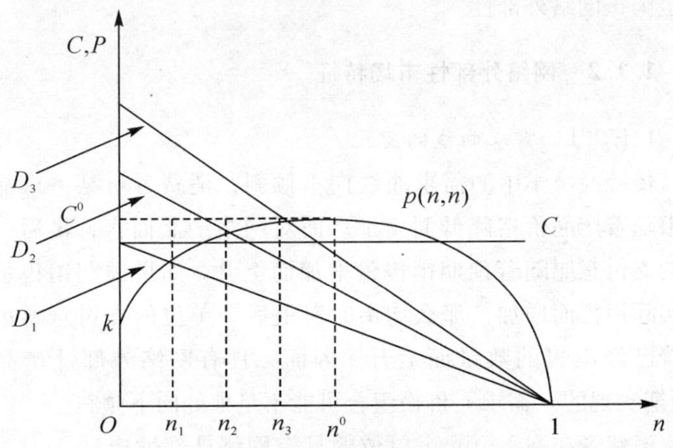

图 1.2　网络外部性下实现预期的需求曲线

1.1.2.2　市场不稳定性与均衡多重性

网络外部性的存在使得市场变得相当不稳定。市场的不稳定可能来自预期的作用，网络外部性作用下预期的销售量往往比实际的销售量更加重要。当网络规模未达到临界规模的时候，就会出现市场不稳定。

网络市场的均衡多重性也会导致市场不稳定性。由于网络外部性的存在，单一均衡的现象被打破了，取而代之的是多重均衡（Multiple Equilibrium）。在图 2.1 中，C^0 表示 p（n；n）尖峰时的边际成本，对 $C > C^0$，唯一的均衡是零规模，对 $C^0 > C > k$，除了零规模外，在水平的边际成本 C 与 p（n；n）相交的地方还有两个均衡。均衡中较低的一个是不稳定的。较高的一个是稳定的。对于 C < k，只有一个大于零而且稳定的均衡。

均衡的这种多重性是市场“一边倒”特征在静态模型中的具体表现（Lin，2008）。由于市场存在多种均衡，加上非零临界容量的存在，网络外部性市场很容易出现一边倒的情况：即没有达到临界容量的网络都将趋近于消失，而实现临界容量的网络则将步入网络规模与网络价值的正反馈，并由边际成本条件决定一个临界容量以上的均衡规模（曹辐建，顾新一，2002；王国才，朱道立，2004）。

1.1.2.3 收益函数的变化

边际收益递减规律是传统经济学的基本原理之一。而网络外部性的存在却往往意味着收益递增：厂商销售的产品越多，产品的价值就越高，获得的收益也会递增。

但是，传统经济学中的边际收益递减与网络经济学中的收益递增并不是相互矛盾的。传统经济学中的边际收益递减规律是建立在供给基础上的，围绕着生产要素的增加导致收益变化情况进行分析；网络经济学中的收益递增则是建立在需求基础上的，讨论的是消费者需求对收益的影响，是一种“需求方规模经济”。在网络外部性明显的产业中，需求方对收益的影响开始成为商业和经济活动的重心。网络外部性所带来的收益递增规律并非是对传统经济学收益规律的否定，这两者实际上在经济中共同发挥作用（Baake，Boom，2001；Church，Gandal，2001）。

1.1.2.4 消费者预期影响市场均衡

需求方规模经济使得网络外部性市场竞争均衡的确切性质取决于消费者如何形成对网络的预期。预期实现的均衡模型通常假定消费者具有理性预期，这种理性预期暗示消费者应该能够正确预测市场结果，因此均衡是确定的（Katz，Shapiro，1985）。

然而，即使在理性预期均衡情况下，仍不能消除多种均衡。以传真机为例，如果每个消费者都认为没人购买传真机，那么就不会有人购买它，即存在一个包含零用户的预期实现均衡。但如果潜在消费者都在网络之中，那么，每个消费者将获得超过生产的边际成本的消费收益。假定每个消费者都相信大量的消费者将购买传真机，从而许多人将购买传真机，结果就有第二个实现的预期均衡。因此，消费者预期对市场倒向哪一种网络有重要影响。正如 Shapiro 和 Varian（1999）所说，“预期流行的网络将主导市场”。

1.1.3 网络外部性下企业研发特征

研发对企业和产业的发展具有十分重要的作用和意义，产业组织一般认为，研发活动具有“研发收益非独占性”、“研发过程的周期性及其相应的高风险性”、“研发的不确定性”等特点（丁国荣，2004；霍沛军，陈继祥，2002）。与一般市场的企业研发相比，网络外部性下的企业研发呈现自身独有的特征，主要表现在以下几个方面：

1.1.3.1 存在过大惰性和过强冲力两种低效率

具有网络外部性产业的技术创新往往表现出两种相反的现象：一方面，新技术很难成功被引进并取代原有的技术，即使新技术更先进；另一方面，在某种技术（标准）已经主导市场时，一种新技术或者新产品也可能被过早引进。网络外部性研究文献表明，这两种现象都与产业网络外部性有关（Suarez，2004）。

针对上述现象，Farrell 和 Saloner（1985）首先提出了过大惰性和过强冲力的概念。在网络外部性条件下，由于存在相互依赖的效用函数，用户必须预测哪个技术会被广泛使用，因此每个用户都有等待激励。技术的早期采用者使得后来用户担心陷入困境而选择旧技术，从而导致技术锁定。QWERTY 键盘一直作为标准键盘使用是技术锁定的经典例子。而在某种技术（标准）已经主导市场时，新技术新产品也可能被过早引进，使得旧用户面临被抛弃的危险。如计算机 CPU 市场，从奔 2 到奔 4，英特尔公司引入新产品的速度越来越快，对旧技术用户造成损害。最终，网络外部性会导致技术创新的两种低效率：过大惰性，即市场过度停留在已经落后的技术上和过强冲力的概念；过强冲力，即市场过早地转向一种新的先进技术。

1.1.3.2 企业技术创新呈现循环波动现象

在具有网络外部性的市场中，企业技术创新呈现循环波动特征。在新技术引入的初期，不同的技术相互竞争（标准之战），技术的采用主要取决于采用者对技术网络规模的预期（Autant - Bernard, 2007）。网络外部性使得竞争结果表现为“赢家通吃”，最终一种技术获胜占领市场，成为行业技术标准。当一种技术标准主导市场时，标准之战转化为标准内部的竞争，此时整个市场呈现相对稳定的状态，进入波动性的渐进创新时期。创新可能是对原有技术升级，也可能是一种因为过大的研发激励引起的剧烈的技术创新。当剧烈的技术创新出现时，新技术的出现又会导致技术间的竞争，从而进入新一轮的标准之战和标准化过程。所以，网络外部性下整个技术发展呈现循环波动的现象，如图 1.3 所示。

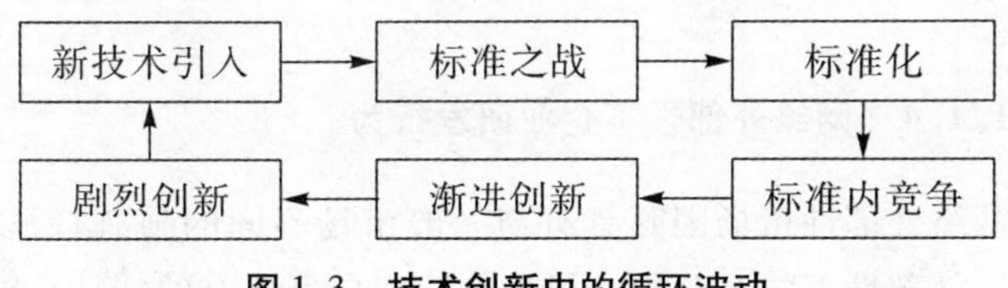

图 1.3 技术创新中的循环波动

1.1.3.3 技术扩散不同于传统产品

传统产品技术扩散呈现S形，扩散速度先上升，到拐点后下降。在一项创新广泛采用前，由于对创新的信息知之甚少，使用者风险较大。随着更多使用者采用这一创新，风险大大减小，扩散速度不断加快。随着越来越多的厂商采用这项创新，潜在采用者日益减少，导致扩散速度重新放慢，最终停止下来（梁丹等，2005）。

与传统产品相比，网络外部性产品的采用更加依赖于其他用户的采用决策，这使得传统产品与网络外部性产品的技术扩散过程表现出某些不同特征。首先，在网络外部性环境下，用户人数直接导致产品价值的变化，因而对扩散过程的影响也要大得多；其次，由于过大惰性使得潜在用户在采用决策时会犹豫不定，害怕加入到一个“错误”的网络中，由此产生了一种进入新网络的障碍；最后，购买传统产品的决策是决策过程的最后一个要素，但对于网络产品来说，购买并不表示决策过程的完成。网络产品随后的使用对扩散过程也很重要。如果用户没有获得预期的效用，他们可能会停止使用，造成整个网络效用下降，从而阻碍技术扩散。

总之，网络外部性的影响使得技术扩散的速度在初始阶段更慢，而一旦达到临界容量后，网络产品的扩散速度在短时间内迅速加快，并且很快超过传统产品的扩散速度，然后趋于稳定。

1.1.4 网络外部性下企业研发行为

网络外部性市场因其具有与一般市场不同的独有特征，使得网络外部性下的企业研发行为也呈现自身独有的特征。因此，国内外学者从各方面对网络外部性下的研发行为进行了深入研究（如：Sung，Carlsson，2007；Manove，Llobet，2004；Wang et

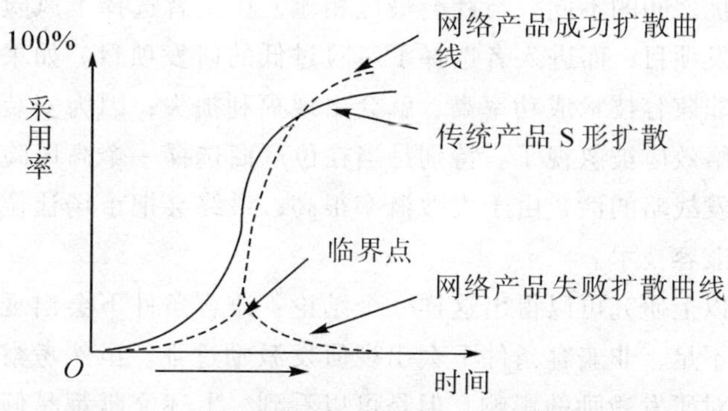

图1.4　网络产品与传统产品的扩散模式比较

al. 2007；徐迪，翁君奕，2004；夏若江，2007）。

网络外部性下企业研发投资行为研究主要是在引入网络外部性的基础上，从社会福利角度分析网络外部性对企业研发投入的影响。许多研究认为，网络外部性会导致企业研发行为的非效率。Katz和Shapiro（1992）讨论了一个非兼容产品进入市场的时间确定问题。新的非兼容产品进入市场的时候，往往忽视了在位者产品使用者遭受的网络外部性损失，导致进入者引入非兼容产品的激励过强。Choi（1994）和Kristiansen（1996）的研究都集中于研发的风险。Choi通过两时期模型分析了进入者对具有不同风险的研发项目的选择决策。结论得出，与社会最优相比，第一期购买者可能会过早采用技术，与社会最优福利相比，潜在进入者会选择风险过低的研发项目。但Choi的文献没有考虑企业的研发成本，所以研究具有一定的缺陷，真正全面考察网络外部性与企业研发激励的是Kristiansen。他集中于研发的风险，将研发成本内生化，研究存在网络外部性情况下，在位者与市场潜在进入者之间的研发策略博弈。研究假定在位者已经有了一定的安装基础，其开发的新技术通常情况下要与其原有技术兼容，指出与了网络外部性可能导致社会最优与个体最优之间的不同。与社会最优相比，在位者选择了风险过高的研发项目，而进入者选择了风险过低的研发项目。如果新进入的非兼容技术成功率高，就会出现福利损失，因为安装基础的网络效应被忽视了。特别是当在位厂商选择一个高风险的研究开发战略的话，由于失败概率很高，最终会把市场让位于新的非兼容技术。

以上研究可以得出这样一个结论：兼容条件下会出现研发激励不足，非兼容条件下会出现研发激励过强。虽然考察了兼容性对研发激励的影响，但是可以看到，上述文献都是假定企业先后进入市场且技术间完全兼容或完全不兼容，没有将兼容性视为企业的决策过程，忽视了创新企业的兼容选择。事实上，兼容性也属于创新产品的特性，兼容程度对企业的研发投入具有激励作用，除了网络规模、市场位置外，产品技术上的先进与落后程度也是影响企业兼容性决策的重要因素。

Katz 和 Shapiro（1994）曾经考察过一个技术进步市场上企业之间的兼容性选择。在模型中，技术进步被假定为成本下降现象，其结论是：技术上落后的企业总是希望兼容，而技术上先进的企业不喜欢兼容。

考虑到网络外部性因素，Boivin 和 Vencatachellum（2002）在 AJ 模型的基础上引入网络外部性因素，考察了网络外部性对企业研发投入的影响。结果表明：不存在研发溢出或研发溢出较小时，网络外部性的增加导致企业研发投入的增加。

Kim（2000）从另外一个角度考察技术创新与兼容性的关系，即创新大小对企业兼容决策的影响。Kim 利用 Hotelling 模型考察了当技术创新表现为质量改进时，技术创新、消费者预期与企业兼容性选择的关系。模型假定有两种不同特征的内在不兼容的技术都有创导者和网络外部性。Hotelling 模型是研究网络外部性问题的常用工具，研究的主要方法是在消费者效用函数中构造一个网络外部性函数以反映消费者由于存在网络外部性而增加的购买意愿，网络外部性函数一般表示为 αQ_A（α 为网络外部性系数，Q_A 为企业 A 的市场份额）。Kim 在研究中提出了兼容性的表示方法，即在效用函数中增加一项由于兼容对方产品（技术）而获得的收益 $\alpha\beta Q_B$（β 为兼容性系数）。Kim 的研究结果表明：如果用户有理性预期，一个创新“很大”的企业愿意不兼容，而创新“很小”的企业更愿意完全兼容。但是，在适应性预期情况下，一个市场份额小的企业更喜欢兼容性。Kim（2002）还通过研究表明，兼容性不仅是厂商扩大市场份额的有效手段，新技术可以通过与现有技术的兼容程度作为自身质量的显示信号。具有高质量的新技术会选择与现有技术的低兼容性来显示自身的高质量，因为低兼容性可以阻止旧技术用户享用新技术带来的网络效益。

Kim 的研究对我们认识网络外部性市场上企业的兼容性选择提供了独特的视角，特别是从技术创新的角度探讨企业的兼容性决策。但是，Kim 的模型也有不足之处，例如假定技术创新外生而没有考虑企业研发成本，同时忽视了研发活动中的溢出问题。

于全辉（2006）借助进化博弈模型中的经典模型——2 ×2 鹰鸽博弈模型，以及在 2 ×2 鹰鸽博弈模型基础上推广的 3 ×3 鹰鸽扩展博弈模型（前者为对称型博弈，后者为非对称型博弈）对群落内创新行为的竞争合作行为进行了研究。

在 2 ×2 鹰鸽博弈模型中，以 s_A 表示鹰策略，以 s_d 表示鸽策略，以 v 代表企业争夺创新资源的价值，c 代表在竞争中付出的代价，且 $v < c$。当采用鹰策略的企业相遇时，双方竞争的成败机会均等，赢者将获得创新资源从而得到收益 v，而输者则将付出 c 的代价。由此可得 2 ×2 鹰鸽博弈支付矩阵如图 1. 1 所示。

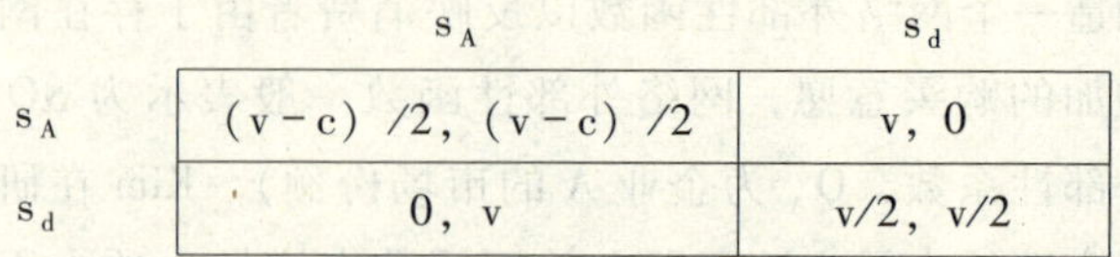

	s_A	s_d
s_A	(v－c) /2，(v－c) /2	v，0
s_d	0，v	v/2，v/2

图 1.1　2×2 鹰鸽博弈支付矩阵

求解得到该博弈的唯一进化稳定策略（ESS）为混合策略 $(\frac{v}{c}, 1-\frac{v}{c})$。

作者进一步考虑群落内企业之间还存在着创新资源占有的差异，在 2×2 鹰鸽博弈模型中引入一个“观望者”策略，记为 s_o，当观望者是创新资源的占有者时，它采取鹰策略；当观望者不占有创新资源时，则采取鸽策略。则 3×3 鹰鸽博弈的支付矩阵如图 1.2 所示。

	s_A	s_d	s_0
s_A	(v－c) /2，(v－c) /2	v，0	(3v－c) /4，(v－c) /4
s_d	0，v	v/2，v/2	v/4，3v/4
s_0	(v－c) /4，(3v－c) /4	3v/4，v/4	v/2，v/2

图 1.2　3×3 鹰鸽博弈支付矩阵

求解可得，在 3×3 鹰鸽扩展博弈中，也不存在纯策略 ESS，但存在唯一的观望者策略 s_o 进化稳定均衡。

作者由此得出结论：一般情况下由于在实际的企业群落内企业受损失所付出的代价通常要大于其胜出后获得的收益，因此，一方面，群落内企业创新行为的进化博弈不存在纯策略 ESS。另一方面，企业群落内企业创新行为的进化博弈存在混合策略进化稳定均衡或“观望者策略”进化稳定均衡。

杨勇和达庆利（2007）假设某一产业中存在两个企业（企业1和企业2），两个企业拥有一个互为互补产品的技术创新机会，企业是风险中性的，经营目标是利润最大化，它们采取战略行为且对对方企业的战略行动具有理性的预期。设市场的无风险利率为r，企业i（i=1，2）在时刻t的反需求函数为：

$$p_i(t) = x(t)D(N_i, N_j),\ i=1,2 \tag{1.1}$$

其中，$p_i(t)$ 表示企业i技术创新机会的市场价格，$x(t)$ 为符合几何布朗运动的随机市场需求冲击，即：

$$\frac{dx(t)}{x(t)} = \alpha dt + \sigma dW \tag{1.2}$$

其中，$x(0) > 0$，α 为 $x(t)$ 的瞬时期望增长率，且 $0 < \alpha < r$，σ 是瞬时标准差，dW是维纳增量。$D(N_i, N_j)$ 是确定的市场需求参数，它取决于企业i和j的研发投资情况 N_m，其中，$m \in \{i, j\}$，

$$N_m = \begin{cases} 0 & \text{企业 } m \text{ 不进行投资} \\ 1 & \text{企业 } m \text{ 进行投资} \end{cases},\ m \in \{i, j\}$$

$D(N_i, N_j)$ 的可能值为：$D(0, 0)$ 为初始情况，即两个企业均不投资；$D(1, 0)$ 表示企业i投资，企业j不投资；$D(0, 1)$ 表示企业i不投资，企业j投资；$D(1, 1)$ 表示两家企业同时投资。

假设企业i的技术创新的投资成本和经营成本为分别 I_i 和 C_i，企业i的收益为：

$$V_i = xD(N_i, N_j) - N_i(I_i + C_i) \tag{1.3}$$

论文考虑企业技术创新产品具有网络外部性的情况，由于存在网络外部性（正的外部性），则 $D_{11} > D_{01}$，$D_{10} > D_{11}$，表明两个企业投资比单个企业投资所导致的市场需求大。如前所述原因，企业的技术创新投资成本和经营成本存在差异，不失一般，假设企业1的投资成本和经营成本分别为I和C，则企业1

和企业 2 相应的成本为：

$$\begin{cases} I_1 = I \quad I_2 = \lambda I \quad \lambda \in [1, \infty) \\ C_1 = C \quad C2 = \mu C \quad \mu \in [1, \infty) \end{cases} \tag{1.4}$$

进一步，假设两个企业投资成本和经营成本不对称的程度和方向相同，即 $k = \lambda$，并令 $W_i = I_i + \frac{C_i}{r}$，$(i = 1, 2)$。在此基础上，论文对企业 j 先投资，企业 i 成为跟随者；企业 i 在企业 j 之前投资，因此成为领先者；以及两个企业同时投资等三种投资情况进行了分析。求解得到 $W_1^* = \lambda W_1 \frac{D_{10}}{D_{11}}$。由此，作者得出以下研究结论：

（1）当企业的成本对称情况下，只可能存在同时投资均衡，而同时投资的临界值依赖于网络外部性的大小。

（2）在不对称双寡头情况下存在 2 种均衡，即序列均衡和同时投资均衡。网络外部性对企业的投资具有激励作用，降低了企业进行技术创新投资的临界值。如果企业 2 的投资成本很高，则企业 2 对企业 1 的投资行为没有战略影响，企业 1 将在其投资临界值进行投资，这个投资临界值与企业 1 在垄断情况下的临界值相同。而在负的外部性条件下，企业由于害怕竞争的抢占威胁，而提前进行投资。因此，无论是在负的外部性或者正的外部性的条件下，竞争战略影响将促进投资。

（3）企业的决策者在进行技术创新投资时需要考虑成本不对称的程度和网络外部性的综合影响。

李克克和陈宏民（2006）同样在 Hotelling 模型的基础上，对具有网络外部性特征和存在 R&D 溢出条件下厂商的 R&D 决策和创新动机进行了理论研究。

假设存在 R&D 溢出并具有网络外部性特征的产业中的两个厂商 A 和 B，分别位于具有单位长度的线性城市的两个端点。

令厂商 A 为潜在技术主导厂商，它通过 R&D 投资进行提高产品质量的创新，厂商 B 为创新跟随厂商，它通过技术溢出效应可以无成本地享有部分 R&D 成果。假设厂商 A 和厂商 B 各自基于具有一定差异化的技术，并不完全兼容。消费者的不同类型由该消费者在线性城市上不同的地理位置 $x \in [0, 1]$ 表示，消费者具有固定不变的边际学习成本 c，则类型为 x 的消费者的学习成本为 xc，对产品 B 的学习成本为 $(1-x)c$，也就是说，类型不同的消费者在学习成本上的差异形成了对产品的不同偏好。创新出现之前两个厂商的技术水平相同，都生产质量为 s 的产品。如果厂商 A 创新取得成功，则创新产品的质量变为 $vA = s + \tau$。其中，$\tau > 0$ 为质量提高幅度。厂商 A 技术创新成功之后其研发结果对厂商 B 产生单向溢出，则厂商 B 的质量变为 $vB = s + \varepsilon\tau$，其中 ε 为溢出系数，且为兼容性 β 的线性函数，即 $\varepsilon = \kappa\beta$，其中，$\kappa \in [0, 1]$，则有 $\varepsilon < 1$。

通过理论分析，论文得出如下研究结论：

（1）网络外部性越强或者需求方的学习成本越低，厂商 R&D 的投资越多，质量提高幅度越大。

（2）当创新厂商的 R&D 投资效率较低（高）时，将偏好选择兼容（不兼容）。

（3）当潜在技术主导厂商具有较低 R&D 的投资效率时，较强的网络外部性会削弱其创新动机，而较高的需求方学习成本会增进其创新动机；R&D 投资效率较高时，较强的网络外部性会增进其创新动机，而较高的需求求方学习成本将削弱其创新动机。

进一步，李克克和陈宏民（2007a）研究了网络外部性特征产业中具有不对称网络规模的寡头市场条件下，潜在技术主导厂商的研发决策以及创新动机。他们模型中的技术创新表现为质量的提高。结果显示：网络外部性的增大（或兼容性的减小）将增进“大”厂商的研发投资和创新动机，而减少“小”厂商的研发投资和创新动机，溢出削弱了厂商的创新动机。

李克克和陈宏民（2007b）还在Hotelling模型的框架下对在位厂商的进入遏制策略进行了研究，重点分析了在位厂商如何利用安置基础对创新厂商的进入进行遏制，另外还对学习成本的壁垒效应进行了分析。把网络外部性、消费者的学习成本与耐用产品的序贯创新结合起来，比较深刻地反映了网络外部性条件下的市场结构特征和消费者发生转换的机制。研究发现：①在位厂商第一阶段建立的网络规模是一个策略性壁垒。潜在进入厂商的创新程度必须满足一定条件方可进入。如果创新成本较高、进入厂商的质量提高幅度较大时，为了遏制进入，在位厂商有建立较小网络规模的动机；如果创新成本较低、进入厂商的质量提高幅度较小时，在位厂商有建立较大安置基础的动机。②较高学习成本的存在，成为阻止后进入的创新厂商垄断市场的一个壁垒。当学习成本较低时，创新程度较高的进入厂商可吸引对手客户全部发生转换从而垄断市场；当学习成本较高时，在位厂商的老客户被完全锁定，进入厂商只能与在位厂商争夺新客户市场。

1.2 溢出效应的内涵

1.2.1 溢出效应概述

在对研发竞争与合作进行的研究中，溢出效应是一个影响研发动力的重要的因素。对研发投入或成果的溢出或其不完全独占性的研究，比较早的是Arrow（1962）指出发明与创新的知识与信息具有某些公共产品的特征；为应用目的而开发的知识很容易发生溢出并被用于其他用途；若一项新技术的秘密成为公共商品而不再为创新企业所独占，溢出效应就出现了。由于知识的公共产品属性，技术成果很难被创新企业独占，存在一定程度的溢出效应，企业创新投资的私人收益率要低于社会收益率，因此，相对于社会最优水平来说企业创新投资往往不足。

在对创新溢出涵义的研究中，Griliches（1992）把知识溢出定义为，从事模仿创新并从被模仿的创新研究中得到更多的收益，该定义中已经包涵了对创新溢出现象的解释。Kultti 和 Takalo（1998）对技术创新溢出的解释为，一个企业的（过程）创新投入同时也减少了其他企业的生产成本。在研究创新溢出测度方面，Dietzenbacher（2000）把溢出的测度定义为，创新部门之外的其他部门的产出变化占所有部门（包括创新部门）产出变化的百分比。

按溢出是否可控可将溢出效应划分为外生溢出（exogenous spillovers）和内生溢出（endogenous spillovers）两种。其中，外生溢出是由反求工程、产业间谍或雇用创新企业员工所导致的非自愿、不可控的溢出（Cabrer - Borras，Serrano - Domingo，2007；Coe et al.，2009）；内生溢出则是由于企业向外发布技术信息，或者与其他企业进行技术交流等所引起的自愿的、可控制的溢出（Piga，Poyago - Theotoky，2005；侯光明，艾凤义，2006）。按溢出的时间和途径可将溢出效应划分为成果溢出（Output Spillovers）和投资溢出（Input Spillovers）。成果溢出是企业研发完成后，其他企业采用反求工程等手段导致的溢出（Cellini，Lambertini，2009；He，Zhao，2009）；投资溢出则是在研发投资过程中由企业间研发信息的交流或外泄，研发人员的流动等引起的投资溢出效应，企业的研发投入会被竞争对手所用，增加其研发投入（孟卫东等，2009；黄波等，2009）。

Amir和 Wooder（2000）提出单向溢出（即从高强度 R&D 企业流向其他企业）的一维过程；Hur 和 Watanabe（2001）提出单向溢出的动力学方法，并依此来研究部门之间的溢出。单向溢出的提出使研究向现实更进了一步。

1.2.2　溢出效应的根源

知识是研发过程的必要条件和核心产出。知识本身的许多特性决定了它具有很强的外溢性。首先，知识具有一定的正外部性。这种外部性就是私人或研发机构生产出的知识成果容易扩散或溢出进入社会公共领域；成为社会所公有的知识的性质。其次，研发中的知识还具有非重复性和可复制性。知识的可复制性是指研发中有相当一部分知识是可以通过媒介记录下来形成可编码知识，这样就具有最可复制性，知识的复制过程比创作过程容易而且便宜和稳定。

有三种类型的知识及其流动在技术的发展上扮演重要角色，一种是关于事物的概念、一般原理或规律，这类知识可以用语言描述，因此也可以用计算机编码，称为可编码知识；另一种是个人所拥有的经验、技巧、灵感等，它是意会性的，不可言传，不可编码；第三种也是最重要的一种，是个人所拥有的创新能力，它以上述两种知识为基础，也是意会性的，不可编码。作为一种生产资源，可编码的知识具有共享性，或称为非排他性，一方使用并不排斥他方使用。从这个角度看它是无限丰富的，无稀缺性。可编码的知识不可能被创新者完全占有，包容于各种载体中的知识会流向其他人，为其他人的生产过程带来好处，即它又具有外溢特性。不可编码的知识以及人的创新能力，是个人独有的，由于难以言传而不能被共享，具有排他性，同时，由于它是个人独有的，本身就具有稀缺性，但它会随着人才的流动而产生溢出效应。

正常模式里，知识的流动与研发的外溢是一个现象的两个相区别的阶段，即一个连续性的两个步骤。知识流动是其第一步，无论知识是由哪个机构生产出来的，其都会被另一个机构学习过去。这种流动意味着一个学习的过程，学习产生了一个所谓的可理解的知识或学来的知识存储器。研发的溢出（或外部性）是其第二步，只有那些可理解的知识通过学习获得了，这研发才会存在，才会对生产力产生积极影响。当知识流动成为研发外溢的必需时，他们是不会自动产生出来的。也许由于缺少知识的流动或由于可理解的知识不能对生产力产生影响从而导致研发外溢的缺乏。

人作为知识生产中的主人及生产成果的占有者，其在知识的传播与外溢上起到了至关重要的作用。有的哲学家认为现在的人尤其研发中的人已经异化了，变成了数字符号动物。作为研发知识的最直接携带者，人才的流动就意味着研发技术知识的外溢。

1.2.3 溢出效应的影响因素

技术溢出效应受如下因素的影响：

（1）技术创新成果产权的保护水平。对技术创新成果的产权保护水平越高，越能有效地抑制技术创新溢出的速度和范围；如果没有严格的创新产权保护，技术创新成果将会快速地扩散到任何人需要的地方。

（2）创新技术的复杂程度。创新技术越复杂，模仿难度越大，溢出速度越慢，范围越小，反之，就会迅速大范围溢出。

（3）溢出接收方的能力。溢出接收方的技术创新能力越强，吸收溢出越快，吸收后的效应也越大。

（4）技术创新的市场需求状况。市场需求越大，模仿企业就越多，溢出效应也越大。

（5）技术创新的平均收益率。创新的收益越高，溢出效应就越大。

（6）技术创新信息扩散的速度。信息扩散得越快，获得信息的企业越多，模仿者就越多，它将促进技术创新的溢出效应。

1.2.4 溢出效应下企业研发行为

在基于溢出效应的企业研发行为研究方面，D'Aspremont 和 Jacquemin（1988，1990）建立的存在溢出效应的两阶段双寡头博弈模型（即 AJ 模型）为以后学者（如：Amir 等，2008；刘卫民，陈继祥，2006；霍沛军等，2004）的研究奠定了基石。

在 AJ 模型基础上，Ziss（1994）构建了一个有溢出的两阶段 R&D 双边寡头博弈模型，将不合作方式与合作研发（R&D 勾结）、价格安排（在价格或生产阶段勾结）及合并（研发和生产阶段均勾结）等三种勾结方式一一作了比较，并评估了各种勾结方式改善福利的条件：在溢出足够大时，所有三种勾结方式都是有益的，合并的收益最大，价格安排创造的收益的可能性小于合作研发。

Pctit 和 Tolwinski（1999）考虑到企业的创新潜力并不是依赖于其当前的研发投资水平，而是依赖于成长过程中研发投资的积累，采用了动态垄断模型；并且考虑到企业具有不同的特性，采用了非对称垄断模型。

Cellini 和 Lambertini（2009）考虑在产品市场上进行动态古诺博弈的双寡头企业计划进行降低成本的研发投资，企业可以进行独立研发，也可以结成研发卡特尔进行合作研发。论文通过比较两种研发方式下的企业利润和社会福利发现，在所有研发溢出水平下，无论是企业还是社会都倾向于合作研发。此外，论文还通过对整个动态过程的研究发现，企业的最优研发投资策略与社会福利最大化下的企业研发策略上并不总是不一致。

侯光明和艾凤义（2006）以 AJ 模型作为研究的重要基础，特别是借鉴其研究思路，如分阶段博弈、溢出的表示方法以及一些研发成本函数的定义等，并在此基础上提出了混合溢出的概念（即内生溢出和外生溢出并存），建立了基于混合溢出的双寡头横向合作研发博弈模型，研究了混合溢出下同行业双寡头间的研发合作策略。论文同样假设双寡头企业在生产市场上竞争，而在研发活动上可选择合作或不合作，提出了三阶段的研究模式。第一和第二阶段为研发博弈阶段，第三阶段为产品博弈阶段。在第一阶段，企业同时选择研发投资策略；在第二阶段，企业选择可控的溢出水平；在第三阶段，企业进行古诺博弈，同时决定自己的产品产量。论文采用逆向归纳法对模型进行了求解，并对双寡头在研发上合作和不合作两种情形进行了分析。研究发现，双寡头研发合作时会产生最大的溢出水平；双寡头单独研发会产生最小的溢出水平；研发合作时的研发成果、产量及利润都比不合作时要高，因此，企业因加强合作研发，并提高溢出效应。

以上文献他们考虑的都是研发成果溢出，一般是在考虑溢出时都设定一个溢出系数 β，企业通过研发投资使自己的成本下降了 x，产业中其他的企业通过溢出效应成本也会下降 βx。实际上研发投资溢出也是现实中常见的溢出方式之一，而对投资溢出的研究一般是考虑投入溢出系数为 β，企业研发投入 x，产业中其他的企业通过溢出效应额外增加投入 βx。Kamien 等（1992）提出了四种合作研发的组织形式，即研发竞争（N），研发卡特尔（C），RJV 竞争（NJ），RJV 卡特尔（CJ），最早建立了存在投入溢出的两阶段双寡头博弈模型（即 KMZ 模型）。Amir（2000）将 AJ 模型和 KMZ 模型进行了对比，研究发现成果溢出比投入溢出能降低更多的成本。国内外许多学者也在 KMZ 模型的基础上进行了各种深入研究（汤建影，黄瑞华，

2005；Kalaignanam et al.，2007；Ishii，2004）。

李忠和陈继祥（2003）将溢出分为研发成果的溢出（以 β 表示成果溢出系数）和研发投资的溢出（以 θ 表示投资溢出系数）。根据企业在产品竞争阶段和研发阶段是否合作，将企业的研发组织分为 6 种不同的情况，即：①Noncooperative（简称 N），企业在研发阶段独自选择研发水平；②R&D Cartel（简称 C），企业选择相同的研发水平来最大化共同利润；③RJV Cartel（简称 CJ），企业选择相同的研发水平来最大化共同利润，而且企业之间实现充分共享，使溢出系数为 1（$\beta=1$，$\theta=1$）；④RJV（简称 NJ），企业在研发阶段独自选择各自的研发水平，但是实现充分共享，使溢出系数为 1（$\beta=1$，$\theta=1$）；⑤Joint Lab（简称 J），两个企业一起建立一个实验室，共同分担费用，成本也有相同程度的下降，其目标是最大化总利润；⑥Double Cooperative（简称 CC），企业选择产量和研发水平时都进行合作，但是研发活动还是独自进行的（存在正常溢出）。由于情况③和④分别是情况②和①的特殊情况，即 $\beta=1$，$\theta=1$，因此论文仅对①、②、⑤和⑥4 种情况下成果溢出（简称 OS）和投资溢出（简称 IS）的均衡结果分别从技术进步、企业利润和社会福利的不同角度进行了比较。研究发现：

（1）从促进技术进步的角度考虑，如果溢出参数很大，不管是 OS 还是 IS，选择 CC 都是最优的。但是，如果溢出参数很小（接近没有溢出），对 OS 而言，选择 N 是最优的；对 IS 而言，选择 J 是最优的。

（2）从企业的生产规模来看，对 OS 而言，如果溢出参数较大，最优的选择是 C，如果溢出参数较小，最优的选择是 N；对 IS 而言，J 始终都是产量最大的选择。而且不论溢出类型和溢出大小，CC 都是产量最小的选择。

（3）从企业自身盈利的角度考虑，无论是存在成果溢出还是投资溢出，也无论溢出参数是大是小，CC 都是最优的。存在 OS 时，溢出如果不大，N 是最差的选择，如果溢出很大（大于 0.5），J 是最差的选择。而存在 IS 时，不论溢出大小，N 都是最差的选择。

（4）从促进社会福利的角度考虑，如果溢出参数很大（大于0.5），那么不论是 OS 还是 IS，C 都是最优的。如果溢出很小，那么 OS 时 J 最优，IS 时 N 最优。不论溢出大小，OS 时 CC 都是最差的，而 IS 时 J 是最差的。

Ge 和 Hu（2008）通过引入一个虚拟企业来揭示合作研发动机并使得企业间研发投入比例和市场份额相互独立，并在此基础上对企业间的研发战略合作进行了研究。Ge 和 Hu 的研究得出了与传统研究不一致的结论，其研究表明当溢出效应外生给定时，研发卡特尔因竞争与合作共存而显示出其优越性。此外，论文还发现，高研发投入必须要有高市场份额作为支持，而且当溢出效应为内生变量时，企业的研发投资决策会随企业自身特征（如：吸收能力、降低成本的能力以及不确定性等）的变化而改变。

Tesoriere（2008b）考虑溢出时间为企业内生决策变量，将溢出效应内生化，并将序贯博弈情况下的企业按研发投资决策先后分为领导者和跟随者，且研发溢出为单向溢出，即由领导者向跟随者溢出，并假设当企业同时进行研发决策时（即同时博弈）溢出效应为0，基于以上考虑，作者以 AJ 模型为基础建立了基于内生溢出的企业研发博弈模型。通过对比同时博弈和序贯博弈下的企业研发策略分析了技术外部性在增大或减小企业不对称性上的作用，并得出模型的唯一子博弈完美纳什均衡为同时博弈，即溢出效应为0。

此外，企业对溢出的吸收能力（Absorptive Capacity）也是研究存在溢出效应条件下的合作研发投资策略需加以考虑的因素之一。企业要更多地利用其他企业的研发溢出，就应该尽量提高自身的吸收能力，这就需要企业对此进行投资。对于吸收能力对企业研发投资策略和合作研发稳定性的影响的研究很多，并得出一些有用的结论（Leahy，Neary，2007；Watkins，Paff，2009）。

以上这些研究大多数是关于产业内竞争企业间的横向溢出的，并没有考虑上、下游企业间的 R&D 纵向合作和溢出。但实际上，纵向研发合作近年来已成为一种非常重要的研发方式，尤其在加工业中更是如此，如福特利用 C3P 系统，通用汽车利用 PLM 软件，克莱斯勒通过实施 SCORE 计划，使各自的全球主要供应商全面参与其研发、制造过程。Rokuhara（1985）对日本公司研发合作的研究表明，有近 90% 的公司之间的研发合作是纵向的。Atallah（2002）考虑上下游企业在 R&D 活动上不进行合作、上下游产业内同时横向合作、上下游产业纵向合作、以及上下游产业内所有企业共同合作等情况，研究了产业间纵向溢出和产业内部横向溢出，结果显示纵向溢出总是会增加 R&D 投入和社会福利，而横向溢出对 R&D 投入和社会福利的影响则不确定。龚艳萍和周育生（2002）在 Atallah 的基础上进行研究，得出相同的结论。近年来国内外一些学者开始对供应链纵向 R&D 合作进行深入研究（李勇等，2005；王秋菲，李凯，2007；刘伟等，2009）。

2 我国企业自主研发现状及动因

2.1 我国企业自主研发现状

2.1.1 我国研发活动取得巨大成就

自提出“科教兴国”战略以来，我国不断加强了研发投入力度，研发投入总量逐年攀升。由世界经济合作与发展组织（OECD）最近发布的一期《主要科学技术指标》数据库（Main Science and Technology 2009 -1）公布的OECD国家30个成员国和中国等9个非OECD国家（地区）的最新研发数据可以发现，2007年，中国研发经费支出总额为487.9亿美元，比上年增加111.2亿美元，居世界第六位。美国、日本和德国分别以3437亿美元、1485亿美元和738亿美元的研发经费支出额居世界前三位。近年来，中国研发经费的增长速度远远高于美、日、德、法、英五个研发大国，与英国、法国的差距迅速缩小。2007年中国研发经费支出在39个国家（地区）中的份额上升至4.8%，与英国和法国分别仅相差0.1和0.5个百分点，而2002年两国还分别比中国高出2.0和2.6个百分点，同期美国、日本和德国研发经费总额也分别从中国的18倍、8倍和3倍下降到中国的7.6倍、3.1倍和1.7倍。2007年OECD成员国及9个非成员国家（地区）研发经费总额的比例分布如图2.1所示。

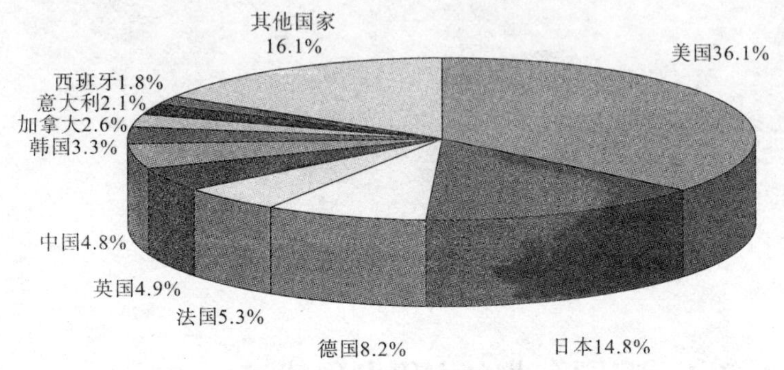

图2.1　OECD成员国及9个非成员国家（地区）研发经费总额的比例分布（2007）

2.1.2　我国研发活动存在的不足之处

（1）随着中国研发经费的迅速提高，研发经费投入强度（研发经费与GDP之比）也在稳步增长，但是与发达国家相比还有很大差距。2007年，我国研发经费投入强度达到1.44%（2008年为1.54%），居发展中国家首位，但是与美国、日本以及欧盟国家总体水平尤其是以色列4.68%的研发经费投入强度相比还有很大差距。而且从目前的增长速度来看，实现国家“十一五”科技发展规划确定的到2010年达到2.0%的发展目标也存在很大难度。2007年部分国家（地区）研发经费与GDP之比如图2.2所示。

（2）与研发经费总量迅速增长相对应，我国的研发人员数量也在迅速提高，2007年已经达到173.6万人年，仅次于美国而居世界第二位（据估算，2006年美国研发人员在230万人左

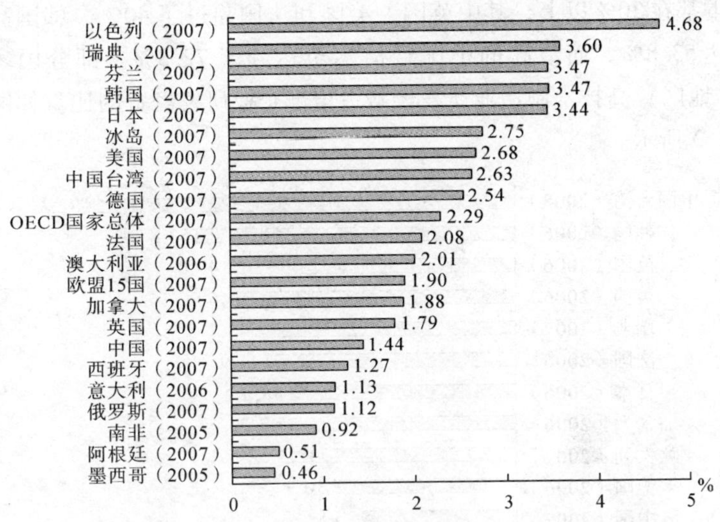

图 2.2　部分国家（地区）研发经费与 GDP 之比（2007）

右）。但是从研发人员人均拥有的研发经费来看，我国的研发经费投入强度还十分有限。绝大多数发达国家研发人员人均研发经费在 10 万 ~20 万美元之间，而发展中国家大多在人均 10 万美元以下。中国研发人员人均研发经费支出额于 2000 年突破 1 万美元，之后增长迅速，到 2007 年已增长到 2.81 万美元，即便如此，在可获得数据的 38 个国家（地区）中，仍只列第 33 位，约为德国和日本的 1/6、英国的 1/5、法国和韩国的 1/4。①

（3）与发达国家相比，我国的高新技术企业在全部企业研发活动中的地位并不突出。2007 年，在我国大中型工业企业研发经费总额中，高技术产业研发经费只占 25.8%，这一比例远低于主要发达国家及新兴工业化国家（地区）的水平，这些国家（地区）企业研发经费总额中高技术制造业研发经费所占比

---

① 科学技术部发展计划司．科技统计报告［R］．2009，6.

重都在30%以上，其中英国、美国和法国超过了40%，韩国高达53.8%，而最高的中国台湾甚至达到了72.3%。部分国家（地区）高技术制造业研发经费占全部企业研发经费的比重如图2.3所示。

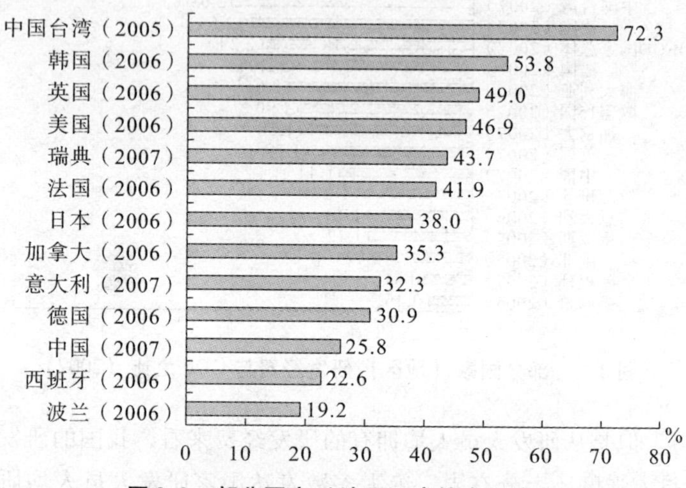

图2.3　部分国家（地区）高技术制造业研发经费占全部企业研发经费的比重

2.1.3　我国研发投入强度不高的原因

与发达国家相比，我国研发投入强度不高的很大一部分原因在于企业作为研发投入的主体其研发投入强度远低于发达国家水平。虽然我国全社会研发投入中，企业已是我国研发活动的资金投入主体，企业研发支出在世界排名中也名列前茅，但其研发投入强度远低于发达国家企业的研发投入强度，我国一般企业研发的投入强度平均不到1%，大中型企业约为1.3%。但在发达国家，许多大企业的研发投入强度非常大，微软2002财年的研究开发经费是53亿美元，占其营业收入的21%；英特尔2002年的研究开发经费是41亿美元。单单是这两个企业的研发经费就超过我国全部高新技术产业2007年的研究开发经费支出额（545.3亿元人民币）。

正是由于我国企业研发投入不足，尤其是高新技术产业的研发投入严重不足，企业自主创新能力及核心竞争力低，导致我国仍然是依靠资金和劳动力的大量投入促进经济的高速发展，粗放型经济增长的格局依旧存在，科技创新，科技进步，人力资本积累等仍未成为经济发展的主导因素。如何提高我国企业的研发投入，尤其是高新技术企业的研发积极性和投入，提升企业自主创新能力，增强企业核心竞争力，已成为我国“科教兴国”战略的实现，以及由科技大国向科技强国的转变中亟待解决的首要问题。

2.1.4 影响企业研发投入的因素

影响企业研发投资策略的因素很多，网络外部性和溢出效应是其中的两个重要因素。网络外部性是指随着使用产品或兼容产品用户数量的增多，每个用户从消费此产品中获得的效用将增加，很多高新技术产业的产品（如即时通讯软件，电讯或网络服务等）都具有网络外部性。网络外部性是一种客观的经济现象，它反映了产品价值与产品使用人数的一种正反馈效应，产品的价值不再集聚于产品本身所具有的属性，而是延伸至整个产品网络。产品（技术）价值的变革对技术发起方即研发企业的行为产生重要影响，这种影响表现在新产品的引入，新旧技术间的竞争，企业研发投入等多方面。

溢出效应是指通过技术的扩散，促进了其他企业技术和生产力水平的提高，是经济外在性的一种表现，主要是由于企业向外发布技术信息，或者与其他企业进行技术交流，或其他企业采用反求工程、产业间谍或雇用创新企业员工所导致。溢出效应会从两方面对企业研发决策造成影响，一方面是由于溢出效应的存在，其他企业可以“搭便车”，无偿享用研发企业的研发投入或成果，这可能会降低厂商研发投资积极性；而另一方面，厂商为获取竞争企业研发投入或成果所产生的溢出效应，必须建立起自己的研发机构，这又会提高企业研发投资积极性。

综上所述，随着网络经济和高新技术产业的发展，越来越多的高新技术产业内的研发竞争越来越激烈，而这些高新技术产业大都呈现网络外部性特征，行业内溢出效应明显。若能对网络外部性和溢出效应环境下的企业研发投资策略进行研究，分析网络外部性，兼容性以及溢出效应等对企业研发动机及研发投资策略，以及社会福利等的影响，找出不同环境下的企业最优研发投资策略，可以激励企业（尤其是高新技术企业）的研发投资积极性，提高其研发投入，增强企业核心竞争力。

2.2 企业自主研发的动因

2.2.1 技术创新动力理论的解释

国内外技术创新的理论界都非常重视技术创新动力的研究，他们从不同的角度和方面对技术创新的动力进行了研究，取得了许多有价值的理论成果。在本书中，主要介绍企业技术创新动力系统。

企业技术创新的动力主要可以分为两大类，即企业外部创新动力和企业内部环境创新动力。所谓企业外部创新动力，是指那些存在于企业外部并对企业的技术创新行为产生较大影响或形成“动力场”的诸多因素。所谓企业内部创新动力，是指存在于企业内部对技术创新活动产生内驱力的动力因素。因此，企业技术创新动力系统可以分为两大子系统：企业外部技术创新动力子系统和企业内部技术创新动力子系统。

其中，企业外部创新动力子系统中包括存在于企业外部的各种主要的技术创新动力要素，如市场竞争、市场需求、技术发展、政府政策行为支持（简称政府支持）等。

2.2.1.1 市场竞争

市场竞争对企业技术创新的促进作用主要表现在以下几个方面：①竞争迫使企业快速收集情报资料，准确及时掌握市场信息，为技术开发作好前期准备。②竞争强迫企业开发适销对路、价廉物美的产品。③竞争能改变人们的观念，增长技术创新工作者的才干。④竞争可以消除创新的不确定性所带来的消极因素（Guellec，Pottelsberghe，2003）。此外，最近有研究表明，企业在市场竞争中保持创新水平的领先地位、提供一流的销售和服务，在抵制他人模仿对创新者的侵扰上，比专利制度更为有效。

2.2.1.2 市场需求

市场需求拉动强调技术创新的动力来源于市场需求。市场需求包括消费者对产品和服务在效用、价格、质量、数量的需求，这些市场需求随着经济和社会发展不断变化，当变化达到一定程度，形成一定规模时，将直接影响企业产品的销售和收入水平，为企业提供新的市场机会和创新思路，并引导企业以此为导向开展研发活动，从而形成对企业研发活动的拉动和激励（Raider，1998）。

Schmookler（1996）研究发现专利活动与其他经济活动一样，基本上是追求利润的经济活动，它受市场需求的引导和制约。这种由市场需求拉动而引起技术创新的模式认为，技术创新源于市场需求，市场需求对科学技术提出新的具体要求，从而导致应用研究和开发研究，并运用其成果创造出适合这一市场需求的适销产品，使市场需求得到满足。

市场需求是企业技术创新的出发点，也是企业技术创新的终极目标。新需求的产生、旧需求的更替以及需求规模的增加都可以拉动并持续影响企业的技术创新。需求拉动创新，反过来，创新在满足需求的同时又会诱发新的需求，从而拉动新一轮创新，这样循环往复，使得需求拉动成为企业技术创新的主要和持续的动力。

2.2.1.3 政府支持

创新是一项具有很高外部经济性的活动。任何一个产业的创新，不仅推动着本产业也给其他产业的发展以强烈的推动，对于一些具有重大经济意义的创新尤其如此。虽然市场在激励企业创新方面具有自我组织、自我加强的作用，但市场并不是万能的，它具有自身无法克服的功能性缺陷，如市场用高效益引诱人们去冒风险创新。这虽然有助于创新效率的提高，但同时也不可避免地会产生竞争性的资源浪费。而且，由于研发活动具有很高的不确定性和外部性，仅靠市场、科学技术等因素并不能自动提供一些有利于创新的外部环境。客观上需要政府发挥其宏观调控职能，帮助企业解决研发活动中存在的困难，引导企业增强研发的动力（Kokko，1994）。

政府通常根据国家政治目的和国家经济发展计划的需要，通过组织体系、政策体系、法律体系以及行为体系，来影响社会各层次的技术创新。总体来说，政府支持企业的方式包括直接的政策激励，营造创新文化和提供健全的法制和市场环境等方面。

政府用以支持企业技术创新的具体方式主要包括：①政府直接资助；②税收政策；③信贷政策；④政府采购；⑤制定法律法规；⑥设立风险资金；⑦基础设施服务等。

2.2.1.4 技术推力

技术创新理论的奠基者熊彼特认为技术创新的主要动力来自科学研究和它所产生的技术发明。技术推力具体表现为科学和技术的重大突破使科学技术明显地走到生产的前面，从而创造出全新的市场需求，或是激发市场的潜在需求。

科技发展的历史表明，科学技术上的重大突破，总是会引起企业的技术创新活动，并形成高潮。新的科学技术成果对企业技术创新之所以具有较强的促进和刺激作用，其原因就在于，新科技成果在并入生产过程转化为产品后往往可以得到较高的带有垄断性质的利润，有利于企业获得商业上的成功，得到经济上的实惠和心理上的满足。这就会不断地激励企业积极吸纳科技成果，进行技术创新。虽然这种创新有难度，风险大、成本高，但是因为它是全新的，从原理构想、开发研制、投入生产到最后产品占有市场都是前所未有的，所以它会以新产品甚至新产业给企业提供更大的机会，促使企业甘愿冒风险去进行技术创新。由此可见，科学技术进步对企业技术创新的直接推动作用是十分明显的（Vossen，1999）。

具体来说，技术的以下特征使其成为企业的动力：

（1）技术的发展性。在科学和经验的推动下，技术从简单到复杂，从低级到高级，从量变到质变，发展永无止境。某时期技术在其技术轨道上的位置与其发展的差距，以及新旧技术规范的差异为技术发展提供了技术机会。这种技术机会的存在，便成为技术创新的发展源泉和推动力量。

（2）技术的应用性。技术是人们改造自然、利用自然的工具、方法和知识的总称。任何技术，都具有可被利用的内在特征，即使一时未被利用的新技术，一旦条件成熟，环境适宜，伴随着社会需求的出现，也会进入技术实用化阶段。

（3）技术应用带来的经济性。在商品经济条件下，技术的商业化应用，总会产生一定的经济效益，并激发企业家力图通过其商业应用而获得超额利润的冒险渴望，从而推动技术创新的发展（Creenstein，2002）。

技术推动有以下几种途径：①新技术思路诱导。新的创新思路往往会诱发企业家去组织活动，并将研究开发成果投入商业化应用。②技术轨道。重大的技术进展所形成的技术规范一旦模式化，就形成了技术轨道。在这条轨道上，只要有某一项技术商业化，其类同创新就会沿着它本身开辟的轨道，自发地启动并完成多项渐进性创新，并为新的根本性创新积累能量。如此循环往复，则创新层出不穷。③技术预期。当创新者预测到某项技术的应用有可能带来经济效益，就会将进行技术投入。④输入推动。当新型材料的引入使旧的工艺设备无法或不能有效加工时，就会推动企业变革工艺、改进设备，以适应生产发展。

2.2.2 资源基础理论的解释

Penrose（1995）指出企业是资源的集合体，资源和能力是构成企业经济效益的稳固基础，为企业资源观的形成奠定了基础。Wernerfelt（1984）的经典性论文《企业资源基础论》发表以来，企业资源观的影响越来越大。之后出现了一批着重研究企业资源的管理学家和研究成果，形成了企业资源学派。企业资源学派认为企业是一组资源的集合，其竞争优势能持续多久取决于其他企业获取同样资源的困难程度和代价大小。

波特（1980）将资源定义为“公司拥有的强项，以使公司可以形成并执行战略”。Barney（1991）将资源概括成实物资本资源，人力资本资源和组织资本资源，能给公司带来竞争优势的资源必须是有价值的、是稀有的、难以模仿的和难以被替代的。Collis 和 Cynthia（1998）指出资源的不可模仿性是资源最为核心的价值创造，这主要来自四个方面：①物质上的唯一性，②路径依赖性，③因果模糊，④经济障碍。如果从资源拥有者手中获得某项资源时遇到困难，则该资源是不可完全流动，即通过购买的方式进行资源的占有并不能让该资源发挥出最大效用，而合作的方式则是具有可行性的。此外，为了使不可模仿和不可转移的资源保持竞争优势，它必须能够为其拥有者提供长期租金并不存在可被轻易模仿和转移的替代品。

企业资源的定义很广，包括财务资源，有形资源（工厂、设备和建筑物）以及无形资源（例如专利、诀窍、品牌、经验和组织惯例）。如果：①企业所拥有的资源能使企业利用机会或消减威胁；②这些资源只为少数相互竞争的企业所拥有；③这些资源复制昂贵或供给无弹性，则这些资源可能是企业竞争优势的来源。

在企业的众多资源中，知识被认为是最具战略重要性的资源，是企业长期竞争优势的重要源泉。德鲁克指出："知识已经成为关键的经济来源，而且是竞争优势的主导性来源，甚至可能是唯一来源。"

基于资源观的企业理论，刘立（2003）认为企业研发投资行为可以看作是其内部资源的函数。企业的资源可以分为有形资源和无形资源两大类，而有形资源又包括金融资源和物质资源；无形资源包括人力资源和商业资源：①金融资源。企业的金融资源状况，会影响企业从事研发活动的倾向。内部金融资源的匮乏，会制约企业支持研发活动的能力。而企业自身产生的现金流量，将使得研发活动成为可能。以负债为基础的企业资本结构会抑制研发活动。②物质资源。企业规模对研发活动及其强度有影响，但影响如何，各实证结论不一。③无形资源。无形资源是企业最重要的资源，是竞争优势的基础。企业无形资源包括人力资源和商业资源。人力资源包括企业所属个人的经验、知识、冒风险的倾向以及智慧等，一支高素质的科学家和工程师队伍是企业创新的必要资源。企业的商业资源主要包括开拓国际市场的能力。出口能增加企业的市场规模，有利于企业获取创新活动的收益。

基于企业资源观理论，本书认为企业的研发主要受到的影响为三方面：①金融资源，主要指企业现金流量、销售收入，负债结构等；②物质资源，主要指企业拥有的资产、人力资源等；③无形资源，即企业的技术基础，可用拥有的知识产权表示、研发成果转化能力等。三者相互影响，相互联系，共同决定企业的研发投入的数额和投入强度。

2.2.3 企业契约理论的解释

企业契约理论认为企业是由一系列契约组成的，企业利益相关者（包括股东、经理、工人、供应商、顾客）订立契约要承担一定的责任，与之相对应，也会得到一定利益补偿的一种合约安排。契约理论将企业视为生产因素的供需方之间各契约关系的中间人，各契约关系人为企业提供了某种投入，例如管理人员提供管理技能，股东提供资本，同时，也希望能从企业获得一定的回报。这种谋求私利的动机促使他们通过某种方式，最大限度地把与企业有关的其他利益相关者的财富转移到自己手中，这种行为必然会减弱企业的财富、竞争力及发展能力。因此，为减少各利益相关者以自我为中心而对企业造成损害，人们便签订契约以具体规定在各种可能的情况下，每个利益相关者享有的权利。与此同时，企业各相关个人或集团也都希望通过契约来限制各方有损公司财富的行为的发生。

从契约理论视角看，企业进行研究与开发活动的动因主要有以下几个方面：

2.2.3.1 分红计划

企业要进行研发活动必然会引起大量的研发费用，这必然会引起当期利润的大幅降低，以致影响到管理者当年的业绩，于是给管埋者报酬带来不利影响；同时又由于研发活动带有较大的不确定性，研发活动一旦失败，必然会有损管理人员的名誉。因此，对于具有高额利润及政治敏感性和分红计划的大型企业集团的管理者来说，他们必须在是否投入研发与所承担的相应风险和代价之间进行权衡，并确定投入力度的大小。

2.2.3.2 债务契约

研发活动周期长、风险大，会损害到债权人的利益，于是债权人会要求更高的回报率，且在签订举债契约时，会提出一些限制性条款，规定借款的用途。这势必会影响到可用于研发活动的资金。企业往往会选择尽量减少研发活动，从而降低了用于研发活动的支出。

2.2.3.3 政府行为

在我国现有的制度环境下，政府行为对企业的研发活动有着重要的影响。我国还有很多企业是国有控股企业，而兼具社会管理者与终极控股股东双重身份的政府出于发展地方经济、增加就业和稳定社会等多重目标，有动机也有能力去影响企业的决策。研发活动具有高度的风险，并且往往需要巨额资金支出，国有控股企业需要承担政府的社会性职能，企业高管可能更多地关注公司短期业绩以及政治性目标，从而缺乏从事研发活动以提升公司长期价值的激励。

2.2.4 组织学习理论的解释

现代企业已经认识到，唯有建立起开放、动态、高效的学习机制才能更好应对环境变化。根据组织学习理论，联盟是企业学习或保持自身能力的一种方式。在这种观点看来，企业建立在知识的基础之上，特别是那些很难跨越企业边界转移的知识对组织至关重要。

通过联盟，企业不仅能向合作伙伴学习显性知识，而且可以通过“干中学”获得其隐性知识，并共同创造出新知识（Doz，Hamel，1998）。但是，联盟仅仅提供了学习平台，企业能否获得合作伙伴的特有知识，不仅取决于企业能否接触到这些资源，而且取决于其学习能力和效率。Moingeon 和 Edmondson（1996）研究发现，只有在企业拥有了相关知识和技能的前提下，企业才能更好地获得新的能力。由于在同一行业中的企业具有相似的知识架构和共同的能力基础，因此，由竞争者结成的联盟更有利于构建成功的组织学习平台。当然，在竞争对手间展开学习，并不妨碍企业拥有特有的、难以被模仿的技能和专长，所以，对于那些拥有互补性资源和能力的竞争者，他们间存在更为可观的相互学习的潜力。

与传统纵向联盟不同，在由竞争对手结成的学习型联盟中，联盟成员需要特别注意的是，企业在学习伙伴拥有知识的同时，伙伴也在学习和转移其知识。因此，企业需要认真考虑哪些知识是可以贡献出来与伙伴进行共享的（Soekijad，Andriessen，2003）。那些对自身生存至关重要而且伙伴能够学习与吸收的知识，一旦被竞争伙伴获得，将直接导致自身的生存危机。正因如此，组织学习理论将与对手结成学习型联盟视为一场“学习竞赛”，无论是合作伙伴还是合作模式的选择都是为开展有效学习而服务的，只有以更高的效率习得知识并提升了竞争实力，企业参与联盟才是成功的。

由于信息不对称和投机行为等原因，研究人员、研发成果等研发投入、产出要素市场是不完美的，无法通过市场交易实现这些要素的转移。Sakakibara（1997）对日本结成研发联盟的近 400 家企业调查发现，“获取互补性的技术知识”是企业进行合作研发的最重要动机，详见表2.1。

表2.1　　　　　日本企业的合作研发动机

合作研发的动机	平均分值*
获得合作伙伴的互补性技术知识	3.69
进入新的业务/技术领域	3.51
避免重复性的研究	3.15
赶上国外企业的先进技术	2.99
分担成本和实现规模经济	2.95
赶上国内非成员企业的先进技术	1.65

*分值为1表示该动机不重要，分值为5表示很重要。

2.2.5　产业组织理论

产业组织理论主要从技术的溢出效应和市场结构的角度来研究企业间研发联盟，侧重于分析同一产业的企业间合作对企业研发投入及社会福利的影响。

溢出效应是指通过技术的扩散，促进了其他企业技术和生产力水平的提高，是经济外在性的一种表现。包括由反求工程、产业间谍或雇用创新企业员工所导致的非自愿、不可控的溢出，一般称为外生溢出（Lööf，2009；O'Mahony和Vecchi，2009），以及由于企业向外发布技术信息，或者与其他企业进行技术交流等所引起的自愿的、可控制的溢出，一般称为内生溢出（霍沛军，陈继祥，2002；Tesoriere，2008a，2008b）。也就是说，技术知识作为研发活动的成果有一定的公共产品属性。

市场结构所描述的是企业的产业组织环境。它是指在特定的市场中，企业间在数量、份额和规模上的关系，以及由此决定的竞争形式。它包括厂商规模、产业集中度、进入壁垒、产品差异性和政府管制等等。

许多学者研究了市场结构和溢出效应对企业合作研发的影响。D'Aspremont 和 Jacquemin（1988，1990）较早对这一问题进行了研究。他们建立了一个两阶段双寡头博弈模型（即 AJ 模型），他们开创性的工作为以后学者的研究奠定了基础。AJ 模型考虑一个只有两家企业的产业，其主要假设有：①两企业同质；②需求线性，需求函数的反函数为 $D^{-1}=a-bQ$，$a>0$，$b>0$，其中，$Q=q_1+q_2$ 表示市场总需求；③企业的生产总成本是自己产量和研发投入量，以及对手研发投入量的线性函数：$C_i(q_i, x_i, x_{3-i})=[A-x_i-\beta x_{3-i}]q_i$，$i=1, 2$，$0<A<a$，$0\leqslant\beta\leqslant1$。R&D 阶段存在技术溢出，β 值反映了溢出效应的大小；④企业研发成本函数是投入量的二次函数，$\gamma\frac{x_i^2}{2}$，即研发边际成本递增。

在 AJ 模型中，企业间的博弈顺序分为两阶段：第一阶段（研发阶段），两企业决定各自的 R&D 水平；在第二阶段（生产和销售阶段），两企业进行古诺竞争，企业的收益等于第二阶段的古诺利润减去第一阶段的 R&D 成本。

根据企业在两阶段合作与否，D'Aspremont 和 Jacquemin 划分了三种情况，即：①不合作。厂商独立选择 R&D 和生产水平，实现各自利润的最大化。②半合作，即在第 R&D 阶段进行合作，但在第二阶段进行产出竞争。③完全合作，即在 R&D 和生产阶段均合作。通过对比分析三种情况下的企业研发投入和利润，以及社会福利，他们得出如下研究结论。

（1）从研发投入来说，如果 R&D 溢出效应足够大，当 $\beta>0.5$，即垄断时研发投入最高，因为厂商能获得研发成果所带来的全部超额剩余；其次是合作时的研发投入水平；非合作时研发投入水平最低。但从考虑社会福利水平角度来看，研发投入水平都小于社会最优投入水平。

（2）从产量来说，研发合作时产量最高，其次是研发竞争时的产量，垄断时的产量最低。但产量都低于社会最优产量。

De Bondt 和 Veugelers（1991）发现当企业生产不同的产品时，即使溢出效应不是很大，合作研发的投入水平也会高于非合作水平，所以企业会倾向合作。De Bondt 等（1992）研究表明，溢出效应的大小和企业数量的多少会影响企业是否合作研发。与此类似，Steurs（1995）研究发现，在合作研发中，产业间的溢出比产业内的溢出导致更多的研发投资、产量和社会福利。一些学者也得出了与之类似的结论（Silipo，Weiss，2005；Mesquita et al.，2008；Wang，Zhao，2008）。

Rokuhara（1985）研究发现日本 90% 的企业间研发合作是跨行业合作。Licht（2000）调查了欧洲六个国家的企业合作研发情况，发现与客户或供应商合作是最盛行的企业合作研发方式。Harabi（1997）利用德国 1994 的数据，发现 84% 的新兴企业与客户或供应商合作研发。

Marin 和 Siotis（2004）利用参与欧盟框架计划、尤里卡计划的合作研发的 1000 多家企业的数据，研究了产业变量（研发强度、溢出效应、专利效果和产业集中度）和企业变量（绝对和相对规模、参与合作研发的经历）同合作研发的关系。他们发现，知识扩散变量（溢出效应延迟、专利的有效性）与企业参与合作研发显著负相关，也就是说企业如果很难独占创新的收益，那么就很愿意参加合作研发。

刘宏、杨克华（2003）从市场结构的企业规模、产业集中度和进入壁垒这三个因素分析了我国企业的合作研发行为。他们利用上海市工业企业技术创新状况问卷调查的数据，发现企业规模与合作研发行为有着显著的关联性，其中大企业最活跃，其次是小企业。总的来说，有 70% 左右的企业参与合作研发，也就是说合作研发是我国企业的普遍行为，见表2.2。

表2.2　　企业规模与合作研发（中国）

规模 / 是否合作	大型企业	中型企业	小型企业	总计	χ^2
无合作行为	34 （20.48%）	69 （38.33%）	13 （30.95%）	116 （29.90%）	13.156 （a=0.001）
有合作行为	132 （79.52%）	111 （61.67%）	29 （69.05%）	272 （70.10%）	

3 网络外部性下基于投资溢出的企业独立研发行为

3.1 研发背景

现实生活中有很多产品或服务，尤其是一些高科技产品或服务（如手机、即时通信软件、电信服务等）有一个非常显著的特征，就是消费者购买产品所获得的效用会随该产品用户数量的增多而变大，产品的这种特征被称为网络外部性（Hwang，Oh，2009），如：随着手机用户的增多，人与人之间信息沟通更为方便及时，用户效用就越大；使用某种即时通讯软件的人越多，通过该软件联系到的人就越多，用户的效用就越大。网络外部性不仅会通过改变消费者效用而对消费者的购买决策产生影响，还会对厂商的研发策略产生较大影响。具有网络外部性的高科技产品往往还具有一个明显特征，就是产品或技术的更新升级很快，创新行为比较频繁，研发溢出效应比较明显。因此，有必要对网络外部性和溢出效应条件下的企业研发动机和行为进行研究。

国内外学者对网络外部性下的企业研发行为进行了研究，并发现网络外部性会导致企业研发行为的低效率。如 Katz 和

Shapiro（1992）研究了网络外部性市场中的产品进入的时间问题。研究发现，新产品进入市场时，往往会导致对进入者的激励过强。Choi（1994）考虑研发存在风险，研究了进入者对具有不同风险的研发项目的选择策略。研究发现，与社会最优福利相比，在位者可能会过早采用技术，进入者会选择风险过低的研发项目。Kristiansen（1996）则研究发现，与社会最优相比，在位者选择了风险过高的研发项目，而进入者选择了风险过低研发项目。但这些研究均没有考虑溢出效应的影响。近年来，一些学者开始对网络外部性和溢出效应条件下的企业研发行为进行研究。如：Kim（2000）利用Hotelling模型考察了当技术创新表现为质量改进时，技术创新、消费者预期与企业兼容性选择的关系。Saaskilahti（2006）研究发现网络外部性条件下，当溢出效应较低时，领导企业会投入更多的研发资源。李克克和陈宏民（2007a）研究了网络外部性特征产业中具有不对称网络规模的寡头市场条件下，潜在技术主导厂商的研发决策以及创新动机。幸昆仑等（2008）利用扩展的两阶段Hotelling模型分析了存在网络外部性和溢出条件下双寡头企业的研发行为。但这些研究考虑的溢出效应均为成果溢出，事实上，现实中还有一种常见的溢出效应，即投资溢出，如由企业间研发信息的交流，或企业在人才上的投资因人才流动产生溢出（汤建影，黄瑞华，2005）。不同环境下，投资溢出和成果溢出对企业研发行为的影响差别较大（Kalaignanam et al.，2007；Ge，Hu，2008）。因此，有必要对网络外部性和投资溢出效应条件下的企业研发动机和行为进行研究。

基于此，本章建立网络外部性下基于投资溢出的独立研发博弈模型，分别对单个企业研发和两企业同时研发时的企业研发行为进行研究，找出不同条件下的企业最优研发投资策略，并分析网络外部性，产品兼容性以及投资溢出等对企业研发策略的影响，希望能为企业研发策略以及政府相关科技政策的制定提供理论支持。

3.2 企业独立研发特征

在具有网络外部性的产品市场上有双寡头企业 1 和 2，分别位于长度为 1 的“线性市场”的两端，其中，企业 1 位于 $\gamma=0$，企业 2 位于 $\gamma=1$。企业 1 和企业 2 分别向市场提供产品 1 和产品 2，且两个企业的产品覆盖了整个市场，其中，企业 1 的市场份额为 q_1，企业 2 的市场份额为 q_2，$q_1+q_2=1$。

消费者在线性市场上服从均匀分布，所有消费者最多购买一个单位的产品，消费者的不同类型由其在线性市场上的“地理位置”γ 表示，$\gamma\in[0,1]$。消费者在产品消费过程中除了需按产品售价 P_i（$i=1, 2$）支付费用外，还需付出一些其他成本（如运输成本），该成本与消费者类型相关，消费产品 1 所支付的其他成本为 γc，消费产品 2 所支付的其他成本则为 $(1-\gamma)c$，其中 c 是单位成本，为固定常数。因类型不同而产生的成本差异将导致消费者对产品的不同偏好，γ 越小的消费者对产品 1 的偏好程度越高，γ 越大的消费者对产品 2 的偏好程度越高。

由于存在网络外部性，消费者除了能从购买产品中获得基本效用 u 之外，还能获得一定的与产品网络规模（即产品市场份额）相关的网络效用。网络效用由自身网络效用和可兼容网络效用两部分所组成。假定消费者具有理性预期（Katz，Shapiro，1985），则消费者购买产品 1 的自身网络效用为 αq_1，可兼容网络效用为 $\alpha\beta q_2$，购买产品 2 的自身网络效用为 αq_2，可兼

容网络效用为 $\alpha\beta q_1$。其中，α 为网络外部性强度系数，β 为兼容性系数，且 $0<\alpha<1$，$0<\beta<1$。因此，消费者购买产品 1 和产品 2 所获净效用分别为：

$$U_1 = u - P_1 - \gamma c + \alpha q_1 + \alpha\beta q_2 \tag{3.1}$$

$$U_2 = u - P_2 - (1-\gamma)\ c + \alpha q_2 + \alpha\beta q_1 \tag{3.2}$$

消费者在产品 1 和产品 2 之间进行选择的标准是，购买净效用大的产品，不失一般性，令“地理位置”为 $\bar{\gamma}$ 的消费者，购买产品 1 和产品 2 所获净效用相等，因此，$\gamma\in[0,\bar{\gamma}]$ 的消费者会购买产品 1，而 $\gamma\in[\bar{\gamma},1]$ 的消费者会购买产品 2。

求解 $U_1=U_2$ 可得产品 1 和产品 2 的市场份额分别为：

$$q_1 = \bar{\gamma} = \frac{1}{2}\left[1+\frac{P_1-P_2}{c-\alpha(1-\beta)}\right] \tag{3.3}$$

$$q_2 = 1-\bar{\gamma} = \frac{1}{2}\left[1+\frac{P_2-P_1}{c-\alpha(1-\beta)}\right] \tag{3.4}$$

现企业计划进行降低生产成本的研发活动，由于存在投资溢出，企业的部分研发投入会被竞争对手所用，增加竞争对手的研发投入，即企业 1 和企业 2 研发投入为分别 x_1 和 x_2，则企业 1 和企业 2 因投资溢出效应可额外增加的研发投入分别为 θx_2 和 θx_1，因此，企业 1 和企业 2 的有效研发投入分别为 $x_1+\theta x_2$ 和 $x_2+\theta x_1$，其中，θ 为溢出系数，$0<\theta<1$，即企业 i（i = 1，2）每投入 1 个单位的研发资源，其竞争对手将因溢出效应而额外增加研发投入 θ。企业 1 和企业 2 的研发成果分别为 $2r\sqrt{x_1+\theta x_2}$ 和 $2r\sqrt{x_2+\theta x_1}$，r 为研发效率，即 r 越大，研发效率越高，投入一定的研发资源所降低的单位生产成本越大。研发后企业 1 和企业 2 的单位生产成本分别为：$C_1 = C_0 - 2r\sqrt{x_1+\theta x_2}$ 和 $C_2 = C_0 - 2r\sqrt{x_2+\theta x_1}$，其中，$C_0$ 为企业 i 的研

发前单位生产成本。

3.3 企业独立研发模型

企业1和企业2在产品市场和研发活动上进行的是两阶段博弈。第一阶段为研发博弈，企业在这一阶段主要是决定研发水平和兼容性选择。第二阶段为产品博弈，企业在这一阶段主要是决定产品价格。本章将采用逆向归纳法求解企业在两阶段均衡策略。

3.3.1 研发前

研发前，企业i（i=1，2）的利润为：

$$\pi_i = (P_i - C_0)\ q_i,\ i=1,\ 2 \tag{3.5}$$

不妨命 $N_0 = c - \alpha(1-\beta)$。将（3.3）和（3.4）式（即均衡时的产品市场份额 q_i）代入（3.5）式，并求解 $\frac{\partial \pi_i}{\partial P_i} = 0$（i=1，2）可得均衡时的产品价格为：

$$\tilde{P}_i = C_0 + N_0,\ i=1,\ 2 \tag{3.6}$$

将（3.6）式代入（3.3）和（3.4）式可得均衡时的市场份额为：

$$\tilde{q}_i = \frac{1}{2},\ i=1,\ 2 \tag{3.7}$$

将（3.6）和（3.7）式代入（3.5）式可得均衡时的企业利润为：

$$\tilde{\pi}_i = \frac{N_0}{2},\ i=1,\ 2 \tag{3.8}$$

由 $\tilde{\pi}_i > 0$ 可知 $N_0 > 0$.

3.3.2 单个企业进行研发

单个企业进行研发不失一般性，假设企业 1 进行研发，而企业 2 不进行研发，则企业 1 和企业 2 的利润分别为：

$$\pi_1 = [P_1 - (C_0 - 2r\sqrt{x_1})]\ q_1 - x_1 \tag{3.9}$$

$$\pi_2 = [P_2 - (C_0 - 2r\sqrt{\theta x_1})]\ q_2 \tag{3.10}$$

将（3.3）和（3.4）式（即均衡时的产品市场份额 q_i）代入（3.9）和（3.10）式，并求解$\frac{\partial \pi_i}{\partial P_i}=0$（i=1，2）可得均衡时的产品价格和市场份额分别为：

$$P_1 = C_0 + N_0 - \frac{2r\sqrt{x_1}\ [2+\sqrt{\theta}]}{3} \tag{3.11}$$

$$P_2 = C_0 + N_0 - \frac{2r\sqrt{x_1}\ [1+2\sqrt{\theta}]}{3} \tag{3.12}$$

$$q_1 = \frac{C_0 + N_0}{2} + \frac{2r\sqrt{x_1}\ (1-\sqrt{\theta})}{3} \tag{3.13}$$

$$q_2 = \frac{C_0 + N_0}{2} - \frac{2r\sqrt{x_1}\ (1-\sqrt{\theta})}{3} \tag{3.14}$$

将（3.11）和（3.13）式代入（3.9）式，并求解$\frac{\partial \pi_1}{\partial x_1}=0$则可得企业 1 的最优研发投入为：

$$x_1^* = \frac{9N_0^2 N_1}{2[9N_0 - 2N_1]^2} \tag{3.15}$$

其中，$N_1 = r^2(1-\sqrt{\theta})^2$ 且 $9N_0 - 2N_1 > 0$。

由此可得，均衡时企业 i（i=1，2）的产品价格、市场份额和利润分别为：

$$P_1^* = C_0 + N_0 - \frac{6N_0 r^2\ (2-\theta-\sqrt{\theta})}{9N_0 - 2N_1} \tag{3.16}$$

$$P_2^* = C_0 + N_0 - \frac{6N_0 r^2 \ (1-2\theta-\sqrt{\theta})}{9N_0 - 2N_1} \tag{3.17}$$

$$q_1^* = \frac{1}{2} + \frac{3r^2 \ (1-\sqrt{\theta})}{9N_0 - 2N_1} \tag{3.18}$$

$$q_2^* = \frac{1}{2} - \frac{3r^2 \ (1-\sqrt{\theta})}{9N_0 - 2N_1} \tag{3.19}$$

$$\pi_1^* = \frac{(9N_0 + 4N_1)^2 - 18N_0 N_1}{2\ (9N_0 - 2N_1)^2} N_0 \tag{3.20}$$

$$\pi_2^* = \frac{(9N_0 - 8N_1)^2}{2\ (9N_0 - 2N_1)^2} N_0 \tag{3.21}$$

3.3.3 两个企业同时研发

当两个企业都进行研发时，企业 i（i=1，2）的利润为：

$$\pi_1 = [P_1 - (C_0 - 2r\sqrt{x_1 + \theta x_2})]\ q_1 - x_1 \tag{3.22}$$

$$\pi_2 = [P_2 - (C_0 - 2r\sqrt{x_2 + \theta x_1})]\ q_2 - x_2 \tag{3.23}$$

将（3.3）和（3.4）式代入（3.22）和（3.23）式，并求解$\frac{\partial \pi_i}{\partial P_i}=0$（i=1，2）可得均衡时的产品价格和市场份额分别为：

$$P_1 = C_0 + N_0 - \frac{2r\ (\sqrt{x_2 + \theta x_1} + 2\sqrt{x_1 + \theta x_2})}{3} \tag{3.24}$$

$$P_2 = C_0 + N_0 - \frac{2r\ (\sqrt{x_1 + \theta x_2} + 2\sqrt{x_2 + \theta x_1})}{3} \tag{3.25}$$

$$q_1 = \frac{1}{2} + \frac{\sqrt{x_1 + \theta x_2} - \sqrt{x_2 + \theta x_1}}{3\ [c - \alpha\ (1-\beta)]} r \tag{3.26}$$

$$q_2 = \frac{1}{2} + \frac{\sqrt{x_2 + \theta x_1} - \sqrt{x_1 + \theta x_2}}{3\ [c - \alpha\ (1-\beta)]} r \tag{3.27}$$

将（3.24）~（3.27）式分别代入（3.22）和（3.23）式并求解$\frac{\partial \pi_i}{\partial x_i}=0$（i=1，2）可得企业的最优研发投入为：

$$x_i^{**}=\frac{[r(1-\theta)]^2}{9(1+\theta)},\ i=1,\ 2 \tag{3.28}$$

将（3.28）式分别代入（3.22）~（3.27）式可得均衡时企业i（i=1，2）的产品价格、市场份额和利润分别为：

$$P_i^{**}=C_0+N_0-\frac{2r^2(1-\theta)}{3},\ i=1,\ 2 \tag{3.29}$$

$$q_i^{**}=\frac{1}{2},\ i=1,\ 2 \tag{3.30}$$

$$\pi_i^{**}=\frac{N_0}{2}-\frac{[r(1-\theta)]^2}{9(1+\theta)},\ i=1,\ 2 \tag{3.31}$$

3.4 企业独立研发决策

3.4.1 单个企业进行研发

通过对单个企业研发时的均衡解分析，可以得出结论如下：

结论 3.1　当只有单个企业研发时，选择研发的企业将会投入研发资源，而非研发企业会被迫进行研发投入。

证明：将（3.20）式减去（3.8）式可得单个企业研发后的企业1利润与研发前的企业1利润之差为$\pi_1^*-\tilde{\pi}_1=\frac{3N_0N_1(15N_0+2N_1)}{(9N_0-2N_1)^2}$，即，通过研发投入，企业1的利润得到了增长，因此企业1将进行研发投入。

对比（3.21）式和（3.8）式可得单个企业研发后的企业2单位产品净利润（即P_2-C_2）与研发前的企业2单位产品净利

润之差为 $-\frac{6N_0\gamma^2(1-\theta)}{(9N_0-2N_1)^2}<0$，将（3.19）式减去（3.7）式可得单个企业研发后的企业 2 市场份额与研发前的企业 2 市场份额之差为 $q_1^*-\tilde{q}_1=-\frac{3\gamma^2(1-\sqrt{\theta})^2}{9N_0-2N_1}$。由于企业 2 的单位产品利润和市场份额均下降了，因此，企业 2 的利润因企业 1 进行研发投资而被降低。这时，企业 2 将被迫进行研发投入。由此可知，当只有单个企业研发时，选择研发的企业将会投入研发资源，而非研发企业则会因利润降低而被迫进行研发投入。

由此可知，当只有单个企业研发时，选择研发的企业将会投入研发资源，而非研发企业则会因利润降低而被迫进行研发投入。结论 3.1 证毕。

结论 3.1 表明，当只有单个企业进行研发时，选择进行研发的企业将因生产成本的降低而可以降低产品售价，从而获得更大的市场份额和利润，因此，企业将愿意进行研发投入。而不进行研发投入的企业虽可以因溢出效应的存在而降低少许生产成本，但却往往因溢出效应、网络外部性和兼容性等的综合影响使得其利润反而降低了，这时，企业则将被逼进行研发投入。

推理 3.1 当单个企业研发时，两个企业的产品价格均随网络外部性的增加而降低，随兼容性的增加而提高，研发企业的产品价格则随溢出效应的增长而提高。

证明：求企业 i（i=1，2）的产品价格关于网络外部性和兼容性的一阶偏导数可得，$\frac{\partial P_1^*}{\partial \alpha}=-(1-\beta)\left[1+\frac{12N_1^2(2+\sqrt{\theta})}{(9N_0-2N_1)^2(1-\sqrt{\theta})}\right]<0$，$\frac{\partial P_1^*}{\partial \beta}=\alpha\left[1+\right.$

$\frac{12N_1^2\ (2+\sqrt{\theta})}{(9N_0-2N_1)^2\ (1-\sqrt{\theta})}]>0$，$\frac{\partial\ P_2^*}{\partial\ \alpha}=-\ (1-\beta)\ [1+\frac{12N_1^2\ (1+2\sqrt{\theta})}{(9N_0-2N_1)^2\ (1-\sqrt{\theta})}]<0$，$\frac{\partial\ P_2^*}{\partial\ \beta}=\alpha\ [1+\frac{12N_1^2\ (1+2\sqrt{\theta})}{(9N_0-2N_1)^2\ (1-\sqrt{\theta})}]>0$，因此，两个企业的产品价格均为网络外部性严格递减函数，为兼容性的严格递增函数，即两个企业的产品价格均随网络外部性的增加而降低，随兼容性的增加而提高。

求企业 1 的产品价格关于溢出系数的一阶偏导数可得，$\frac{\partial\ P_1^*}{\partial\ \theta}=\frac{9N_0\gamma^2\ [2N_1+3N_0\ (1+2\sqrt{\theta})]}{(9N_0-2N_1)^2\sqrt{\theta}}>0$，因此，企业 1 的产品价格为溢出效应的严格递增函数，即企业 1 的产品价格随溢出效应的增加而提高。单个企业研发时，两个企业的产品价格均随网络外部性的增加而降低，随兼容性的增加而提高，研发企业的产品价格则随溢出效应的增长而提高。推理 3.1 证毕。

推理 3.1 表明，当单个企业进行研发时，产品网络外部性的增加提高了市场份额对消费者效用的影响力，从而提高了市场份额在企业间竞争中的地位，增强了企业间的竞争强度，因此，产品价格会随网络外部性的增加而降低。而产品兼容性的增加则会因兼容产品市场份额能更大程度提高本产品的消费者效用，从而降低了企业间的竞争强度，因此，产品价格会随兼容性的增加而提高。随着溢出效应的增加，非研发企业从研发企业的研发投入中所额外增加的研发投入提高，从而能更大幅度的降低生产成本和产品价格，因此，研发企业就难以通过降低产品价格来从非研发企业那里抢夺市场份额，提高企业利润，研发企业就不会与非研发企业展开过度价格竞争，这时，研发企业的产品价格就会随溢出效应的增加而提高。

推理 3.2 当单个企业研发时，研发企业的产品市场份额随网络外部性的增加而提高，随兼容性和溢出效应的增长而降低；非研发企业则相反。

证明：求企业1的产品市场份额关于网络外部性、兼容性以及溢出系数的一阶偏导数可得：$\frac{\partial q_1^*}{\partial \alpha}=\frac{27N_1(1-\beta)}{(9N_0-2N_1)^2}>0$，$\frac{\partial q_1^*}{\partial \beta}=\frac{-27\alpha N_1}{(9N_0-2N_1)^2}<0$，$\frac{\partial q_1^*}{\partial \theta}=-\frac{27N_0r^2(1-\sqrt{\theta})}{(9N_0-2N_1)^2\sqrt{\theta}}<0$. 因此，企业1的产品市场份额是网络外部性的严格递增函数，是兼容性和溢出系数的严格递减函数，即市场份额随网络外部性增加而提高，随兼容性和溢出效应的增长而降低。

求企业2的产品市场份额关于网络外部性、兼容性以及溢出系数的一阶偏导数可得：$\frac{\partial q_2^*}{\partial \alpha}=-\frac{27N_1(1-\beta)}{(9N_0-2N_1)^2}<0$，$\frac{\partial q_2^*}{\partial \beta}=\frac{27\alpha N_1}{(9N_0-2N_1)^2}>0$，$\frac{\partial q_2^*}{\partial \theta}=\frac{27N_0r^2(1-\sqrt{\theta})}{(9N_0-2N_1)^2\sqrt{\theta}}>0$. 因此，企业2的产品市场份额是网络外部性的严格递减函数，是兼容性和溢出系数的严格递增函数，即市场份额随网络外部性增加而降低，随兼容性和溢出效应的增长而提高。推理3.2证毕。

推理3.2表明，当单个企业进行研发时，由于研发企业降低的生产成本更多，于是就能够更大幅度降低产品价格，获得更多的市场份额，因此，当网络外部性增加时，购买该企业产品的消费者所获效用增加更多，从而吸引了更多消费者，其产品市场份额就随网络外部性的增加而提高。而非研发企业由于产品价格高于研发企业，市场份额低于研发企业，从而导致网络外部性提高时消费者购买该产品所增加效用低于研发企业的消费者，因此，就会有部分消费者转向购买研发企业的产品，其市场份额就随网络外部性的提高而降低。

随着兼容性的增加，由于研发企业的市场份额高于非研发企业，因此非研发企业的消费者从研发企业市场份额中所增加的效用高于研发企业消费者从非研发企业市场份额中所增加的效用，于是就会有部分研发企业的消费者转向购买非研发企业的产品。即，随着兼容性的增加，研发企业市场份额降低，非研发企业市场份额提高。

当溢出效应增加时，非研发企业从研发企业的研发投入中所额外增加的研发投入提高，从而能更大幅度地降低生产成本和产品价格，因此，非研发企业的产品市场份额就会随溢出效应的增加而提高，研发企业的产品市场份额则随溢出效应的增加而减少。

结论 3.2　当单个企业研发时，研发企业始终倾向于低溢出效应，若 $(9N_0-8N_1)^3+18N_1(9N_0-7N_1)^2+6N_1^2(30N_0-67N_1)>0$，研发企业倾向于低网络外部性和高兼容性，反之则倾向于高网络外部性和低兼容性；非研发企业则始终倾向于低网络外部性、高兼容性和高溢出效应。

证明：求企业 1 的均衡利润对网络外部性系数、兼容性系数和溢出系数的一阶偏导数可得，

$$\frac{\partial \pi_1^*}{\partial \alpha}=-(1-\beta)\frac{(9N_0-8N_1)^3+18N_1(9N_0-7N_1)^2+6N_1^2(30N_0-67N_1)}{2(9N_0-2N_1)^3},$$

$$\frac{\partial \pi_1^*}{\partial \beta}=\alpha\frac{(9N_0-8N_1)^3+18N_1(9N_0-7N_1)^2+6N_1^2(30N_0-67N_1)}{2(9N_0-2N_1)^3},$$

$$\frac{\partial \pi_1^*}{\partial \theta}=-\frac{9N_0^2N_1(45N_0+22N_1)}{(9N_0-2N_1)^3(1-\sqrt{\theta})\sqrt{\theta}}<0,$$

由此可知，企业 1 的均衡利润为溢出系数的严格递减函数，即均衡利润随溢出效应的增加而减少，因此，研发企业始终倾向于低溢出效应。当 $(9N_0-8N_1)^3+18N_1(9N_0-7N_1)^2+6N_1^2$

$(30N_0-67N_1)>0$ 时，$\frac{\partial \pi_1^*}{\partial \alpha}<0$，$\frac{\partial \pi_1^*}{\partial \beta}>0$，由此可知，企业1的均衡利润为网络外部性的严格递减函数，兼容性的严格递增函数，即均衡利润随网络外部性的增加而减少，随兼容性的增加而提高。因此，研发企业在 $(9N_0-8N_1)^3+18N_1(9N_0-7N_1)^2+6N_1^2(30N_0-67N_1)>0$ 时倾向于低网络外部性和高兼容性。反之，$\frac{\partial \pi_1^*}{\partial \alpha}>0$，$\frac{\partial \pi_1^*}{\partial \beta}<0$，研发企业倾向于高网络外部性和低兼容性。

求企业2的单位产品净利润关于网络外部性系数、兼容性系数和溢出系数的一阶偏导数可得，

$$\frac{\partial(P_2^*+2r\sqrt{\theta x_1^*}-C_0)}{\partial \alpha}=-(1-\beta)\left[1+\frac{12N_1^2(1+\sqrt{\theta})}{(9N_0-2N_1)^2(1-\sqrt{\theta})}\right]<0,$$

$$\frac{\partial(P_2^*+2r\sqrt{\theta x_1^*}-C_0)}{\partial \beta}=\alpha+\frac{12\alpha N_1^2(1+\sqrt{\theta})}{(9N_0-2N_1)^2(1-\sqrt{\theta})}>0,$$

$$\frac{\partial(P_2^*+2r\sqrt{\theta x_1^*}-C_0)}{\partial \theta}=\frac{6N_0\gamma^2(9N_0+2N_1)}{(9N_0-2N_1)^2\sqrt{\theta}}>0,$$

因此，企业2的均衡利润关于网络外部性系数、兼容性系数和溢出系数的一阶偏导数为，

$$\frac{\partial \pi_2^*}{\partial \alpha}=\frac{\partial(P_2^*+2r\sqrt{\theta x_1^*}-C_0)}{\partial \alpha}q_2^*+\frac{\partial q_2^*}{\partial \alpha}(P_2^*+2r\sqrt{\theta x_1^*}-C_0)<0,$$

$$\frac{\partial \pi_2^*}{\partial \beta}=\frac{\partial(P_2^*+2r\sqrt{\theta x_1^*}-C_0)}{\partial \beta}q_2^*+\frac{\partial q_2^*}{\partial \beta}(P_2^*+2r\sqrt{\theta x_1^*}-C_0)>0,$$

$$\frac{\partial \pi_2^*}{\partial \theta}=\frac{\partial(P_2^*+2r\sqrt{\theta x_1^*}-C_0)}{\partial \theta}q_2^*+\frac{\partial q_2^*}{\partial \theta}(P_2^*+2r\sqrt{\theta x_1^*}-C_0)>0,$$

由此可知，企业2的均衡利润为网络外部性系数的严格递减函数，兼容性系数和溢出系数的严格递增函数，即企业2的均衡利润随网络外部性的增加而减少，随兼容性和投资溢出的增加而提高。因此，非研发企业倾向于低网络外部性，高兼容性和高溢出效应。结论3.2证毕。

结论 3.2 表明：

第一，随着网络外部性的增加，市场份额在消费者效用中所占比例提高，对消费者购买决策的影响更大，企业间为争夺市场份额而展开的竞争就越激烈，非研发企业由于单位生产成本和产品售价高，必然会有部分消费者转向购买研发企业的产品，这就导致非研发企业的市场份额降低，企业利润减少，因此，非研发企业始终倾向于低网络外部性。

而研发企业虽然可以通过研发投入来降低单位生产成本和产品价格，从而提高产品的市场份额，但是，当高网络外部性导致的市场竞争强度过高时，企业利润也可能因产品价格下降过多或研发投入过多而减少。由条件 $(9N_0-8N_1)^3+18N_1(9N_0-7N_1)^2+6N_1^2(30N_0-67N_1)>0$ 可以看出：

（1）$N_1=r^2(1-\sqrt{\theta})^2$ 越小，即创新效率 r 越低，投资溢出系数 θ 越大，研发企业的利润就越可能随网络外部性的增加而减少，研发企业就越倾向于低网络外部性。这主要是因为创新效率越低，企业投入相同研发资源所能降低的生产成本和产品价格就越低，所增加的市场份额和企业利润就越低，企业利润就越可能随网络外部性的增加而减少。当投资溢出系数增大时，研发企业的研发投入所降低的非研发企业单位生产成本和产品价格就越多，这就导致研发企业的市场份额和利润损失越大，研发企业的利润就越可能随溢出效应的增加而减少。

（2）$N_0=c-\alpha(1-\beta)$ 越大，即消费者的单位其他成本 c 和兼容性系数 β 越大，网络外部性系数 α 越小，研发企业的利润就越可能随网络外部性的增加而减少，研发企业就越倾向于低网络外部性。这主要是因为，当消费者的单位其他成本 c 越大时，消费者就越难以改变消费决策，而高网络外部性导致企业间的竞争强度加大，企业就只得更大幅度地降低产品价格或增加研发投入来争夺市场份额，结果导致研发企业利润的降低。这就使得消费者的单位其他成本 c 越大时，研发企业的利润就越可能随网络外部性的增加而减少。而兼容性和网络外部性越大时，研发企业的市场份额带给非研发企业消费者的效用越大，而且大于非研发企业的市场份额带给研发企业消费者的效用，这时，研发企业要从非研发企业那里争夺市场份额所付出的成本就越高，利润就越可能随网络外部性的增加而减少。网络外部性越小时，研发企业的市场份额所带给消费者的效用越低，研发企业因生产成本和产品价格低所带来的市场份额高的优势就越不明显，随着高网络外部性导致企业间的竞争强度加大，企业就只能更大幅度地降低产品价格或加大研发投入，这就导致研发企业利润降低。因此，网络外部性越小时，研发企业的利润就越可能随网络外部性的增加而减少。

第二，随着企业间兼容性的增加，市场份额在企业间竞争中的地位降低，因此，企业就不必为了争夺市场份额而进行过度的价格竞争，企业的利润就可能提高。同时，随着兼容性的增加，非研发企业消费者从研发企业的市场份额中所获效用更大，购买非研发企业产品的消费者越多，其市场份额和利润越大，因此，非研发企业始终倾向于高兼容性。

研发企业的研发投入使其具有了单位生产成本和价格优势，拥有了高于非研发企业的市场份额，给研发企业带来了更多的利润。但是，高于非研发企业的市场份额也具有其负面效应，那就是，研发企业市场份额带给非研发企业消费者的效用高于非研发企业市场份额带给研发企业消费者的效用。随着兼容性的增大，效用之差也变大，研发企业的部分消费者就越有可能转而购买非研发企业的产品，研发企业的市场份额和利润就越有可能降低。高兼容性导致低市场竞争的正效应高于导致研发企业市场份额流失的负效应时，研发企业的利润就会提高，反之则会降低。由条件 $(9N_0-8N_1)^3+18N_1(9N_0-7N_1)^2+6N_1^2(30N_0-67N_1)>0$ 可知：

（1）$N_1=r^2(1-\sqrt{\theta})^2$ 越小，即创新效率 r 越低，投资溢出系数 θ 越大，研发企业的利润就越可能随兼容性的增加而提高，研发企业就越倾向于高兼容性。这主要是因为创新效率 r 越低或投资溢出系数 θ 越大时，研发企业因进行研发投入所具有的单位生产成本和产品价格优势就越小，就越不愿意与非研发企业展开过度价格竞争。这时，高兼容性导致低市场竞争的正效应更大，研发企业的利润就会随兼容性的增大而提高。因此，研发企业就越倾向于高兼容性。

（2）$N_0=c-\alpha(1-\beta)$ 越大，即消费者的单位其他成本 c 和兼容性系数 β 越大，网络外部性系数 α 越小，研发企业的利润就越可能随兼容性的增加而提高，研发企业就越倾向于高兼容性。同理，消费者单位其他成本的增大，提高了消费者的转换成本，兼容性的变大则提高了研发企业市场份额带给非研发企业消费者的效用，网络外部性的变小则降低了研发企业市场份额带给本企业消费者的效用。以上这些影响都降低了研发企业的单位生产成本、产品价格和市场份额优势，增大了高兼容性所导致低市场竞争的正效应，使得研发企业的利润随兼容性的增大而提高。因此，研发企业就越倾向于高兼容性。

第三，随着溢出效应的增加，研发企业的研发投入所降低的非研发企业单位生产成本更多，增加非研发企业的市场份额更大，带给非研发企业的收益更大，而研发企业遭受的损失也更大。即：非研发企业的利润随溢出效应的增加而提高，研发企业则相反，因此，研发企业倾向于低溢出效应，非研发企业则倾向于高溢出效应。

结论 3.3　单个企业研发时，网络外部性会增加企业研发投入，而兼容性和溢出效应则会降低企业研发投入。

证明：由$\frac{\partial x_1^*}{\partial \alpha}=\frac{36N_0N_1^2(1-\beta)}{(9N_0-2N_1)^3}>0$可知，随着网络外部性的增强，企业会增加研发投入。由$\frac{\partial x_1^*}{\partial \beta}=-\frac{36\alpha N_0N_1^2}{(9N_0-2N_1)^3}<0$，$\frac{\partial x_1^*}{\partial \theta}=-\frac{9N_0^2N_1^2(9N_0+2N_1)}{(9N_0-2N_1)^3(1-\sqrt{\theta})\sqrt{\theta}}<0$可知，随着兼容性或溢出效应的增强，企业则会降低研发投入。因此，单个企业研发时，网络外部性会增加企业研发投入，而兼容性和溢出效应则会降低企业研发投入。结论3.3证毕。

结论3.3表明，网络外部性越强，产品市场份额对消费者产品的选择和企业利润的影响越大。若能大幅降低生产成本，就可以更多地降低产品售价，从而提高产品市场份额和企业利润，而产品市场份额的增加又会通过网络外部性产生产品价格、市场份额和消费者效用间的正反馈效应，提高消费者的网络效用和净效用，以进一步增加企业的市场份额，甚至获得市场垄断地位，从而获得更高的利润。因此，随着网络外部性的增强，研发企业就会不断提高其研发投入。而兼容性则会提高研发企业市场份额带给非研发企业消费者的效用，提高非研发企业更多的收益，于是降低了市场份额在企业间竞争中的地位，以及企业间的竞争强度，从而削弱了研发企业通过研发降低生产成本来提高产品市场份额的动力。因此，随着兼容性的提高，研发企业就会降低其研发投入。随着溢出效应的增加，研发企业的研发投入带给非研发企业的收益更大，同时给研发企业带来相应的损失也更大，这就削弱了研发企业的研发动力，降低了其研发投入。因此，随着投资溢出效应的提高，研发企业就会降低其研发投入。

3.4.2 两个企业同时研发

通过对两个企业同时研发时的均衡解分析，可以得出结论如下：

结论 3.4 两个企业不自愿同时进行研发投资，但双方均会被迫同时进行研发投资。

证明：对比（3.8）式和（3.31）式（即两个企业同时研发前后的企业利润）可知，若两个企业同时进行研发投入，则两个企业的利润都将减少，其减少量为$\frac{[\theta(1-\theta)]^2}{9(1+\theta)}$，因此，两个企业不会自愿同时进行研发投资。

但是，由结论 3.1 可知，若有一个企业进行研发，则研发企业的利润将因研发投入得到增加，而非研发企业的利润则会被降低，这时，双方就陷入了“囚徒困境”之中，即双方都希望只有自己进行研发投入，而对方不进行研发投资，最终的结果却是双方被迫进行研发。

由此可知，两个企业不会自愿同时进行研发投资，但双方会被迫同时进行研发投资。结论 3.4 证毕。

结论 3.4 表明，由于研发前两个企业就已经占领了整个产品市场，因此若同时进行研发，双方均不能通过降低生产成本和产品售价来提高市场份额，那么，进行研发就只会给企业带来额外的成本，必然降低企业利润，企业就不会自愿进行研发投资。但是，若两个企业无法就双方均不进行研发达成可执行的协议，并形成可置信的威胁，促使双方严格执行协议不进行研发投入，则双方就会陷入“囚徒困境”之中，必然都会在自利行为的驱使下，为了增加自身利润而打破双方均不研发的约定进行研发投资。因此，若政府想促使企业进行研发投资，则应该设法阻止企业达成不进行研发的协议，或对研发企业进行补贴（如按研发投入的一定比例进行补贴或按产品价格的一定比例对每个售出的产品进行补贴），以提高其收益，激励其放弃协议进行研发。

结论 3.5　当两个企业同时研发时，双方均倾向于高兼容性，高溢出效应，以及低网络外部性。

证明：分别求企业 i（i=1，2）的均衡利润关于网络外部性系数，兼容性系数，以及溢出系数的一阶偏导数可得

$$\frac{\partial \pi_i^*}{\partial \alpha}=-\frac{1-\beta}{2}<0,\ \frac{\partial \pi_i^*}{\partial \beta}=\frac{\alpha}{2}>0,\ \frac{\partial \pi_i^*}{\partial \theta}=\frac{\theta^2\ (1-\theta)\ (3+\theta)}{9\,(1+\theta)^2}>0,$$

因此，企业 i 的均衡利润为网络外部性系数的严格递减函数，为兼容性系数和溢出系数的严格递增函数，即双方的均衡利润随着网络外部性的提高而降低，而随着兼容性和溢出效应的提高而增加，因此，当两个企业同时研发时，双方均倾向于高兼容性、高溢出效应，以及低网络外部性。结论 3.5 证毕。

结论 3.5 表明，高兼容性和低网络外部性会降低企业间的市场竞争强度，而高溢出效应则会使企业无偿获得更多研发投入，因此，高兼容性、高溢出效应以及低网络外部性都会提高企业利润，企业就会更倾向于高兼容性，高溢出效应和低网络外部性。

结论 3.6　当两个企业同时研发时，企业研发投入随溢出效应的增加而减少，而与网络外部性和兼容性无关。

证明：求企业 i（i=1，2）的研发投入关于溢出系数的一阶偏导数可得 $\frac{\partial x_i^*}{\partial \theta}=-\frac{\theta^2\ (1-\theta)\ (3+\theta)}{9\,(1+\theta)^2}<0$，因此，企业研发投入为溢出系数的严格递减函数，即研发投入随溢出效应的增加而减少。由（3.28）式则可知，企业研发投入与网络外部性和兼容性无关。因此，当两个企业同时研发时，企业研发投入随溢出效应的增加而减少，而与网络外部性和兼容性无关。

结论 3.6 证毕。

结论 3.6 表明，溢出效应越大，企业从对方的研发投入中额外增加的研发投入就越大，这时，高溢出效应所产生的负效应就越明显，会从两个方面导致企业减少研发投入。首先，企业从降低溢出效应带给竞争对手利益的角度出发减少自己的研发投入；其次，高溢出效应提高了竞争对手的研发投入给企业带来的额外研发投资，企业从降低成本的角度出发也会减少研发投入。因此，溢出效应越大，企业的研发投入就越低。

结论 3.7 当两个企业同时研发时，产品价格会随兼容性和溢出效应的增加而提高，而随网络外部性的增加而降低。

证明：分别求企业 i（i = 1，2）的产品价格关于网络外部性系数，兼容性系数，以及溢出系数的一阶偏导数可得$\frac{\partial P_i^*}{\partial \alpha} = \beta - 1 < 0$，$\frac{\partial P_i^*}{\partial \beta} = \alpha > 0$，$\frac{\partial P_i^*}{\partial \theta} = \frac{2r^2}{3} > 0$，因此，企业 i 的产品价格为网络外部性系数的严格递减函数，为兼容性系数和溢出系数的严格递增函数，即企业 i 的产品价格会随着网络外部性的提高而降低，而随着兼容性和溢出效应的提高而增加。结论 3.7 证毕。

结论 3.7 表明，随着兼容性的增加或网络外部性的降低，市场份额在企业竞争中的地位下降，企业间的市场竞争强度减弱，企业就不必为了争夺市场份额而展开过度的价格竞争。因此，企业就会提高产品价格从而增加利润。而随着溢出效应的增加，企业会减少其研发投入，企业生产成本的降低幅度也会缩小，因此，企业的产品价格就会提高。

3.5 仿真算例研究

研发系统的所有参数如下：消费者的基本效用 $u=20$，消费者的单位其他成本 $c=10$，网络外部性系数 $\alpha=0.6$，产品兼容性系数 $\beta=0.4$；企业 i（i=1，2）的研发前单位生产成本 $C_0=26$，研发效率 $r=5$，溢出系数 $\theta=0.4$。消费者购买产品 1 所获净效用 $U_1=20-P_1-10\gamma+0.6q_1+0.24q_2$，购买产品 2 所获净效用 $U_2=20-P_2-10(1-\gamma)+0.6q_2+0.24q_1$；仅企业 1 进行研发时，企业 1 的研发后单位生产成本 $C_1=26-10\sqrt{x_1}$，企业 2 的研发后单位生产成本 $C_2=26-10\sqrt{0.4x_1}$；两个企业同时研发时，企业 1 的研发后单位生产成本 $C_1=26-10\sqrt{x_1+0.4x_2}$，企业 2 的研发后单位生产成本 $C_2=26-10\sqrt{x_2+0.4x_1}$。

求解可得研发前、单个企业（即企业 1）研发后以及两个企业同时研发后的均衡解如表 3.1 所示。而企业 1 和企业 2 在不同研发策略下的利润矩阵则如图 3.1 所示。

表 3.1　　不同研发情况下的均衡解

	企业 1 研发投入	企业 2 研发投入	企业 1 产品价格	企业 2 产品价格	企业 1 市场份额	企业 2 市场份额	企业 1 利润	企业 2 利润
研发前	0	0	35.64	35.64	0.5	0.5	4.82	4.82
企业 1 研发	0.44	0	29.81	30.62	0.54	0.46	5.23	4.04
同时研发	0.71	0.71	25.64	25.64	0.5	0.5	4.11	4.11

		企业2	
		研发	不研发
企业1	研发	4.11，4.11	5.23，4.04
	不研发	4.04，5.23	4.82，4.82

图3.1　不同研发策略的企业利润

由表3.1可以看出，单个企业研发时，即仅企业1研发，企业1通过研发投资降低了单位生产成本和产品价格，因此获得了更多的市场份额，提高了企业利润。虽然企业2因研发投资溢出而降低了单位生产成本和产品价格，但还是因产品价格高于企业1而损失了部分市场份额和企业利润。

两个企业同时研发时，由于双方的产品价格下降，但市场份额却保持不变，因此，双方的利润都减少了。

由图3.1可以发现企业1和企业2的最优均衡为（不研发，不研发），即双方都选择“不研发”。但是，无论竞争对手的研发策略是什么，企业选择研发所获利润都高于选择“不研发”，即企业的占优策略为“研发”，因此，（研发，研发）是企业研发博弈的占优纳什均衡，即双方陷入了“囚徒困境”之中，最终双方都进行研发投资。

本章以下部分将对研发联盟的主要参数进行灵敏度分析，研究这些参数变化对企业研发投入、产品价格，市场份额，以及企业利润等的影响。由于通过以上分析可知，两个企业都会进行研发投资，因此，只分析主要参数变化对两个企业同时研发时的均衡解产生的影响。

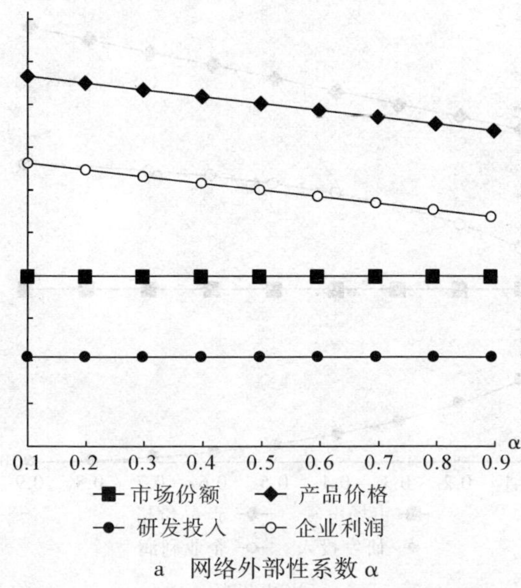

a　网络外部性系数 α

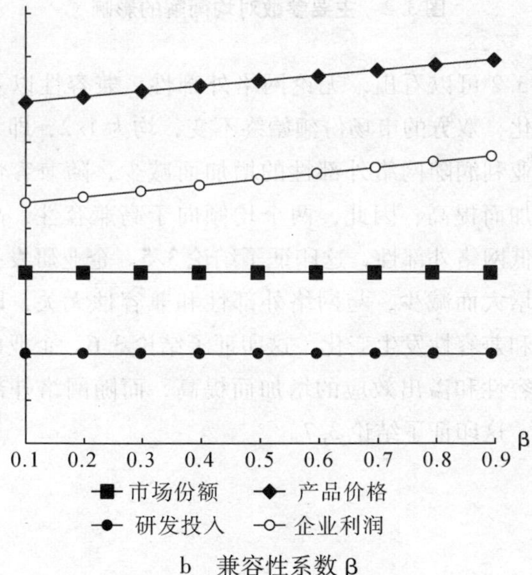

b　兼容性系数 β

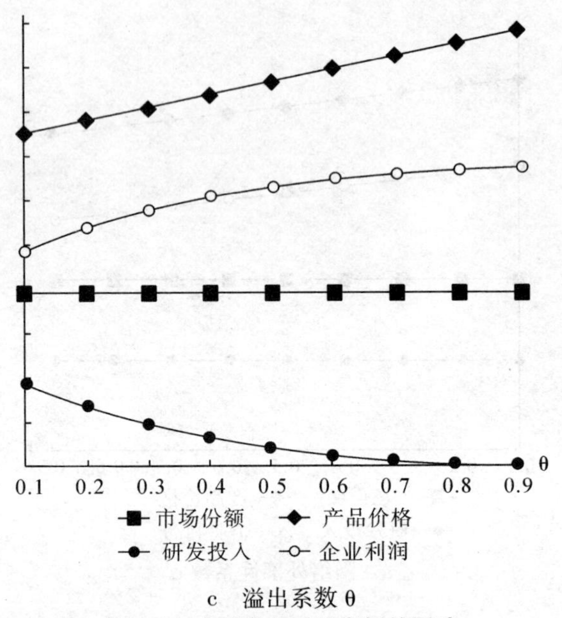

c　溢出系数 θ

图 3.2　主要参数对均衡解的影响

由图 3.2 可以看出，无论网络外部性，兼容性以及溢出效应如何变化，双方的市场份额始终不变，均为 1/2，即双方平分市场。企业利润随网络外部性的增加而减少，随兼容性和溢出效应的增加而提高，因此，两个均倾向于高兼容性，高溢出效应，以及低网络外部性，这印证了结论 3.5。企业研发投入随溢出效应的增大而减少，与网络外部性和兼容性无关，即不随网络外部性和兼容性发生变化，这印证了结论 3.6。企业的产品价格则随兼容性和溢出效应的增加而提高，而随网络外部性的增加而降低，这印证了结论 3.7。

3.6 研究结果

本章建立了网络外部性下基于投资溢出的独立研发博弈模型，分别对单个企业研发和两企业同时研发时的企业研发行为进行了研究，分析了网络外部性，产品兼容性以及投资溢出等对企业利润和研发投资策略的影响。研究发现：

（1）单个企业研发时，研发企业的利润会得到增加，而非研发企业的利润则会被降低，因此，非研发企业将会被迫进行研发投资，且企业研发投入会随网络外部性的增加而提高，随兼容性和溢出效应的增加而降低。而研发企业的利润则随溢出效应的增加而降低，因此，研发企业始终倾向于低溢出效应，非研发企业则始终倾向于低网络外部性、高兼容性和高溢出效应。

（2）两个企业均不愿同时进行研发投资，但双方会被迫同时进行研发投资，且企业研发投入随溢出效应的增加而减少，而与网络外部性和兼容性无关。由于双方利润均随网络外部性的增加而降低，随兼容性和溢出效应的增加而提高，因此，双方均倾向于高兼容性、高溢出效应以及低网络外部性。

（3）若两个企业无法就双方均不进行研发达成可执行的协议，并形成可置信的威胁，促使双方严格执行协议不进行研发投入，则双方就会陷入“囚徒困境”之中，必然都会在自利行为的驱使下，为了增加自身利润而打破双方均不研发的约定进行研发投资。因此，若政府想促使企业进行研发投资，则应该设法阻止企业达成不进行研发的协议，或对研发企业进行补贴（如按研发投入的一定比例进行补贴或按产品价格的一定比例对每个售出的产品进行补贴），以提高其收益，激励其放弃协议进行研发。同时，设法降低研发投资溢出效应，以此提高企业的研发投资。

4 网络外部性下基于投资溢出的行业内横向合作研发行为

4.1 研发背景

具有网络外部性的高科技产品通常更新换代较快，研发信息、技术或人员的流动较为频繁，由此导致的投资溢出比较常见。为了将投资溢出“内生化”或增强投资溢出，许多企业选择与同行企业组成研发联盟进行合作研发。

国内外学者对网络外部性下的企业研发动机和策略进行了研究。如Sarkar（2004）考虑用户购买具有网络外部性的产品所获效用不仅与网络规模相关，而且与产品技术先进性相关，研究了在位企业如何运用战略性研发投资策略来阻止潜在进入者。Cerquera（2006）研究了网络外部性对在位企业和潜在进入者的研发投资策略的影响，研究发现，在位企业总是会以远高于潜在进入者的研发投入来维持其垄断地位。Kim（2000）从消费者对网络效应预期的角度研究了技术创新与企业兼容性选择的关系，研究发现，生产高质量产品的企业偏好完全不兼容，生产低质量产品的企业则相反。Saaskilahti（2006）则发现网络外部性条件下，当溢出效应较低时，领导企业会投入更多的研发资源。杨勇和达庆利（2007）研究发现正网络外部性条件下，成本不对称企业的技术创新投资策略会受到成本不对称程度和网络外部性的共同影响。以上文献研究的均是企业独立研发时的投资策略。事实上，由于合作研发具有将溢出效应“内生化”，增强溢出效应并形成“协同效应”等优势，合作研发已成为企业技术创新的重要组织模式（黄波等，2009；Huang et al. 2008）。近年来，一些学者开始对网络外部性和溢出效应条件下的企业合作研发行为进行研究。如文守逊和郑存丽（2009）运用两阶段博弈模型，研究了网络外部性条件下双寡头企业的研发合作策略。但以上这些研究考虑的溢出效应均为成果溢出效应，事实上，现实中还有一种常见的溢出效应，即投资溢出效应，如企业间研发信息的交流，或企业在人才上的投资因人才流动产生溢出（黄波等，2009）。不同环境下，投资溢出和成果溢出对企业合作研发动机及策略的影响差别较大（Ge，Hu，2008）。因此，有必要对网络外部性和投资溢出条件下的企业合作研发动机和投资策略进行研究。

基于此，本章建立网络外部性下基于投资溢出的合作研发博弈模型，对企业的合作研发动机和行为进行研究，并分析网络外部性、兼容性和投资溢出效应等对企业合作研发动机，企业利润和以及社会福利等的影响，找出企业最优合作研发投资策略，希望能为企业制定合作研发策略以及政府及相关部门制定科技政策提供决策依据。

4.2　行业内企业间合作研发特征

在具有网络外部性和兼容性的产品市场上有两个寡头企业（即企业 1 和企业 2）展开竞争，不考虑网络外部性时的产品反

需求函数为 $P=P_0-a_0(q_1+q_2)$，其中，q_i（$i=1, 2$）为企业 i 的产品产量（即产品销量）。由于存在网络外部性和兼容性，消费者可以从产品的网络规模（即本产品的消费者数量和兼容产品的消费者数量，本章考虑一位消费者最多购买一个产品，因此，产品消费者数量即为产品销量）中获得一定的网络效用，包括自身网络效用和可兼容网络效用。假定消费者具有理性预期（Katz, Shapiro, 1985），则消费者购买产品 1 的自身网络效用为 αq_1，可兼容网络效用为 $\alpha\beta q_2$，购买产品 2 的自身网络效用为 αq_2，可兼容网络效用为 $\alpha\beta q_1$。其中，α 为网络外部性强度系数，$0<\alpha<1$，β 为兼容性系数，$0<\beta<1$。因此，在网络外部性和兼容性环境下，产品 1 的反需求函数为 $P_1=P_0-a_0q+\alpha(q_1+\beta q_2)$，产品 2 的反需求函数为 $P_2=P_0-a_0q+\alpha(q_2+\beta q_1)$。所有产品的消费者剩余为 $CS=\sum_{i=1}^{2}\frac{(P_0-P_i)\ q_i}{2}$。

现两个企业决定进行研发投资以降低产品的单位生产成本和产品售价，从而提高产品销量和企业利润。由于研发过程中存在着因企业间研发信息的交流、研发人员的流动等引起的投资溢出效应，企业的研发投入会被竞争对手所用，增加其研发投入。因此，为了降低研发投资，分担研发成本，并将投资溢出效应“内生化”，增强投资溢出效应并形成“协同效应”，企业决定结成研发联盟进行合作研发。由于投资溢出效应的存在，当企业 1 和企业 2 分别投入 x_1 和 x_2 进行研发时，双方的研发投入都会因对方的研发投入而额外增加，且企业 1 的增加额为 θx_2，企业 2 的增加额为 θx_1，即企业 1 的有效研发投入为 $x_1+\theta x_2$，企业 2 的有效研发投入为 $x_2+\theta x_1$，其中，θ 为溢出系数，$0<\theta<1$，即企业 i（$i=1, 2$）每投入 1 个单位的研发资源，其合作伙伴将因溢出效应而额外增加研发投入 θ。企业 1 的研发成

果（即因研发投入而降低的单位生产成本）为 $2r\sqrt{x_1+\theta x_2}$，企业 2 的研发成果为 $2r\sqrt{x_2+\theta x_1}$，其中，r 为研发效率，即 r 越大，研发效率越高，投入一定的研发资源所降低的单位生产成本越大。研发后企业 1 的单位生产成本为：$C_1 = C_0 - 2r\sqrt{x_1+\theta x_2}$，企业 2 的单位生产成本为：$C_2 = C_0 - 2r\sqrt{x_2+\theta x_1}$，其中，$C_0$ 为企业 1 和企业 2 的研发前单位生产成本。

4.3 行业内企业间合作研发模型

企业 1 和企业 2 在产品市场和研发活动上展开的是两阶段博弈。第一阶段为研发博弈，由于双方进行的是合作研发，因此，企业在这一阶段主要是以双方总利润最大化为目标决定研发投入量。第二阶段为产品市场上的古诺博弈，企业在这一阶段主要是以自身利润最大化为目标决定产品产量。本章以下部分将采用逆向归纳法对企业在两阶段的均衡策略进行求解。

4.3.1 研发前

在企业进行合作研发之前，企业 i（i = 1，2）的利润为：

$$\pi_i = (P_i - C_i)\ q_i,\ i=1,\ 2 \tag{4.1}$$

求解 $\frac{\partial \pi_i}{\partial q_i}=0$（i = 1，2）可得均衡时企业 i 的产品产量为：

$$q_i^* = \frac{P_0 - C_0}{N_0},\ i=1,\ 2 \tag{4.2}$$

其中，$N_0 = 3a_0 - \alpha(2+\beta)$。由于 $q_i^* > 0$，因此 $N_0 > 0$。将（2）式代入反需求函数可得均衡时产品价格为：

$$P_i^* = \frac{(a_0 - \alpha)(P_0 + 2C_0) + \alpha C_0(1-\beta)}{N_0},\ i=1,\ 2 \tag{4.3}$$

将（4.2）和（4.3）式代入（4.1）式可得均衡时的企业利润为：

$$\pi_i^* = \frac{(a_0 - \alpha)(P_0 - C_0)^2}{N_0^2},\ i=1,\ 2 \tag{4.4}$$

由于 $\pi_i^* > 0$，因此，$a_0 - \alpha > 0$，$P_i^* > 0$。

由此可得，均衡时的消费者剩余为：

$$CS^* = \frac{(P_0 - C_0)^2 (N_0 - a_0 + \alpha)}{N_0^2} \tag{4.5}$$

均衡时的社会福利为：

$$\omega^* = \pi_1^* + \pi_2^* + CS^* = \frac{(P_0 - C_0)^2 (N_0 + a_0 - \alpha)}{N_0^2} \tag{4.6}$$

4.3.2 研发后

当两个企业进行合作研发时，企业 i（i=1，2）的利润为：

$$\pi_1 = [P_1 - (C_0 - 2r\sqrt{x_1 + \theta x_2})]\ q_1 - x_1 \tag{4.7}$$

$$\pi_2 = [P_2 - (C_0 - 2r\sqrt{x_2 + \theta x_1})]\ q_2 - x_2 \tag{4.8}$$

求解$\frac{\partial\ \pi_i}{\partial\ q_i}=0$（i=1，2）可得均衡时的产品产量为：

$$q_1 = \frac{P_0 - C_0}{N_0} + \frac{4(a_0 - \alpha)\sqrt{x_1 + \theta x_2} - 2(a_0 - \alpha\beta)\sqrt{\theta x_1 + x_2}}{N_0[a_0 - \alpha(2-\beta)]} \tag{4.9}$$

$$q_2 = \frac{P_0 - C_0}{N_0} + \frac{4(a_0 - \alpha)\sqrt{x_2 + \theta x_1} - 2(a_0 - \alpha\beta)\sqrt{\theta x_2 + x_1}}{N_0[a_0 - \alpha(2-\beta)]} \tag{4.10}$$

在合作研发阶段，双方以合作总利润最大化为目标决定各自的研发投入量，将（4.9）式和（4.10）式分别代入（4.7）式和（4.8）式并求解$\frac{\partial(\pi_1 + \pi_2)}{\partial\ x_i}=0$（i=1，2），可得企业的最优研发投入为：

$$x_i^{**}=\frac{(P_0-C_0)^2(a_0-\alpha)N_1}{(N_0^2-N_1)^2},\ i=1,2 \tag{4.11}$$

其中，$N_1=4(a_0-\alpha)(1+\theta)r^2$ 且 $N_0^2>N_1$。

将（4.11）式分别代入反需求函数，以及（4.7）~（4.10）式可得均衡时企业 i（i=1，2）的产品价格、产品产量和利润分别为：

$$P_i^{**}=\frac{N_0(a_0-\alpha)(2C_0+P_0)+\alpha C_0[9a_0-(2+\beta)(3a_0+\alpha-\alpha\beta)]-P_0N_1}{N_0^2-N_1},\ i=1,2 \tag{4.12}$$

$$q_i^{**}=\frac{(P_0-C_0)N_0}{N_0^2-N_1},\ i=1,2 \tag{4.13}$$

$$\pi_i^{**}=\frac{(P_0-C_0)^2(a_0-\alpha)}{N_0^2-N_1},\ i=1,2 \tag{4.14}$$

由此可得，均衡时的消费者剩余为：

$$CS^{**}=\frac{N_0^2(P_0-C_0)^2(N_0-a_0+\alpha)}{(N_0^2-N_1)^2} \tag{4.15}$$

均衡时的社会福利为：

$$\omega^{**}=(P_0-C_0)^2\left[\frac{2(a_0-\alpha)}{N_0^2-N_1}+\frac{N_0^2(N_0-a_0+\alpha)}{(N_0^2-N_1)^2}\right] \tag{4.16}$$

4.4 企业合作研发决策

通过对企业合作研发前后的均衡解分析，可以得出结论如下：

结论 4.1 在网络外部性和投资溢出环境下，两个企业均愿意进行合作研发。

证明：将（4.14）式减去（4.4）式可得研发后的企业利润与研发前的企业利润之差为

$$\pi_i^{**}-\pi_i^{*}=\frac{(P_0-C_0)^2\ (a_0-\alpha)\ N_0}{N_0^2\ (N_0^2-N_1)}>0,\ i=1,\ 2,$$

即通过合作研发，企业的利润得到了提高。因此，在网络外部性和投资溢出环境下，两个企业均愿意进行合作研发。结论4.1证毕。

结论4.1表明，在网络外部性和投资溢出环境下，若两个企业进行合作研发，双方均可以通过研发投入来降低生产成本和产品售价，从而提高市场份额和企业利润，因此企业就均愿意进行合作研发。

结论 4.2　在网络外部性和投资溢出环境下，若企业进行合作研发，社会福利将得到提高。

证明：由于合作研发后的社会福利函数较为复杂，因此，本章将社会福利分拆为企业利润和消费者剩余分别进行比较。由结论4.1可知，$\pi_i^{**}-\pi_i^{*}=\frac{(P_0-C_0)^2\ (a_0-\alpha)\ N_0}{N_0^2\ (N_0^2-N_1)}>0$，即通过双方的合作研发，企业的利润均得到了提高。

将（4.15）式减去（4.5）式可得研发后的消费者企业利润与研发前的消费者剩余之差为

$$CS^{**}-CS^{*}=\frac{(P_0-C_0)^2\ (2a_0-\alpha-\alpha\beta)\ (2N_0^2-N_1)\ N_1}{N_0\ (N_0^2-N_1)^2}>0,$$

即合作研发后的消费者剩余大于合作研发前的消费者剩余。

由于通过合作研发，企业利润和消费者剩余均得到了提高，而社会福利为企业利润与消费者剩余之和，因此，在网络外部性和投资溢出环境下，若企业进行合作研发，社会福利将得到提高。结论4.2证毕。

结论4.2表明，企业通过合作研发，不但可以降低生产成本和产品售价，从而提高产品产量和销量以及企业利润，而且使消费者也从产品售价降低和产品销量增加中获利，提高了消费者剩余，最终提高了社会福利。因此，在网络外部性和投资溢出环境下，政府应多鼓励企业进行合作研发。

结论 4.3　在网络外部性和投资溢出环境下，若企业进行合作研发，双方均倾向于高兼容性和高溢出效应性，当 $(a_0-\alpha)(1+2\beta)-\alpha(1-\beta)>0$ 时，双方均倾向于高网络外部性，否则，双方均倾向于低网络外部性。

证明：分别求合作研发后企业 i（i=1，2）的均衡利润对兼容性系数和溢出系数的一阶偏导数可得

$$\frac{\partial \pi_i^{**}}{\partial \beta}=\frac{2\alpha N_0(P_0-C_0)^2(a_0-\alpha)}{(N_0^2-N_1)^2}>0$$

和 $$\frac{\partial \pi_i^{**}}{\partial \theta}=\frac{4(P_0-C_0)^2(a_0-\alpha)r^2}{(N_0^2-N_1)^2}>0,$$

由此可知，企业 i 的均衡利润为兼容性系数和溢出系数的严格递增函数，即企业均衡利润随兼容性和溢出效应的提高而增加。因此，双方均倾向于高兼容性和高溢出效应性。

求企业 i（i=1，2）的均衡利润对网络外部性系数的一阶偏导数可得

$$\frac{\partial \pi_i^{**}}{\partial \alpha}=\frac{N_0[(a_0-\alpha)(1+2\beta)-\alpha(1-\beta)](P_0-C_0)^2}{(N_0^2-N_1)^2},$$

i=1，2，

由此可知，当 $(a_0-\alpha)(1+2\beta)-\alpha(1-\beta)>0$ 时，$\frac{\partial \pi_i^{**}}{\partial \alpha}>0.$

企业 i 的均衡利润为网络外部性系数的严格递增函数，即企业 i 的均衡利润随网络外部性的提高而增加，双方均倾向于高网

络外部性；否则，$\frac{\partial \pi_i^{**}}{\partial \alpha}<0$，企业 i 的均衡利润为网络外部性系数的严格递减函数，即企业 i 的均衡利润随网络外部性的提高而减少，双方均会倾向于低网络外部性。

由此可得，在网络外部性和投资溢出环境下，若企业进行合作研发，双方均倾向于高兼容性和高溢出效应，若 $(a_0-\alpha)(1+2\beta)-\alpha(1-\beta)>0$，双方均倾向于高网络外部性，否则，双方均倾向于低网络外部性。结论 4.3 证毕。

结论 4.3 表明：

（1）当产品兼容性较高时，消费者购买本企业产品所获效用也能从竞争对手市场份额的提高中得到较大的增长（主要是可兼容网络效用得到增长），这时，产品的市场份额对消费者的购买决策的影响力减弱，从而降低了市场份额在企业竞争中的地位，以及企业间的市场竞争强度，企业利润也就得以提高。因此，企业就会更倾向于高兼容性。

（2）当投资溢出效应较高时，企业能从合作伙伴的研发投资中额外增加更多的研发投入，即在企业投入相同研发资源的情况下，可以额外降低更多的单位生产成本和产品售价，从而提高产品销量和企业利润，因此，企业就会更倾向于高溢出效应。

（3）由条件 $(a_0-\alpha)(1+2\beta)-\alpha(1-\beta)>0$ 可以看出，当 $a_0>\frac{\alpha(2+\beta)}{1+2\beta}$时，该条件成立，即，$a_0$ 越大，该条件就越可能成立，企业就越倾向于高网络外部性。这主要是因为，当 a_0 较大时，企业降低相同的产品价格所增加的产品销量低于 a_0 较小时增加的销量，所以企业必然希望通过增大网络外部性来提高消费者购买产品所获网络效用，从而提高产品销量对消费者效用的正向作用力，增强产品价格、网络外部性以及市场份额间的正反馈效应，即产品价格的降低提高了产品销量和市场份额，市场份额的增加则通过高网络外部性更大程度地提高了消费者效用，从而又反过来刺激了消费者对产品产生更多的需求，增加更多的产品销量和市场份额，更大程度地提高企业利润。因此，a_0 越大，企业就越倾向于高网络外部性。

（4）由条件 $(a_0-\alpha)(1+2\beta)-\alpha(1-\beta)>0$ 可以看出，当 $\alpha<\frac{a_0(1+2\beta)}{2+\beta}$ 时，该条件成立，即，网络外部性系数 α 越小，该条件就越可能得到满足，企业就越倾向于高网络外部性。这主要是因为，当网络外部性较小时，企业就期望通过增大网络外部性来增强价格、网络外部性以及市场份额间的正反馈效应，从而更大程度地提高企业产品销量和利润。但随着网络外部性越来越大，其负效应也会越来越明显，即网络外部性的增加，导致产品市场份额在消费者效用中的地位上升，对消费者购买决策的影响力增加，产品市场份额在企业竞争中的地位就更加重要。这时，高网络外部性就会提高企业间的市场竞争强度，导致企业为了争夺市场份额而展开过度竞争，当网络外部性导致的负效应大于其产生的正反馈效应时，网络外部性的增加就会降低企业的利润。因此，当网络外部性较小时，企业更倾向于高网络外部性，但当网络外部性过大时，企业则更倾向于低网络外部性。

（5）由条件 $(a_0-\alpha)(1+2\beta)-\alpha(1-\beta)>0$ 可以看出，当 $\beta>\frac{2\alpha-a_0}{2a_0-\alpha}$ 时，该条件成立，即兼容性系数 β 越大，该条件就越可能得到满足，企业就越倾向于高网络外部性。这主要是因为，兼容性越大，本企业消费者从联盟合作伙伴市场份额的提高中增加的效用更大，尤其是随着网络外部性的增加，这种现象更加显著，产品价格、网络外部性以及市场份额间的正反馈效应也越大。因此，兼容性越大，企业利润就越会随网络外部性的提高而增加，企业也就越倾向于高网络外部性。

结论 4.4 在网络外部性和投资溢出环境下，若企业进行合作研发，企业的研发投入将随兼容性和溢出效应的提高而增加，当 $(a_0-\alpha)(1+2\beta)-\alpha(1-\beta)>0$ 时，企业的研发投入会随网络外部性的提高而增加，否则，将随网络外部性的提高而减少。

证明：分别求企业 i（i=1，2）均衡时的研发投入关于兼容性系数和溢出系数的一阶偏导数可得

$$\frac{\partial x_i^{**}}{\partial \beta}=\frac{4\alpha N_0N_1(a_0-\alpha)(P_0-C_0)^2}{(N_0^2-N_1)^3}>0$$

和 $\frac{\partial x_i^{**}}{\partial \theta}=\frac{4(N_0^2+N_1)(P_0-C_0)^2(a_0-\alpha)^2r^2}{(N_0^2-N_1)^3}>0$，i=1，2，

由此可知，企业 i 的研发投入为兼容性系数和溢出系数的严格递增函数，因此，企业研发投入随兼容性和溢出效应的提高而增加。

求企业 i（i=1，2）均衡时的研发投入关于网络外部性系数的一阶偏导数可得

$$\frac{\partial x_i^{**}}{\partial \alpha}=\frac{2N_0N_1[(a_0-\alpha)(1+2\beta)-\alpha(1-\beta)](P_0-C_0)^2}{(N_0^2-N_1)^3}，i=1，2，$$

由此可知，当 $(a_0-\alpha)(1+2\beta)-\alpha(1-\beta)>0$ 时，$\frac{\partial x_i^{**}}{\partial \alpha}>0$，企业 i 的研发投入为网络外部性系数的严格递增函数，因此，企业研发投入随网络外部性的提高而增加；当 $(a_0-\alpha)(1+2\beta)-\alpha(1-\beta)<0$ 时，$\frac{\partial x_i^{**}}{\partial \alpha}<0$，企业 i 的研发投入为网络外部性系数的严格递减函数，企业研发投入随网络外部性的提高而减少。

由此可知，在网络外部性和投资溢出环境下，若企业进行合作研发，企业的研发动机和研发投入随兼容性和溢出效应的

提高而增加，若 $(a_0-\alpha)(1+2\beta)-\alpha(1-\beta)>0$，研发动机和研发投入随网络外部性的提高而增加，否则，随网络外部性的提高而减少。结论 4.4 证毕。

结论 4.4 表明：

（1）随着兼容性的提高，本企业消费者的网络效用就会随着对方企业的市场份额增加中得到更大的提高，从而刺激了消费者对本企业产品的需求，增加了企业的利润。由于双方结成研发联盟进行合作研发，在研发阶段以双方总利润最大化为目标进行研发投入决策，因此，兼容性的增加，提高了本企业从对方企业市场份额的增加中所获收益，也就提高了研发联盟从所有联盟企业市场份额的增加中所获收益，从而增强了企业的研发动机，激励企业投入更多资源进行合作研发以降低生产成本和产品售价，提高产品市场份额和联盟总利润。因此，兼容性越高，企业研发投入越多。

（2）当企业结成研发联盟进行合作研发时，实现了投资溢出效应的“内生化”。这时，随着投资溢出效应的变大，企业投入相同的研发资源给合作伙伴增加的额外研发投资会更多，使其能更大程度地降低生产成本和产品售价，从而提高了合作伙伴和研发联盟的产品市场份额和利润。由于双方在研发投资决策阶段以研发联盟的总利润最大化为决策目标，因此，溢出效应越大，联盟企业的研发动机越强，企业研发投入越多。

（3）由条件 $(a_0-\alpha)(1+2\beta)-\alpha(1-\beta)>0$ 可以看出，当 $a_0>\frac{\alpha(2+\beta)}{1+2\beta}$ 时，该条件成立，即，a_0 越大，该条件就越可能成立，企业就越会随着网络外部性的提高而增加研发投入。这主要是因为，当 a_0 较大时，企业降低相同的产品价格所增加的产品销量低于 a_0 较小时所增加的销量，而网络外部性的提高又会增强产品市场份额对消费者购买决策的影响力，提高市场份额在企业竞争中的地位以及企业间的竞争强度，促使企业投入比在 a_0 较小时更多研发资源来更大程度地降低生产成本和产品售价，提高产品销量和市场份额，从而增加企业利润。因此，a_0 越大，企业就越会随着网络外部性的提高而增加研发投入。

（4）由条件 $(a_0 - \alpha)(1+2\beta) - \alpha(1-\beta) > 0$ 可以看出，当 $\alpha < \frac{a_0(1+2\beta)}{2+\beta}$ 时，该条件成立，即，网络外部性系数 α 越小，该条件就越可能成立，企业就越会随着网络外部性的提高而增加研发投入。这主要是因为，网络外部性的提高增强了企业间的市场竞争强度，促使企业增加研发投入来提高产品销量和市场份额，最终增加企业利润。因此，当网络外部性较小时，企业会随着网络外部性的变大而增加研发投入。但当网络外部性过高时，高网络外部性所增强的价格、网络外部性和市场份额间正反馈效应就会导致企业稍微降低一点产品售价即能较大幅度地增加产品销量和市场份额，这时，企业就不必通过大量增加研发投入来大幅降低产品售价，企业的研发投入意愿和动机被削弱。因此，当网络外部性过大时，企业反而会随着网络外部性的变大逐渐减少其研发投入。

（5）由条件 $(a_0 - \alpha)(1+2\beta) - \alpha(1-\beta) > 0$ 可以看出，当 $\beta > \frac{2\alpha - a_0}{2a_0 - \alpha}$ 时，该条件成立，即，兼容性系数 β 越大，该条件就越可能得到满足，企业就越会随着网络外部性的提高而增加研发投入。这主要是因为，高兼容性增加了本企业消费者从联盟合作伙伴市场份额的提高中所获效用，尤其是随着网络外部性的增加，这种现象更加显著，这时，产品市场份额对企业或联盟的作用就更大，企业就会投入更多研发资源来降低单位生产成本和产品价格，因此，兼容性越大，企业就越会随着网络外部性的提高而增加研发投入。

结论 4.5　在网络外部性和投资溢出环境下，若企业进行合作研发，社会福利将随兼容性和溢出效应的提高而增加，当 $(a_0-\alpha)(1+2\beta)-\alpha(1-\beta)>0$ 时，社会福利将随网络外部性的提高而增加。

证明：分别求社会福利关于兼容性系数和溢出系数的一阶偏导数可得

$$\frac{\partial\omega^{**}}{\partial\beta}=\frac{\alpha N_0\{N_0^2[5a_0-\alpha(4+\beta)]+3N_1(a_0-\alpha\beta)\}(P_0-C_0)^2}{(N_0^2-N_1)^3}>0,$$

$$\frac{\partial\omega^{**}}{\partial\theta}=\frac{8N_1[N_0^3-N_1(a_0-\alpha)](P_0-C_0)^2}{(1+\theta)(N_0^2-N_1)^3},$$

由于 $a_0>\alpha>\alpha\beta$，$N_0^2>N_1$ 且因此，$N_0>a_0-\alpha$，$N_0^3-N_1(a_0-\alpha)>0$，即，$\frac{\partial\omega^{**}}{\partial\theta}>0$。由此可知，社会福利为兼容性系数和溢出系数的严格递增函数，因此，社会福利随兼容性和溢出效应的提高而增加。

求社会福利关于网络外部性系数的一阶偏导数可得

$$\frac{\partial\omega^{**}}{\partial\alpha}=\frac{N_0(P_0-C_0)^2\{N_2(N_0^2-N_1)+N_3[(a_0-\alpha)(1+2\beta)-\alpha(1-\beta)]\}}{(N_0^2-N_1)^3},$$

其中，$N_2=(7+5\beta)(a_0-\alpha)+\alpha(1-\beta^2)>0$，$N_3=8r^2(1+\theta)[2a_0-\alpha(1+\beta)]>0$，由此可知，当 $(a_0-\alpha)(1+2\beta)-\alpha(1-\beta)>0$ 时，由此可知，社会福利为网络外部性系数的严格递增函数，因此，社会福利随网络外部性的提高而增加。

由此可知，在网络外部性和投资溢出环境下，若企业进行合作研发，社会福利将随兼容性和溢出效应的提高而增加，当 $(a_0-\alpha)(1+2\beta)-\alpha(1-\beta)>0$ 时，社会福利将随网络外部性的提高而增加。结论 4.5 证毕。

结论 4.5 表明：由于随着兼容性提高，市场份额的增加能更大幅度地提高联盟利润，激励企业投入更多研发资源来更大幅度地降低企业单位生产成本和产品售价，提高联盟市场份额和利润；而溢出效应的提高使得联盟企业投入相同研发资源就能更大幅度地降低企业单位生产成本和产品售价，提高联盟市场份额和利润，因此，随着兼容性和溢出效应的提高，企业就会投入更多研发资源，其利润也得到增加，而由于产品售价降低更多，产品销量也就更大，消费者剩余也就更大，即社会福利将随着兼容性和溢出效应的提高而增加。

由条件 $(a_0-\alpha)(1+2\beta)-\alpha(1-\beta)>0$ 可以看出，当 $a_0>\frac{\alpha(2+\beta)}{1+2\beta}$，$\alpha<\frac{a_0(1+2\beta)}{2+\beta}$，或 $\beta>\frac{2\alpha-a_0}{2a_0-\alpha}$ 时，该条件成立，即，a_0 越大，网络外部性系数 α 越小，或兼容性系数 β 越大时，该条件越可能得到满足，社会福利就越会随着网络外部性的提高而增加。对其主要原因的解释可参见结论 4.3 和结论 4.4 的解释。

4.5 仿真算例研究

研发联盟的参数如下：$P_0=100$，$a_0=2$，网络外部性系数 $\alpha=0.6$，产品兼容性系数 $\beta=0.4$，投资溢出系数 $\theta=0.5$，研发效率 $\gamma=0.6$，企业 i（i = 1，2）的研发前单位生产成本 $C_0=26$。网络外部性和兼容性环境下，产品 1 的反需求函数为 $P_1=100-2q+0.6(q_1+0.4q_2)$，产品 2 的反需求函数为 $P_2=100-2q+0.6(q_2+0.4q_1)$；投资溢出环境下，企业 1 的研发后单位生产成本为 $C_1=26-1.2\sqrt{x_1^2+0.5x_2^2}$，企业 2 的研发后单位生产成本为 $C_2=26-1.2\sqrt{x_2^2+0.5x_1^2}$。

求解可得研发前后的联盟均衡解如表 4.1 所示。

表 4.1　　研发前后的联盟均衡解

	研发投入	产品售价	产品销量	企业利润	社会福利
研发前	–	49.41	16	358.79	1527.43
研发后	73.42	39.99	19	431.43	2002.39

由表 4.1 可以看出，通过合作研发，企业降低了生产成本，因此可以通过将产品售价由 49.41 降低为 39.99，将产品销量由 16 提高到 19，从而将企业利润由 358.79 提高到 431.43，社会福利则从 1527.43 提高到 2002.39。

接下来，本章将对研发联盟的主要参数进行灵敏度分析，研究这些参数变化对企业研发动机、利润以及社会福利等的影响。

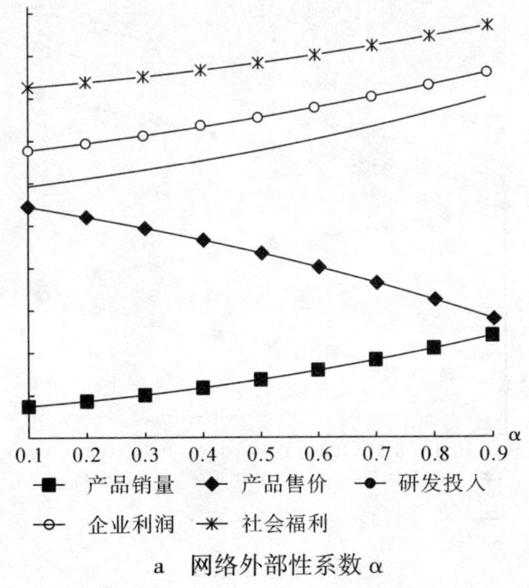

a　网络外部性系数 α

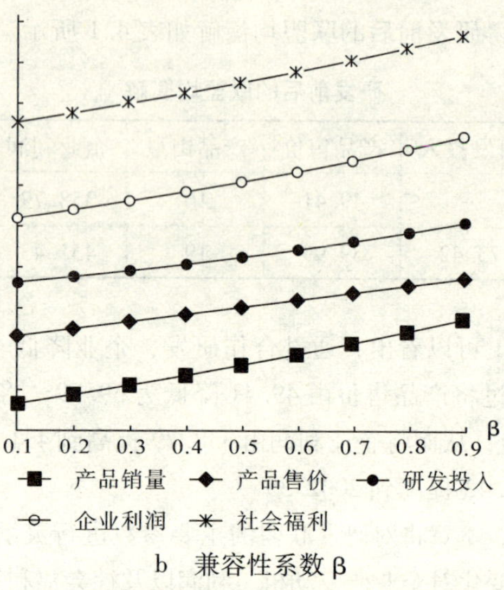

b 兼容性系数β

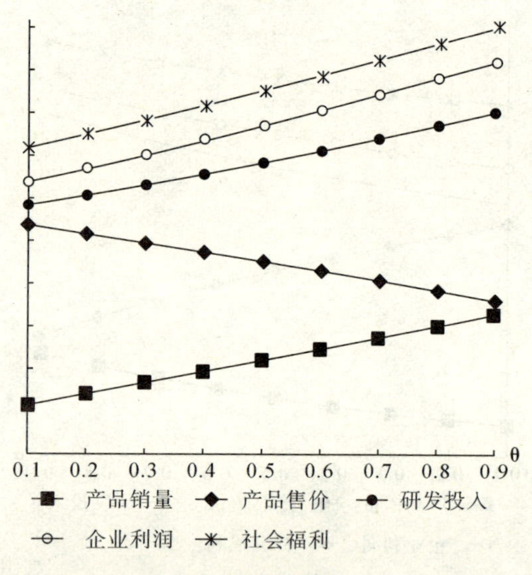

c 溢出系数θ

图 4.1 主要参数对企业策略、利润及社会福利的影响

由图4.1可以看出，由于 $N_2 \in (1.84, 19.12) > 0$，因此，正如本章得出的分析结论所指出，企业的研发动机和投入、产品销量、企业利润以及社会福利均随着网络外部性、兼容性和投资溢出效应的增强而逐步提高，产品售价则随网络外部性和投资溢出效应的增强而不断降低，随兼容性的增强而提高。因此，企业应生产网络外部性、兼容性较高的产品，并且企业间应加强技术和信息的沟通，尤其是研发信息和技术的互换，以此提高研发投资溢出，增加企业研发投入和利润，提高社会福利。

4.6 研究结果

本章建立了网络外部性和投资溢出效应环境下的双寡头合作研发博弈模型，研究了双寡头企业的合作研发动机及研发投资策略，并分析了网络外部性，产品兼容性以及投资溢出等对企业合作研发动机及研发投资策略、企业利润以及社会福利等的影响。研究表明：

（1）合作研发提高了企业利润，消费者剩余和社会福利，因此，企业愿意进行合作研发，政府也应鼓励企业加强合作研发。

（2）高兼容性和高溢出效应性能提高企业研发投入、利润以及社会福利，因此企业更愿意生产高兼容性的产品，且更偏好高溢出效应性的环境。当产品兼容性较大或外部性较小时，企业的合作研发投入、企业利润以及社会福利均随网络外部性的提高而增加。因此，政府应鼓励企业生产网络外部性较高、兼容性强的产品，并加强研发信息和技术的沟通交流，以增强投资溢出效应，激励企业投入更多研发资源，提高企业利润和社会福利。

5 网络外部性下基于投资溢出的供应链纵向合作研发行为

5.1 研发背景

供应链纵向合作创新近年来已成为一种非常重要的创新方式（刘伟，张子健，张婉君，2009；Ishii，2004；Atallah，2002），本章考虑在具有网络外部性的产品市场中，消费者除了能从购买产品中获得基本效用之外，还能获得一定的与产品网络规模相关的网络效用。在创新投资过程中存在着由企业间创新信息的交流或外泄、创新人员的流动等引起的投资溢出效应，企业的创新投入会被供应链其他企业所用，增加其创新投入。建立基于网络外部性、投资溢出的供应链纵向合作创新博弈模型，研究供应链上下游企业在不合作、半合作及完全合作三种合作创新模式下的创新策略，分析网络外部性、投资溢出以及合作模式对企业创新策略的影响，提出按投入比例分配的利润分配机制，并确定该机制下的中间产品转移价格和双方利润，以促进供应链上下游企业采用完全合作模式。

5.2 供应链纵向合作研发特征

在一个由一家上游企业以及一家下游企业所构成的供应链中，上游企业向下游企业提供中间产品，下游企业则将一个单位的中间产品组装生产成一个单位的最终产品，并将最终产品销售给消费者，最终产品具有网络外部性，且其潜在需求为一固定常数。

由于存在网络外部性，潜在消费者除了能从购买产品中获得基本效用之外，还能获得一定的与产品网络规模相关的网络效用，且潜在消费者将根据从购买产品所得的效用决定是否购买产品。

现上游企业和下游企业均计划进行降低单位产品生产成本的创新活动，且在创新投资过程中存在着由企业间创新信息的交流或外泄，创新人员的流动等引起的投资溢出效应，企业的创新投入会被供应链上的其他企业所用，额外增加其创新投入。

供应链上下游企业间在生产、定价及创新上的博弈过程如下：首先，是第一阶段在创新投入上的博弈；接着是第二阶段在最终产品价格和中间产品价格的博弈。根据两个阶段是否存在合作，可将博弈划分为三种形式：第一种是不合作，即在产品价格和创新投入上均不合作，即各自以自身利润最大化为目标决定各自的产品价格和创新投入；第二种是半合作，即在产品价格上不合作，但在创新投入上合作，即各自以自身利润最大化为目标决定各自的产品价格，但以最大化双方总利润为目标决定各自的创新投入；第三种是完全合作，即以双方总利润最大化为目标决定各自的产品价格和创新投入。

5.3 供应链纵向合作研发模型

本章考虑生产具有网络外部性产品的供应链由一家上游企业（用 s 表示）和一家下游企业（用 b 表示）构成。上游企业以 C_{s0} 的单位生产成本生产中间产品，并以 w 的转移价格将中间产品销售给下游企业，下游企业用一个单位的中间产品以 C_{b0} 的单位生产成本生产一个单位的最终产品，并将最终产品以价格 P 销售给客户。最终产品的潜在需求为固定常数 D。

假设每个潜在消费者最多购买一个最终产品，则，由于存在网络外部性，潜在消费者除了能从购买产品中获得基本效用 u 之外，还能获得一定的与产品网络规模（即产品用户数量，或产品销售量）相关的网络效用。假定潜在消费者具有理性预期（Katz，Shapiro，1985），则潜在消费者购买最终产品的网络效用为 αQ，其中，α 为网络外部性强度系数，且 $0<\alpha<1$，Q 为产品用户数量或销售量。因此，潜在消费者购买最终产品所获净效用为 $U=u-P+\alpha Q$，其中，潜在消费者的基本效用 u 服从 $[0, A]$ 上的均匀分布。潜在消费者决定是否购买产品的标准是购买产品所得的净效用是否非负，若非负就购买，否则放弃购买。

现上游企业和下游企业均计划进行降低单位产品生产成本的创新活动，由于投资溢出效应的存在，企业的部分创新投入会为供应链其他企业所用，额外增加其创新投入，即，当上下游企业分别投入 I_s 和 I_b 的创新资源时，双方的创新投入都会给对方带来额外的创新投入，其中，上游企业额外增加的创新投入为 $\beta_b I_b$，下游企业额外增加的创新投入为 $\beta_s I_s$，其中，β_s 和 β_b 分别为上下游企业创新投入溢出系数，$0<\beta_s$，$\beta_b<1$，即上

游企业（或下游企业）每投入1个单位的创新资源，下游企业（或上游企业）将因溢出效应而额外增加创新投入β_s（或β_b）。因此，存在投资溢出的环境下，供应链上游企业的实际创新投入为$I_s+\beta_b I_b$，下游企业的实际创新为$I_b+\beta_s I_s$。

进行创新活动后的上游企业单位产品生产成本为$C_s=C_{s0}-x_s$，其中，C_{s0}为进行创新活动前的上游企业单位产品生产成本，x_s为上游企业的创新成果，$x_s=2r_s\sqrt{I_s+\beta_b I_b}$，$r_s$为上游企业创新效率，即，$r_s$越大，上游企业创新效率越高，投入一定的创新资源所降低的单位生产成本越多；创新活动后的下游企业单位产品生产成本为$C_b=C_{b0}-x_b$，其中，C_{b0}为进行创新活动前的下游企业单位产品生产成本，x_b为上游企业的创新成果，$x_b=2r_b\sqrt{I_b+\beta_s I_s}$，$r_b$为下游企业创新效率，即，$r_b$越大，下游企业创新效率越高，投入一定的创新资源所降低的单位生产成本越多。

最终产品潜在需求函数、潜在消费者效用函数、上下游企业的单位产品生产成本函数、企业创新成果函数等供应链生产及创新合作的所有参数均为上、下游所有企业的共同知识。

由此可得，上游企业的利润为：

$$\pi_s=\left[w-\left(C_{s0}-2r_s\sqrt{I_s+\beta_b I_b}\right)\right]Q-I_s \tag{5.1}$$

下游企业的利润为：

$$\pi_b=\left\{P-w-\left[C_{b0}-2r_b\sqrt{I_b+\beta_s I_s}\right]\right\}Q-I_b \tag{5.2}$$

消费者剩余（即，购买最终产品的消费者的总净效用）为：

$$C=\int_{\underline{u}}^{A}U\mathrm{d}u \tag{5.3}$$

其中，$\underline{u}$为购买最终产品净效用为0的消费者的基本效用。

5.4 供应链纵向合作研发决策

首先，潜在消费者会由购买产品所得的净效用的大小来决定是否购买，若购买产品所获净效用非负则购买，若为负则放弃购买，由此可得命题 5.1 如下。

命题 5.1 所有潜在消费者中，愿意购买产品的消费者的比例为 $\theta=\frac{A-P}{A-\alpha D}$。

证明：由潜在消费者购买产品的抉择标准 $U=u-P+\alpha Q\geq 0$ 和产品销量 $Q=\theta D$ 可得，愿意购买产品的消费者的基本效用下限为 $\underline{u}=P-\alpha\theta D$，即基本效用 $u\in[\underline{u},A]$ 的消费者愿意购买最终产品，求解 $\theta=\frac{A-\underline{u}}{A}$ 可得愿意购买产品的消费者的比例为：

$$\theta=\frac{A-P}{A-\alpha D} \tag{5.4}$$

命题 5.1 证毕。

由命题 5.1 可得最终产品产量（即中间产品产量）为：

$$Q=\frac{A-P}{A-\alpha D}D \tag{5.5}$$

一般而言，最终产品价格不高于消费者的基本效用的最大值，即 $A>P$，且最终产品产量 $Q>0$，因此，$A>\alpha D$。

将（5.5）式分别代入（5.1）和（5.2）式，可得上下游企业利润分别为：

$$\pi_s=[w-(C_{s0}-2r_s\sqrt{I_s+\beta_b I_b})]\frac{A-P}{A-\alpha D}D-I_s \tag{5.6}$$

$$\pi_b = \{P - w - [C_{b0} - 2r_b\sqrt{I_b + \beta_s I_s}]\} \frac{A-P}{A-\alpha D}D - I_b \tag{5.7}$$

接着，供应链上下游企业间将在生产、定价及合作创新上展开两阶段博弈。第一阶段是在创新投入上的博弈；第二阶段是在最终产品价格和中间产品价格上展开博弈。根据两个阶段是否存在着合作，可将博弈划分为三种形式，第一种是不合作(以上标 NC 表示)，即在产品价格和创新投入上均不合作，供应链上下游企业以自身利润最大化为目标决定各自的产品价格和创新投入；第二种是半合作（以上标 HC 表示)，即在产品价格上不合作，但在创新投入上合作，供应链上下游企业以自身利润最大化为目标决定各自的产品价格，但以最大化双方总利润为目标决定各自的创新投入；第三种是完全合作（以上标 TC 表示)，即在产品价格和创新投入上均展开合作，供应链上下游企业以双方总利润最大化为目标决定在各自的产品价格和创新投入。

下面运用逆向归纳法，分别讨论这三种情况下使企业利润最大的生产、定价及创新投资决策:

5.4.1 不合作

在该合作模式下，企业在生产和创新上均不合作。在第二阶段，首先由下游企业 b 决定产品价格 P，以最大化自身利润，求解$\frac{\partial \pi_b}{\partial P}=0$可得 π_b^{NC} 最大时的产品价格 $\tilde{P}^{NC}$为:

$$\tilde{P}^{NC} = \frac{A + C_{b0} + w - 2r_b\sqrt{I_b + \beta_s I_s}}{2} \tag{5.8}$$

将（5.8）式代入（5.5）式可得 π_b^{NC} 最大时的最终产品销量 $\tilde{Q}^{NC}$为:

$$\tilde{Q}^{NC}=\frac{(A-C_{b0}-w+2r_b\sqrt{I_b+\beta_s I_s})D}{2(A-\alpha D)} \tag{5.9}$$

（5.9）式为下游企业 b 的反应函数，即给定中间产品价格，下游企业的中间产品购买量。

由于最终产品潜在需求函数、潜在消费者效用函数、上下游企业的单位产品生产成本函数、企业创新投入函数等供应链生产及创新合作的所有参数均为上下游所有企业的共同知识，因此，上游企业就会知道下游企业的反应函数，并根据反应函数确定中间产品转移价格 w，以最大化自身利润，将（5.8）式代入（5.6）式并求解 $\frac{\partial \pi_s}{\partial w}=0$ 可得 π_s^{NC} 最大时的转移价格 $\tilde{w}^{NC}$ 为：

$$\tilde{w}^{NC}=\frac{A-C_{b0}+C_{s0}-2r_s\sqrt{I_s+\beta_b I_b}+2r_b\sqrt{I_b+\beta_s I_s}}{2} \tag{5.10}$$

在第一阶段，上下游企业各自以自身利润最大化为目标决定其创新投入 I_s 和 I_b，将（5.8），（5.9）和（5.10）式代入（5.6）和（5.7）式，并联立求解 $\frac{\partial \pi_s}{\partial I_s}=0$ 和 $\frac{\partial \pi_b}{\partial I_b}=0$ 可得上下游企业的最优创新投入 $\tilde{I}_s^{NC}$ 和 $\tilde{I}_b^{NC}$ 分别为：

$$\tilde{I}_s^{NC}=\frac{(A-C_{b0}-C_{s0})^2(4r_s^2-r_b^2\beta_b)(1-\beta_s\beta_b)D^2}{4\{4A-[(1-\beta_s\beta_b)(2r_s^2+r_b^2)+4\alpha]D\}^2} \tag{5.11}$$

$$\tilde{I}_b^{NC}=\frac{(A-C_{b0}-C_{s0})^2(r_b^2-4r_s^2\beta_s)(1-\beta_s\beta_b)D^2}{4\{4A-[(1-\beta_s\beta_b)(2r_s^2+r_b^2)+4\alpha]D\}^2} \tag{5.12}$$

由于 A > P，最终产品价格应高于生产成本之和，即，$P>C_{b0}-C_{s0}$，因此，$A>C_{b0}-C_{s0}$。此外，由于 $\tilde{I}_s^{NC}>0$ 和 $\tilde{I}_b^{NC}>0$，因此，$4r_s^2-r_b^2\beta_b>0$，$r_b^2-4r_s^2\beta_s>0$。

不失一般性，命 $\lambda=A-C_{b0}-C_{s0}$，将上下游企业的最优创

新投入 $\tilde{I}_s^{NC}$ 和 $\tilde{I}_b^{NC}$ 代入（5.3），（5.6），（5.7）和（5.8）式，以及社会福利函数可得最优产品价格 $\tilde{P}^{NC}$，上下游企业的最大利润 $\tilde{\pi}_i^{NC}$（i = s，b），最大消费者剩余 $\tilde{C}^{NC}$ 和最大社会福利 $\tilde{S}^{NC}$ 分别为：

$$\tilde{P}^{NC} = A - \frac{\lambda(A - \alpha D)}{4A - [(1-\beta_s\beta_b)(2r_s^2 + r_b^2) + 4\alpha]D} \tag{5.13}$$

$$\tilde{\pi}_s^{NC} = \frac{\{8A - [(1-\beta_s\beta_b)(4r_s^2 - r_b^2\beta_b) + 8\alpha]D\}\lambda^2 D}{4\{4A - [(1-\beta_s\beta_b)(2r_s^2 + r_b^2) + 4\alpha]D\}^2} \tag{5.14}$$

$$\tilde{\pi}_b^{NC} = \frac{\{4A - [(1-\beta_s\beta_b)(r_b^2 - 4r_s^2\beta_s) + 4\alpha]D\}\lambda^2 D}{4\{4A - [(1-\beta_s\beta_b)(2r_s^2 + r_b^2) + 4\alpha]D\}^2} \tag{5.15}$$

$$\tilde{C}^{NC} = \frac{A^2\lambda^2}{2\{4A - [(1-\beta_s\beta_b)(2r_s^2 + r_b^2) + 4\alpha]D\}^2} \tag{5.16}$$

$$\tilde{S}^{NC} = \frac{\{12(A - \alpha D) - (1-\beta_s\beta_b)[4r_s^2(1-\beta_s) + r_b^2(1-\beta_b)]D\}\lambda^2 D}{4\{4A - [(1-\beta_s\beta_b)(2r_s^2 + r_b^2) + 4\alpha]D\}} \tag{5.17}$$

5.4.2 半合作

在该合作模式下，供应链上下游企业在生产和定价上不合作，但在创新投资上进行合作。因此，在第二阶段，即最终产品价格和中间产品价格的博弈阶段，上下游企业的决策与不合作时的决策相同，即：

$$\tilde{P}^{HC} = \frac{A + C_{b0} + w - 2r_b\sqrt{I_b + \beta_s I_s}}{2} \tag{5.18}$$

$$\tilde{Q}^{HC} = \frac{(A - C_{b0} - w + 2r_b\sqrt{I_b + \beta_s I_s})D}{2(A - \alpha D)} \tag{5.19}$$

$$\tilde{w}^{HC}=\frac{A-C_{b0}+C_{s0}-2r_s\sqrt{I_s+\beta_b I_b}+2r_b\sqrt{I_b+\beta_s I_s}}{2} \quad (5.20)$$

在第一阶段，上下游企业以双方总利润最大化为目标决定各自创新投入 I_s 和 I_b，将（5.18），（5.19）和（5.20）式分别代入（5.6）和（5.7）式，并联立求解 $\frac{\partial\ (\pi_s+\pi_b)}{\partial\ I_s}=0$ 和 $\frac{\partial\ (\pi_s+\pi_b)}{\partial\ I_b}=0$ 可得上下游企业的最优创新投入 $\tilde{I}_s^{HC}$ 和 $\tilde{I}_b^{HC}$ 分别为：

$$\tilde{I}_s^{HC}=\frac{9\left[(1-\beta_s)^2 r_b^2\beta_b-(1-\beta_b)^2 r_s^2\right](1-\beta_s\beta_b)\lambda^2 D^2}{4\left\{4(1-\beta_s)(1-\beta_b)(A-\alpha D)-3\left[(1-\beta_b)r_s^2+(1-\beta_s)r_b^2\right](1-\beta_s\beta_b)D\right\}^2} \quad (5.21)$$

$$\tilde{I}_b^{HC}=\frac{9\left[(1-\beta_s)^2 r_b^2-(1-\beta_b)^2 r_s^2\beta_s\right](1-\beta_s\beta_b)\lambda^2 D^2}{4\left\{4(1-\beta_s)(1-\beta_b)(A-\alpha D)-3\left[(1-\beta_b)r_s^2+(1-\beta_s)r_b^2\right](1-\beta_s\beta_b)D\right\}^2} \quad (5.22)$$

将上下游企业的最优创新投入 $\tilde{I}_s^{HC}$ 和 $\tilde{I}_b^{HC}$ 代入（5.3），（5.6），（5.7）和（5.18）式，以及社会福利函数可得最优产品价格 $\tilde{P}^{HC}$，上下游企业最大利润 $\tilde{\pi}_i^{HC}$（i=s，b），最大消费者剩余 $\tilde{C}^{HC}$ 和最大社会福利 $\tilde{S}^{HC}$ 分别为：

$$\tilde{P}^{HC}=A-\frac{(1-\beta_s)(1-\beta_b)(A-\alpha D)\lambda D}{4(1-\beta_s)(1-\beta_b)(A-\alpha D)-3\left[(1-\beta_b)r_s^2+(1-\beta_s)r_b^2\right](1-\beta_s\beta_b)D} \quad (5.23)$$

$$\tilde{\pi}_s^{HC}=\frac{\left\{8(A-\alpha D)(1-\beta_b)^2(1-\beta_s)^2-9\left[(1-\beta_b)^2 r_s^2-(1-\beta_s)^2 r_b^2\beta_b\right](1-\beta_s\beta_b)D\right\}\lambda^2 D}{4\left\{4(1-\beta_s)(1-\beta_b)(A-\alpha D)-3\left[(1-\beta_b)r_s^2+(1-\beta_s)r_b^2\right](1-\beta_s\beta_b)D\right\}^2} \quad (5.24)$$

$$\tilde{\pi}_b^{HC}=\frac{\left\{4(A-\alpha D)(1-\beta_b)^2(1-\beta_s)^2-9\left[(1-\beta_s)^2 r_b^2-(1-\beta_b)^2 r_s^2\beta_s\right](1-\beta_s\beta_b)D\right\}\lambda^2 D}{4\left\{4(1-\beta_s)(1-\beta_b)(A-\alpha D)-3\left[(1-\beta_b)r_s^2+(1-\beta_s)r_b^2\right](1-\beta_s\beta_b)D\right\}^2} \quad (5.25)$$

$$\tilde{C}^{HC}=\frac{A^2\lambda^2(1-\beta_b)^2(1-\beta_s)^2}{2\left\{4(1-\beta_s)(1-\beta_b)(A-\alpha D)-3\left[(1-\beta_b)r_s^2+(1-\beta_s)r_b^2\right](1-\beta_s\beta_b)D\right\}^2} \quad (5.26)$$

$$\tilde{S}^{HC}=\frac{\{2(A^2+6AD-6\alpha D^2)(1-\beta_b)(1-\beta_s)-9[(1-\beta_b)r_s^2+(1-\beta_s)r_b^2](1-\beta_s\beta_b)D^2\}}{4\{4(1-\beta_s)(1-\beta_b)(A-\alpha D)-3[(1-\beta_b)r_s^2+(1-\beta_s)r_b^2](1-\beta_s\beta_b)D\}^2}\times(1-\beta_b)^2(1-\beta_s)^2\lambda^2 \tag{5.27}$$

5.4.3 完全合作

在完全合作模式下，供应链上下游企业在生产、定价和创新上均展开合作。在第二阶段，首先由上下游企业以最大化合作双方的总利润为目标，共同决定最终产品价格 P，求解 $\frac{\partial(\pi_s+\pi_b)}{\partial P}=0$ 可得，双方总利润最大化时的最终产品价格 $\tilde{P}^{TC}$ 为：

$$\tilde{P}^{TC}=\frac{A+C_{b0}+C_{s0}-2(r_s\sqrt{I_s+\beta_b I_b}+r_b\sqrt{I_b+\beta_s I_s})}{2} \tag{5.28}$$

将（5.28）式代入（5.5）式可得最优最终产品销量 $\tilde{Q}^{TC}$ 为：

$$\tilde{Q}^{TC}=\frac{(\lambda+2r_s\sqrt{I_s+\beta_b I_b}+2r_b\sqrt{I_b+\beta_s I_s})D}{2(A-\alpha D)} \tag{5.29}$$

在第一阶段，上下游企业以双方总利润最大化为目标决定各自的创新投入 I_s 和 I_b，将（5.28）和（5.29）式代入（5.6）和（5.7）式，并联立求解 $\frac{\partial(\pi_s+\pi_b)}{\partial I_s}=0$ 和 $\frac{\partial(\pi_s+\pi_b)}{\partial I_b}=0$ 可得上下游企业的最优创新投入 $\tilde{I}_s^{TC}$ 和 $\tilde{I}_b^{TC}$ 分别为：

$$\tilde{I}_s^{TC}=\frac{[(1-\beta_b)^2r_s^2-(1-\beta_s)^2r_b^2\beta_b](1-\beta_s\beta_b)\lambda^2D^2}{4\{(1-\beta_s)(1-\beta_b)(A-\alpha D)-[(1-\beta_b)r_s^2+(1-\beta_s)r_b^2](1-\beta_s\beta_b)D\}^2} \tag{5.30}$$

$$\tilde{I}_b^{TC}=\frac{[(1-\beta_s)^2r_b^2-(1-\beta_b)^2r_s^2\beta_s](1-\beta_s\beta_b)\lambda^2D^2}{4\{(1-\beta_s)(1-\beta_b)(A-\alpha D)-[(1-\beta_b)r_s^2+(1-\beta_s)r_b^2](1-\beta_s\beta_b)D\}^2} \tag{5.31}$$

将上下游企业的最优创新投入 $\tilde{I}_s^{TC}$ 和 $\tilde{I}_b^{TC}$ 代入（5.3），（5.6），（5.7）和（5.28）式，以及社会福利函数可得最优产品价格 $\tilde{P}^{TC}$，上下游企业最大总利润 $\tilde{\pi}_s^{TC}+\tilde{\pi}_b^{TC}$，最大消费者剩余 $\tilde{C}^{TC}$ 和最大社会福利 $\tilde{S}^{TC}$ 分别为：

$$\tilde{P}^{TC}=A-\frac{\lambda(A-\alpha D)(1-\beta_s)(1-\beta_b)}{2\{(1-\beta_s)(1-\beta_b)(A-\alpha D)-[(1-\beta_b)r_s^2+(1-\beta_s)r_b^2](1-\beta_s\beta_b)D\}} \tag{5.32}$$

$$\tilde{\pi}_s^{TC}+\tilde{\pi}_b^{TC}=\frac{(1-\beta_s)(1-\beta_b)\lambda^2 D}{4\{(1-\beta_s)(1-\beta_b)(A-\alpha D)-[(1-\beta_b)r_s^2+(1-\beta_s)r_b^2](1-\beta_s\beta_b)D\}} \tag{5.33}$$

$$\tilde{C}^{TC}=\frac{A^2\lambda^2(1-\beta_s)^2(1-\beta_b)^2}{8\{(1-\beta_s)(1-\beta_b)(A-\alpha D)-[(1-\beta_b)r_s^2+(1-\beta_s)r_b^2](1-\beta_s\beta_b)D\}^2} \tag{5.34}$$

$$\tilde{S}^{TC}=\frac{\{(A^2+2AD-2\alpha D^2)(1-\beta_s)(1-\beta_b)-2(1-\beta_s\beta_b)[(1-\beta_b)r_s^2+(1-\beta_s)r_b^2]D^2\}}{8\{(1-\beta_s)(1-\beta_b)(A-\alpha D)-[(1-\beta_b)r_s^2+(1-\beta_s)r_b^2](1-\beta_s\beta_b)D\}^2}\times\lambda^2(1-\beta_s)(1-\beta_b) \tag{5.35}$$

5.5 不同环境下的合作决策

5.5.1 不同网络外部性的决策

本节将分析完全不合作、半合作以及完全合作三种合作模式下网络外部性对供应链合作创新最优解的影响，得出网络外部性对供应链合作创新策略的作用机理。

命题 5.2　在不合作模式下，网络外部性的增大将提高企业 i（$i=s$，b）的最优创新成果 $\tilde{x}_i^{NC}$ 和创新投入 $\tilde{I}_i^{NC}$，企业最大利润 $\tilde{\pi}_i^{NC}$，最大消费者剩余 $\tilde{C}^{NC}$ 以及最大社会福利 $\tilde{S}^{NC}$，同时降低最优最终产品价格 $\tilde{P}^{NC}$。

证明：分别对不合作模式下的供应链上下游企业最优创新成果 $\tilde{x}_s^{NC}$ 和 $\tilde{x}_b^{NC}$ 求网络外部性系数 α 的一阶偏导数，可得

$$\frac{\partial\ \tilde{x}_s^{NC}}{\partial\ \alpha}=\frac{8\ (1-\beta_s\beta_b)\ \lambda r_s^2 D^2}{\{4A-[\ (1-\beta_s\beta_b)\ (2r_s^2+r_b^2)\ \ +4\alpha]\ D\}^2}>0$$

和 $$\frac{\partial\ \tilde{x}_b^{NC}}{\partial\ \alpha}=\frac{4\ (1-\beta_s\beta_b)\ \lambda r_b^2 D^2}{\{4A-[\ (1-\beta_s\beta_b)\ (2r_s^2+r_b^2)\ \ +4\alpha]\ D\}^2}>0,$$

因此，上下游企业最优创新成果 $\tilde{x}_s^{NC}$ 和 $\tilde{x}_b^{NC}$ 均为网络外部性系数 α 的严格递增函数，即，上下游企业的最优创新成果均随网络外部性的增大而提高。

分别对不合作模式下的上下游企业最优创新投入 $\tilde{I}_s^{NC}$ 和 $\tilde{I}_b^{NC}$ 求网络外部性系数 α 的一阶偏导数可得：

$$\frac{\partial\ \tilde{I}_s^{NC}}{\partial\ \alpha}=\frac{2\ (4r_s^2-r_b^2\beta_b)\ (1-\beta_s\beta_b)\ \lambda D^3}{\{4A-[\ (1-\beta_s\beta_b)\ (2r_s^2+r_b^2)\ \ +4\alpha]\ D\}^3}>0$$

和 $$\frac{\partial\ \tilde{I}_b^{NC}}{\partial\ \alpha}=\frac{2\ (r_b^2-4r_s^2\beta_s)\ (1-\beta_s\beta_b)\ \lambda D^3}{\{4A-[\ (1-\beta_s\beta_b)\ (2r_s^2+r_b^2)\ \ +4\alpha]\ D\}^3}>0.$$

因此，上下游企业的最优创新投入 $\tilde{I}_s^{NC}$ 和 $\tilde{I}_b^{NC}$ 均为网络外部性系数 α 的严格递增函数，即，上游企业的最优创新投入和下游企业的最优创新投入均随网络外部性的增大而提高。

对不合作模式下的企业最优产品价格 $\tilde{P}^{NC}$ 求网络外部性系数 α 的一阶偏导数可得：

$$\frac{\partial\ \tilde{P}^{NC}}{\partial\ \alpha}=-\frac{(1-\beta_s\beta_b)\ (2r_s^2+r_b^2)\lambda D^2}{\{4A-[\ (1-\beta_s\beta_b)\ (2r_s^2+r_b^2)\ \ +4\alpha]\ D\}^2}<0.$$

因此，企业最优产品价格 $\tilde{P}^{NC}$ 为网络外部性系数 α 的严格递减函数，即，企业最优产品价格随网络外部性的增大而降低。

分别对不合作模式下的供应链上下游企业最大利润 $\tilde{\pi}_s^{NC}$ 和

$\tilde{\pi}_b^{NC}$ 求网络外部性系数 α 的一阶偏导数可得：

$$\frac{\partial\ \tilde{\pi}_s^{NC}}{\partial\ \alpha}=\frac{2\ \{4A-(1-\beta_s\beta_b)\ [2r_s^2-(1+\beta_b)\ r_b^2]\ D-4\alpha D\}\ \lambda^2D^2}{\{4A-[(1-\beta_s\beta_b)\ (2r_s^2+r_b^2)\ +4\alpha]\ D\}^3}>0$$

和 $$\frac{\partial\ \tilde{\pi}_b^{NC}}{\partial\ \alpha}=\frac{2\ \{4A-(1-\beta_s\beta_b)\ [r_b^2-2r_s^2\ (1+4\beta_s)]\ D-4\alpha D\}\ \lambda^2D^2}{\{4A-[(1-\beta_s\beta_b)\ (2r_s^2+r_b^2)\ +4\alpha]\ D\}^3}>0,$$

因此，上下游企业最大利润 $\tilde{\pi}_s^{NC}$ 和 $\tilde{\pi}_b^{NC}$ 均为网络外部性系数 α 的严格递增函数，即，上下游企业最大利润均随网络外部性的增大而提高。

对不合作模式下的最大消费者剩余 $\tilde{C}^{NC}$ 求网络外部性系数 α 的一阶偏导数可得：

$$\frac{\partial\ \tilde{C}^{NC}}{\partial\ \alpha}=\frac{4A^2\lambda^2D}{\{4A-[(1-\beta_s\beta_b)\ (2r_s^2+r_b^2)\ +4\alpha]\ D\}^3}>0,$$

因此，最大消费者剩余 $\tilde{C}^{NC}$ 为网络外部性系数 α 的严格递增函数，即，最大消费者剩余随网络外部性的增大而提高。

对不合作模式下的最大社会福利 $\tilde{S}^{NC}$ 求网络外部性系数 α 的一阶偏导数可得：

$$\frac{\partial\ \tilde{S}^{NC}}{\partial\ \alpha}=\frac{\{4\ (A^2+3AD-3\alpha D^2)\ +(1-\beta_s\beta_b)\ [(1+2\beta_b)\ r_b^2-2\ (1-4\beta_s)\ r_s^2]\ D^2\}\ \lambda^2D}{\{4A-[(1-\beta_s\beta_b)\ (2r_s^2+r_b^2)\ +4\alpha]\ D\}^3}>0,$$

因此，最大社会福利 $\tilde{S}^{NC}$ 为网络外部性系数 α 的严格递增函数，即，最大社会福利随网络外部性的增大而提高。

由此可知，在不合作模式下，网络外部性的增大将提高企业 i（i = s，b）的最优创新成果 $\tilde{x}_i^{NC}$ 和创新投入 $\tilde{I}_i^{NC}$，企业最大利润 $\tilde{\pi}_i^{NC}$，最大消费者剩余 $\tilde{C}^{NC}$ 以及最大社会福利 $\tilde{S}^{NC}$，同时降低最优最终产品价格 $\tilde{P}^{NC}$。命题 5.2 证毕。

命题 5.2 表明，在不合作模式下，网络外部性越大，网络外部性所产生的产品价格、产品销量和消费者净效用间的正反馈效应也就越强，产品销量的增加对消费者购买产品所获净效用和消费者购买决策的影响越大，进而对供应链上下游企业利润的影响也就更大。因此，企业若能大幅降低单位产品生产成本，从而更大程度上的降低产品售价，就可以增加更多的产品销量，而产品销量的增加又将通过网络外部性所产生的产品价格、产品销量和消费者净效用间的正反馈效应，提高消费者的网络效用和净效用，从而进一步提高消费者对下游企业最终产品的需求（即进一步提高了最终产品和中间产品的销量），供应链上下游企业就都会得到更高的利润。因此，随着网络外部性的增强，供应链上下游企业都会不断提高其创新成果和创新投入，且供应链上下游企业的利润，消费者剩余以及社会福利都将得到提高，而最终产品价格则会降低。

命题5.3 ①在半合作模式下，网络外部性的增大将提高企业i（i=s，b）的最优创新成果 $\tilde{x}_i^{HC}$ 和创新投入 $\tilde{I}_i^{HC}$，企业最大总利润 $\sum\limits_{i=s,b}\tilde{\pi}_i^{HC}$，最大消费者剩余 $\tilde{C}^{HC}$ 以及最大社会福利 $\tilde{S}^{HC}$ 均随网络外部性的增大而提高，同时降低最优最终产品价格 $\tilde{P}^{HC}$；②当 $4(1-\beta_s)^2(1-\beta_b)^2(A-\alpha D)-3(1-\beta_s\beta_b)D[(2+\beta_s)(1-\beta_s)^2r_s^2-(1+2\beta_b)(1-\beta_b)^2r_b^2]>0$ 时，网络外部性的增大将提高上游企业最大利润 $\tilde{\pi}_s^{HC}$；反之，则会降低上游企业最大利润 $\tilde{\pi}_s^{HC}$；③当 $4(1-\beta_s)^2(1-\beta_b)^2(A-\alpha D)-3[(5+\beta_b)(1-\beta_s)^2r_b^2-(1+5\beta_s)(1-\beta_b)^2r_s^2]\times(1-\beta_s\beta_b)D>0$ 时，网络外部性的增大将提高下游企业最大利润 $\tilde{\pi}_b^{HC}$；反之，则会降低下游企业最大利润 $\tilde{\pi}_b^{HC}$。

证明：(1) 分别对半合作模式下的上下游企业最优创新成果 $\tilde{x}_s^{HC}$ 和 $\tilde{x}_b^{HC}$ 求网络外部性系数 α 的一阶偏导数可得：

$$\frac{\partial \tilde{x}_s^{HC}}{\partial \alpha}=\frac{12(1-\beta_s)(1-\beta_b)^2(1-\beta_s\beta_b)\lambda r_s^2 D^2}{\{4(1-\beta_s)(1-\beta_b)(A-\alpha D)-3[(1-\beta_b)r_s^2+(1-\beta_s)r_b^2](1-\beta_s\beta_b)D\}^2}>0$$

和 $\frac{\partial \tilde{x}_b^{HC}}{\partial \alpha}=\frac{12(1-\beta_s)^2(1-\beta_b)(1-\beta_s\beta_b)\lambda r_b^2 D^2}{\{4(1-\beta_s)(1-\beta_b)(A-\alpha D)-3[(1-\beta_b)r_s^2+(1-\beta_s)r_b^2](1-\beta_s\beta_b)D\}^2}>0$,

因此，上下游企业最优创新成果 $\tilde{x}_s^{HC}$ 和 $\tilde{x}_b^{HC}$ 均为网络外部性系数 α 的严格递增函数，即，上下游企业的最优创新成果均随网络外部性的增大而提高。

分别对上下游企业最优创新投入 $\tilde{I}_s^{HC}$ 和 $\tilde{I}_b^{HC}$ 求网络外部性系数 α 的一阶偏导数可得：

$$\frac{\partial \tilde{I}_s^{HC}}{\partial \alpha}=\frac{18[(1-\beta_s)^2 r_b^2\beta_b-(1-\beta_b)^2 r_s^2](1-\beta_s)(1-\beta_b)\lambda^2 D^3}{\{4(1-\beta_s)(1-\beta_b)(A-\alpha D)-3[(1-\beta_b)r_s^2+(1-\beta_s)r_b^2](1-\beta_s\beta_b)D\}^3}>0$$

和 $\frac{\partial \tilde{I}_b^{HC}}{\partial \alpha}=\frac{18[(1-\beta_s)^2 r_b^2-(1-\beta_b)^2 r_s^2\beta_s](1-\beta_s)(1-\beta_b)\lambda^2 D^3}{\{4(1-\beta_s)(1-\beta_b)(A-\alpha D)-3[(1-\beta_b)r_s^2+(1-\beta_s)r_b^2](1-\beta_s\beta_b)D\}^3}>0$,

因此，上下游企业的最优创新投入 $\tilde{I}_s^{HC}$ 和 $\tilde{I}_b^{HC}$ 均为网络外部性系数 α 的严格递增函数，即，上游企业的最优创新投入和下游企业的最优创新投入均随网络外部性的增大而提高。

对半合作模式下的最优最终产品价格 $\tilde{P}^{HC}$ 求网络外部性系数 α 的一阶偏导数可得：

$$\frac{\partial \tilde{P}^{HC}}{\partial \alpha}=-\frac{3[(1-\beta_b)r_s^2+(1-\beta_s)r_b^2](1-\beta_s)(1-\beta_b)(1-\beta_s\beta_b)\lambda D^2}{\{4(1-\beta_s)(1-\beta_b)(A-\alpha D)-3[(1-\beta_b)r_s^2+(1-\beta_s)r_b^2](1-\beta_s\beta_b)D\}^2}<0,$$

因此，最优最终产品价格 $\tilde{P}^{HC}$ 为网络外部性系数 α 的严格递减函数，即，最优最终产品价格随网络外部性的增大而降低。

对半合作模式下的企业最大总利润 $\sum_{i=s,b}\tilde{\pi}_i^{HC}$ 求网络外部性系数 α 的一阶偏导数可得：

$$\frac{\partial \sum_{i=s,b}\tilde{\pi}_i^{HC}}{\partial \alpha}=\frac{3(1-\beta_s)^2(1-\beta_b)^2\lambda^2 D^2}{\{4(1-\beta_s)(1-\beta_b)(A-\alpha D)-3[(1-\beta_b)r_s^2+(1-\beta_s)r_b^2](1-\beta_s\beta_b)D\}^2}>0,$$

因此，上下游企业最大总利润 $\sum_{i=s,b}\tilde{\pi}_i^{HC}$ 为网络外部性系数 α 的严格递增函数，即，上下游企业最大总利润随网络外部性的增大而提高。

对半合作模式下的最大消费者剩余 $\tilde{C}^{HC}$ 求网络外部性系数 α 的一阶偏导数可得：

$$\frac{\partial \tilde{C}^{HC}}{\partial \alpha}=\frac{4(1-\beta_s)^3(1-\beta_b)^3A^2\lambda^2D}{\{4(1-\beta_s)(1-\beta_b)(A-\alpha D)-3[(1-\beta_b)r_s^2+(1-\beta_s)r_b^2](1-\beta_s\beta_b)D\}^3}>0$$

因此，最大消费者剩余 $\tilde{C}^{HC}$ 为网络外部性系数 α 的严格递增函数，即，最大消费者剩余随网络外部性的增大而提高。

对半合作模式下的最大社会福利 $\tilde{S}^{HC}$ 求网络外部性系数 α 的一阶偏导数可得：

$$\frac{\partial \tilde{S}^{HC}}{\partial \alpha}=\frac{\{4(1-\beta_s)(1-\beta_b)(A^2+3AD-3\alpha D^2)-9[(1-\beta_b)r_s^2+(1-\beta_s)r_b^2](1-\beta_s\beta_b)D^2\}}{\{4(1-\beta_s)(1-\beta_b)(A-\alpha D)-3[(1-\beta_b)r_s^2+(1-\beta_s)r_b^2](1-\beta_s\beta_b)D\}^3}\times(1-\beta_s)^2(1-\beta_b)^2\lambda^2D>0,$$

因此，最大社会福利 $\tilde{S}^{HC}$ 为网络外部性系数 α 的严格递增函数，即，最大社会福利随网络外部性的增大而提高。

（2）对上游企业最大利润 $\tilde{\pi}_s^{HC}$ 求网络外部性系数 α 的一阶偏导数可得：

$$\frac{\partial \tilde{\pi}_s^{HC}}{\partial \alpha}=\frac{4(1-\beta_s)^2(1-\beta_b)^2(A-\alpha D)-3[(2+\beta_s)(1-\beta_s)^2r_s^2-(1+2\beta_b)(1-\beta_b)^2r_b^2](1-\beta_s\beta_b)D}{\{4(1-\beta_s)(1-\beta_b)(A-\alpha D)-3[(1-\beta_b)r_s^2+(1-\beta_s)r_b^2](1-\beta_s\beta_b)D\}^3}\times(1-\beta_s)(1-\beta_b)\lambda^2D^2,$$

因此，$4(1-\beta_s)^2(1-\beta_b)^2(A-\alpha D)-3(1-\beta_s\beta_b)D\times[(2+\beta_s)(1-\beta_s)^2r_s^2-(1+2\beta_b)(1-\beta_b)^2r_b^2]>0$ 时，$\frac{\partial \tilde{\pi}_s^{HC}}{\partial \alpha}>0$，上游企业最大利润 $\tilde{\pi}_s^{HC}$ 为网络外部性系数 α 的严格递增函数，即，上游企业最大利润随网络外部性的增大而提高；否则，$\frac{\partial \tilde{\pi}_s^{HC}}{\partial \alpha}<0$，上游企业最大利润 $\tilde{\pi}_s^{HC}$ 为网络外部性系数 α 的严格递减函数，即，上游企业最大利润随网络外部性的增大

而降低。

（3）对下游企业最大利润 $\tilde{\pi}_b^{HC}$ 求网络外部性系数 α 的一阶偏导数可得：

$$\frac{\partial \tilde{\pi}_b^{HC}}{\partial \alpha}=\frac{4(1-\beta_s)^2(1-\beta_b)^2(A-\alpha D)-3[(5+\beta_b)(1-\beta_s)^2r_b^2-(1+5\beta_s)(1-\beta_b)^2r_s^2](1-\beta_s\beta_b)D}{\{4(1-\beta_s)(1-\beta_b)(A-\alpha D)-3[(1-\beta_b)r_s^2+(1-\beta_s)r_b^2](1-\beta_s\beta_b)D\}^3}\times(1-\beta_s)(1-\beta_b)\lambda^2D^2,$$

因此，当 $4(1-\beta_s)^2(1-\beta_b)^2(A-\alpha D)-3(1-\beta_s\beta_b)D\times[(5+\beta_b)(1-\beta_s)^2r_b^2-(1+5\beta_s)(1-\beta_b)^2r_s^2]>0$ 时，$\frac{\partial \tilde{\pi}_b^{HC}}{\partial \alpha}>0$，下游企业最大利润 $\tilde{\pi}_b^{HC}$ 为网络外部性系数 α 的严格递增函数，即，下游企业最大利润随网络外部性的增大而提高；否则，$\frac{\partial \tilde{\pi}_b^{HC}}{\partial \alpha}<0$，下游企业最大利润 $\tilde{\pi}_b^{HC}$ 为网络外部性系数 α 的严格递减函数，即，下游企业最大利润随网络外部性的增大而降低。

由此可知，在半合作模式下，网络外部性的增大将提高企业 i（i = s，b）的最优创新成果 $\tilde{x}_i^{HC}$ 和创新投入 $\tilde{I}_i^{HC}$，企业最大总利润 $\sum_{i=s,b}\tilde{\pi}_i^{HC}$，最大消费者剩余 $\tilde{C}^{HC}$ 以及最大社会福利 $\tilde{S}^{HC}$ 均随网络外部性的增大而提高，同时降低最优最终产品价格 $\tilde{P}^{HC}$；当 $4(1-\beta_s)^2(1-\beta_b)^2(A-\alpha D)-3(1-\beta_s\beta_b)D[(2+\beta_s)(1-\beta_s)^2r_s^2-(1+2\beta_b)(1-\beta_b)^2r_b^2]>0$ 时，网络外部性的增大将提高上游企业最大利润 $\tilde{\pi}_s^{HC}$；反之，则会降低上游企业最大利润 $\tilde{\pi}_s^{HC}$。当 $4(1-\beta_s)^2(1-\beta_b)^2(A-\alpha D)-3[(5+\beta_b)(1-\beta_s)^2r_b^2-(1+5\beta_s)(1-\beta_b)^2r_s^2]\times(1-\beta_s\beta_b)D>0$ 时，网络外部性的增大将提高下游企业最大利润 $\tilde{\pi}_b^{HC}$；反之，则会降低下游企业最大利润 $\tilde{\pi}_b^{HC}$。命题 5.3

证毕。

命题5.3表明，在半合作模式下，网络外部性越强，产品价格、产品销量和消费者效用间的正反馈效应越大，降低单位产品生产成本，就能更大程度上地提高企业的产品销量和企业的总利润，以及消费者剩余和社会福利，供应链上下游企业就更愿意加大创新投入以更大幅度地降低单位产品生产成本。因此，供应链上下游企业的创新成果和创新投入，上下游企业的总利润，消费者剩余和社会福利都会随着网络外部性的增强而得到提高，而产品价格则随网络外部性的增强而降低。

但是，由于双方在第一阶段（即创新成果和创新投入的决策阶段）是以双方总利润最大化为目标选择创新成果和创新投入，因此，做出的创新投入决策虽然有利于提高合作创新整体的总利润，但有可能对参与合作的单个企业不利，反而降低了其利润。

由条件$4(1-\beta_s)^2(1-\beta_b)^2(A-\alpha D)-3(1-\beta_s\beta_b)D[(2+\beta_s)(1-\beta_s)^2r_s^2-(1+2\beta_b)(1-\beta_b)^2r_b^2]>0$可以看出，上游企业创新效率$r_s$或溢出系数$\beta_s$越大，该条件越不容易得到满足，即，上游企业创新效率或溢出系数较大时，随着网络外部性的增强，上游企业的利润可能反而被降低。这主要是由于上游企业创新效率越大，上游企业要降低相同的单位产品生产成本所需创新投入越低。因此，从合作创新的整体利益出发，合作双方就会决定，下游企业创新投入的提高幅度不宜过大，而由上游企业更大幅度地提高其创新成果和创新投入，结果导致下游企业利润和合作创新整体总利润都得到了提高，但上游企业因其创新投入提高幅度过大，其利润反而降低。而上游企业溢出系数越大，上游企业投入相同创新资源所带给下游企业的投资溢出越大，额外增加的上游企业创新投入越多，越有利于提高供应链合作创新的总利润。因此，从合作创新的整体利益出发，上游企业就需要更大幅度地提高其创新成果和创新投入，其结果是，下游企业利润和合作创新整体总利润都得到了提高，但上游企业因其创新投入提高过大，其利润反而降低。

由条件 $4(1-\beta_s)^2(1-\beta_b)^2(A-\alpha D)-3[(5+\beta_b)(1-\beta_s)^2 r_b^2-(1+5\beta_s)(1-\beta_b)^2 r_s^2](1-\beta_s\beta_b)D>0$ 可以看出，下游企业创新效率 r_b 或投资溢出系数 β_b 越大该条件越不容易得到满足，即，下游企业创新效率或投资溢出效应较大时，随着网络外部性的增强，下游企业的利润就会反而被降低。这主要是由于下游企业创新效率越大，下游企业要降低相同的单位产品生产成本所需创新投入越小。因此，从合作创新的整体利益出发，上游企业的创新成果和创新投入的提高幅度就可能远低于下游企业，从而导致上游企业利润和合作创新整体总利润都得到了提高，但下游企业的利润则因其创新投入提高过大而降低。而下游企业溢出系数越大时，下游企业投入相同创新资源提高的供应链合作创新总利润越高，因此，下游企业所提高其创新成果和创新投入就远大于上游企业，结果导致下游企业利润和合作创新整体总利润都得到了提高，但上游企业因其创新投入提高过大，其利润反而降低。

命题 5.4 在完全合作模式下，网络外部性的增大将提高企业 i（i = s，b）的最优创新成果 $\tilde{x}_i^{TC}$ 和创新投入 $\tilde{I}_i^{TC}$，企业的最大总利润 $\sum_{i=s,b}\tilde{\pi}_i^{TC}$，最大消费者剩余 $\tilde{C}^{TC}$ 以及最大社会福利 $\tilde{S}^{TC}$，同时降低最优最终产品价格 $\tilde{P}^{TC}$。

证明：分别对完全合作模式下的上下游企业最优创新成果 $\tilde{x}_s^{TC}$ 和 $\tilde{x}_b^{TC}$ 求网络外部性系数 α 的一阶偏导数可得：

$$\frac{\partial\tilde{x}_s^{TC}}{\partial\alpha}=\frac{(1-\beta_s)(1-\beta_b)^2(1-\beta_s\beta_b)\lambda r_s^2D^2}{\{(1-\beta_s)(1-\beta_b)(A-\alpha D)-[(1-\beta_b)r_s^2+(1-\beta_s)r_b^2](1-\beta_s\beta_b)D\}^2}>0$$

和

$$\frac{\partial \tilde{x}_b^{TC}}{\partial \alpha}=\frac{(1-\beta_s)^2(1-\beta_b)(1-\beta_s\beta_b)\lambda r_b^2D^2}{\{(1-\beta_s)(1-\beta_b)(A-\alpha D)-[(1-\beta_b)r_s^2+(1-\beta_s)r_b^2](1-\beta_s\beta_b)D\}^2}>0,$$

因此，上下游企业最优创新成果 $\tilde{x}_s^{TC}$ 和 $\tilde{x}_b^{TC}$ 均为网络外部性系数 α 的严格递增函数，即上下游企业的最优创新成果均随网络外部性的增大而提高。

分别对上下游企业最优创新投入 $\tilde{I}_s^{TC}$ 和 $\tilde{I}_b^{TC}$ 求网络外部性系数 α 的一阶偏导数可得：

$$\frac{\partial \tilde{I}_s^{TC}}{\partial \alpha}=\frac{[(1-\beta_b)r_s^2-(1-\beta_s)\beta_b r_b^2](1-\beta_s)(1-\beta_b)(1-\beta_s\beta_b)\lambda^2D^3}{\{(1-\beta_s)(1-\beta_b)(A-\alpha D)-[(1-\beta_b)r_s^2+(1-\beta_s)r_b^2](1-\beta_s\beta_b)D\}^3}>0$$

和 $$\frac{\partial \tilde{I}_b^{TC}}{\partial \alpha}=\frac{[(1-\beta_s)r_b^2-(1-\beta_b)\beta_s r_s^2](1-\beta_s)(1-\beta_b)(1-\beta_s\beta_b)\lambda^2D^3}{\{(1-\beta_s)(1-\beta_b)(A-\alpha D)-[(1-\beta_b)r_s^2+(1-\beta_s)r_b^2](1-\beta_s\beta_b)D\}^3}>0,$$

因此，上下游企业的最优创新投入 $\tilde{I}_s^{TC}$ 和 $\tilde{I}_b^{TC}$ 均为网络外部性系数 α 的严格递增函数，即，上下游企业最优创新投入均随网络外部性的增大而提高。

对完全合作模式下的企业最优产品价格 $\tilde{P}^{TC}$ 求网络外部性系数 α 的一阶偏导数可得：

$$\frac{\partial \tilde{P}^{TC}}{\partial \alpha}=-\frac{[(1-\beta_b)r_s^2+(1-\beta_s)r_b^2](1-\beta_s)(1-\beta_b)(1-\beta_s\beta_b)\lambda D^2}{\{(1-\beta_s)(1-\beta_b)(A-\alpha D)-[(1-\beta_b)r_s^2+(1-\beta_s)r_b^2](1-\beta_s\beta_b)D\}^2}<0,$$

因此，企业最优产品价格 $\tilde{P}^{TC}$ 为网络外部性系数 α 的严格递减函数，即，企业最优产品价格随网络外部性的增大而降低。

对上下游企业最大总利润 $\sum_{i=s,b}\tilde{\pi}_i^{TC}$ 求网络外部性系数 α 的一阶偏导数可得：

$$\frac{\partial \sum_{i=s,b}\tilde{\pi}_i^{TC}}{\partial \alpha}=\frac{(1-\beta_s)^2(1-\beta_b)^2\lambda^2D^2}{\{(1-\beta_s)(1-\beta_b)(A-\alpha D)-[(1-\beta_b)r_s^2+(1-\beta_s)r_b^2](1-\beta_s\beta_b)D\}^2}>0,$$

因此，上下游企业最大总利润 $\sum_{i=s,b}\tilde{\pi}_i^{TC}$ 为网络外部性系数 α 的严格递增函数，即，上下游企业最大总利润随网络外部性的增大而提高。

对完全合作模式下的最大消费者剩余 $\tilde{C}^{TC}$ 求网络外部性系数 α 的一阶偏导数可得：

$$\frac{\partial \tilde{C}^{TC}}{\partial \alpha}=\frac{(1-\beta_s)^3(1-\beta_b)^3A^2\lambda^2D}{\{(1-\beta_s)(1-\beta_b)(A-\alpha D)-[(1-\beta_b)r_s^2+(1-\beta_s)r_b^2](1-\beta_s\beta_b)D\}^3}>0,$$

因此，最大消费者剩余 $\tilde{C}^{TC}$ 为网络外部性系数 α 的严格递增函数，即，最大消费者剩余随网络外部性的增大而提高。

对完全合作模式下的最大社会福利 $\tilde{S}^{TC}$ 求网络外部性系数 α 的一阶偏导数可得：

$$\frac{\partial \tilde{S}^{TC}}{\partial \alpha}=\frac{\{(1-\beta_s)(1-\beta_b)(A^2+AD-\alpha D^2)-[(1-\beta_b)r_s^2+(1-\beta_s)r_b^2](1-\beta_s\beta_b)D\}}{\{(1-\beta_s)(1-\beta_b)(A-\alpha D)-[(1-\beta_b)r_s^2+(1-\beta_s)r_b^2](1-\beta_s\beta_b)D\}^3}\times(1-\beta_s)^2(1-\beta_b)^2\lambda^2D>0$$

因此，最大社会福利 $\tilde{S}^{TC}$ 为网络外部性系数 α 的严格递增函数，即，最大社会福利随网络外部性的增大而提高。

由此可知，在完全合作模式下，网络外部性的增大将提高企业 i（i=s，b）的最优创新成果 $\tilde{x}_i^{TC}$ 和创新投入 $\tilde{I}_i^{TC}$，企业的最大总利润 $\sum_{i=s,b}\tilde{\pi}_i^{TC}$，最大消费者剩余 $\tilde{C}^{TC}$ 以及最大社会福利 $\tilde{S}^{TC}$，同时降低最优最终产品价格 $\tilde{P}^{TC}$。命题 5.4 证毕。

命题 5.4 表明，在完全合作模式下，网络外部性越强，网络外部性所产生的产品价格、产品销量和消费者效用间的正反馈效应越大，供应链上下游企业降低相同的单位产品生产成本所提高的供应链上下游企业总利润越多，企业就更愿意加大创新投入，从而更大幅度地降低生产成本和产品售价，增加更多的产品销量和企业利润。因此，随着网络外部性的增强，供应链上下游企业都会不断提高其创新成果和创新投入。同时，最终产品价格就随之降低，而供应链合作创新的总利润，消费者剩余和社会福利就随之得到提高。

5.5.2 不同投资溢出下的决策

命题5.5 在不合作模式下，①企业创新投资溢出的增大将提高企业i（i=s，b）的最优创新成果 $\tilde{x}_i^{NC}$，企业最大利润 $\tilde{\pi}_i^{NC}$，最大消费者剩余 $\tilde{C}^{NC}$ 以及最大社会福利 $\tilde{S}^{NC}$，同时降低最优最终产品价格 $\tilde{P}^{NC}$；②企业i的创新投资溢出的增大将提高各自的最优创新投入 $\tilde{I}_i^{NC}$，当 $4(\alpha D-A)[4\beta_s r_s^2+(1-2\beta_s\beta_b)r_b^2]+(2r_s^2+r_b^2)(r_b^2-4\beta_s r_s^2)(1-\beta_s\beta_b)D>0$ 时，上游企业投资溢出的增大将提高下游企业最优创新投入 $\tilde{I}_b^{NC}$，反之则会降低下游企业最优创新投入 $\tilde{I}_b^{NC}$；当 $4(\alpha D-A)[4\beta_s r_s^2+(1-2\beta_s\beta_b)r_b^2]+(2r_s^2+r_b^2)(r_b^2-4\beta_s r_s^2)(1-\beta_s\beta_b)D>0$ 时，下游企业投资溢出的增大将提高上游企业最优创新投入 $\tilde{I}_s^{NC}$，反之则会降低上游企业最优创新投入 $\tilde{I}_s^{NC}$。

证明：分别对不合作模式下的供应链上下游企业最优创新成果 $\tilde{x}_s^{NC}$ 和 $\tilde{x}_b^{NC}$ 求上下游企业投资溢出系数 β_s 和 β_b 的一阶偏导数可得：

$$\frac{\partial\tilde{x}_s^{NC}}{\partial\beta_s}=\frac{8(A-\alpha D)\lambda\beta_b r_s^2 D}{\{4A-[(1-\beta_s\beta_b)(2r_s^2+r_b^2)+4\alpha]D\}^2}>0,$$

$$\frac{\partial\tilde{x}_s^{NC}}{\partial\beta_b}=\frac{8(A-\alpha D)\lambda\beta_s r_s^2 D}{\{4A-[(1-\beta_s\beta_b)(2r_s^2+r_b^2)+4\alpha]D\}^2}>0$$

及 $$\frac{\partial\tilde{x}_b^{NC}}{\partial\beta_s}=\frac{4(A-\alpha D)\lambda\beta_b r_b^2 D}{\{4A-[(1-\beta_s\beta_b)(2r_s^2+r_b^2)+4\alpha]D\}^2}>0,$$

$$\frac{\partial\tilde{x}_b^{NC}}{\partial\beta_b}=\frac{4(A-\alpha D)\lambda\beta_s r_b^2 D}{\{4A-[(1-\beta_s\beta_b)(2r_s^2+r_b^2)+4\alpha]D\}^2}>0,$$

因此，供应链上下游企业最优创新成果 $\tilde{x}_s^{NC}$ 和 $\tilde{x}_b^{NC}$ 均为上下游企业投资溢出系数 β_s 和 β_b 的严格递增函数，即，企业最优创新成果均随投资溢出的增大而提高。

分别对上下游企业最优创新投入 $\tilde{I}_s^{NC}$ 和 $\tilde{I}_b^{NC}$ 求企业投资溢出系数 β_s 和 β_b 的一阶偏导数可得：

$$\frac{\partial \tilde{I}_s^{NC}}{\partial \beta_s}=\frac{\{4A-[-(1-\beta_s\beta_b)(2r_s^2+r_b^2)+4\alpha]D\}(4r_s^2-\beta_b r_b^2)\lambda^2\beta_b r_s^2 D^2}{4\{4A-[(1-\beta_s\beta_b)(2r_s^2+r_b^2)+4\alpha]D\}^3}>0,$$

$$\frac{\partial \tilde{I}_b^{NC}}{\partial \beta_s}=\frac{\{4(\alpha D-A)[\beta_b r_b^2+(4-8\beta_s\beta_b)r_s^2]-[\beta_b r_b^4+8r_s^4-2(2-\beta_b)r_s^2 r_b^2](1-\beta_s\beta_b)D\}\lambda^2 D^2}{4\{4A-[(1-\beta_s\beta_b)(2r_s^2+r_b^2)+4\alpha]D\}^3}$$

和 $$\frac{\partial \tilde{I}_s^{NC}}{\partial \beta_b}=\frac{\{4(\alpha D-A)[4\beta_s r_s^2+(1-2\beta_s\beta_b)r_b^2]+(2r_s^2+r_b^2)(r_b^2-4\beta_s r_s^2)(1-\beta_s\beta_b)D\}\lambda^2 D^2}{4\{4A-[(1-\beta_s\beta_b)(2r_s^2+r_b^2)+4\alpha]D\}^3},$$

$$\frac{\partial \tilde{I}_b^{NC}}{\partial \beta_b}=\frac{\{4A-[-(1-\beta_s\beta_b)(2r_s^2+r_b^2)+4\alpha]D\}(r_b^2-4r_s^2\beta_s)\lambda^2\beta_s D^2}{4\{4A-[(1-\beta_s\beta_b)(2r_s^2+r_b^2)+4\alpha]D\}^3}>0,$$

因此，供应链上下游企业最优创新投入 $\tilde{I}_s^{NC}$ 和 $\tilde{I}_b^{NC}$ 均随各自的投资溢出系数的增大而提高；当 $4(\alpha D-A)\ [4\beta_s r_s^2+(1-2\beta_s\beta_b)r_b^2]+(2r_s^2+r_b^2)(r_b^2-4\beta_s r_s^2)(1-\beta_s\beta_b)D>0$ 时，$\frac{\partial \tilde{I}_b^{NC}}{\partial \beta_s}>0$，下游企业最优创新投入 $\tilde{I}_b^{NC}$ 随上游企业投资溢出的增大而提高，反之则降低；当 $4(\alpha D-A)\ [4\beta_s r_s^2+(1-2\beta_s\beta_b)r_b^2]+(2r_s^2+r_b^2)(r_b^2-4\beta_s r_s^2)(1-\beta_s\beta_b)D>0$ 时，$\frac{\partial \tilde{I}_s^{NC}}{\partial \beta_b}>0$，上游企业最优创新投入 $\tilde{I}_s^{NC}$ 随下游企业投资溢出的增大而提高，反之则降低。

对不合作模式下的最优最终产品价格 $\tilde{P}^{NC}$ 分别求上下游企业投资溢出系数 β_s 和 β_b 的一阶偏导数可得：

$$\frac{\partial \tilde{P}^{NC}}{\partial \beta_s}=\frac{-(2r_s^2+r_b^2)(A-\alpha D)\lambda\beta_s D}{\{4A-[(1-\beta_s\beta_b)(2r_s^2+r_b^2)+4\alpha]D\}^2}<0$$

和 $$\frac{\partial \tilde{P}^{NC}}{\partial \beta_b}=\frac{-(2r_s^2+r_b^2)(A-\alpha D)\lambda\beta_b D}{\{4A-[(1-\beta_s\beta_b)(2r_s^2+r_b^2)+4\alpha]D\}^2}<0,$$

因此，最优最终产品价格随投资溢出的增大而降低。

分别对不合作模式下的供应链上下游企业最大利润 $\tilde{\pi}_s^{NC}$ 和 $\tilde{\pi}_b^{NC}$ 求上下游企业投资溢出系数 β_s 和 β_b 的一阶偏导数可得：

$$\frac{\partial \tilde{\pi}_s^{NC}}{\partial \beta_s}=\frac{\{4(A-\alpha D)[4r_s^2+(4+\beta_b)r_b^2]+(2r_s^2+r_b^2)(4r_s^2-\beta_b r_b^2)(1-\beta_s\beta_b)D\}\lambda^2\beta_b D^2}{4\{4A-[(1-\beta_s\beta_b)(2r_s^2+r_b^2)+4\alpha]D\}^3}>0,$$

$$\frac{\partial \tilde{\pi}_b^{NC}}{\partial \beta_s}=\frac{\{4(A-\alpha D)[\beta_b r_b^2-4r_s^2(1-\beta_b+2\beta_s\beta_b)]+(2r_s^2+r_b^2)(4r_s^2-\beta_b r_b^2)(1-\beta_s\beta_b)D\}\lambda^2 D^2}{4\{4A-[(1-\beta_s\beta_b)(2r_s^2+r_b^2)+4\alpha]D\}^3}>0 \text{ 和 } \frac{\partial \tilde{\pi}_b^{NC}}{\partial \beta_s}$$

$$=\frac{\{4(A-\alpha D)[4\beta_b r_s^2-r_b^2(1-4\beta_s-2\beta_s\beta_b)]+(2r_s^2+r_b^2)(r_b^2-4\beta_s r_s^2)(1-\beta_s\beta_b)D\}\lambda^2 D^2}{4\{4A-[(1-\beta_s\beta_b)(2r_s^2+r_b^2)+4\alpha]D\}^3}>0,$$

$$\frac{\partial \tilde{\pi}_b^{NC}}{\partial \beta_b}=\frac{\{4(A-\alpha D)[4r_b^2+(4+\beta_s)r_s^2]-(2r_s^2+r_b^2)(r_b^2-4\beta_s r_s^2)(1-\beta_s\beta_b)D\}\lambda^2\beta_b D^2}{4\{4A-[(1-\beta_s\beta_b)(2r_s^2+r_b^2)+4\alpha]D\}^3}>0,$$

因此，上下游企业最大利润均随投资溢出的增大而提高。

对不合作模式下的最大消费者剩余 $\tilde{C}^{NC}$ 分别求企业投资溢出系数 β_s 和 β_b 的一阶偏导数可得：

$$\frac{\partial \tilde{C}^{NC}}{\partial \beta_s}=\frac{(2r_s^2+r_b^2)A^2\lambda^2\beta_b D}{\{4A-[(1-\beta_s\beta_b)(2r_s^2+r_b^2)+4\alpha]D\}^3}>0$$

和 $\dfrac{\partial \tilde{C}^{NC}}{\partial \beta_b}=\dfrac{(2r_s^2+r_b^2)A^2\lambda^2\beta_s D}{\{4A-[(1-\beta_s\beta_b)(2r_s^2+r_b^2)+4\alpha]D\}^3}>0$，

因此，最大消费者剩余随投资溢出的增大而提高。

对不合作模式下的最大社会福利 $\tilde{S}^{NC}$ 分别求企业投资溢出系数 β_s 和 β_b 的一阶偏导数可得：$\dfrac{\partial \tilde{S}^{NC}}{\partial \beta_s}=\dfrac{\partial \tilde{\pi}_s^{NC}}{\partial \beta_s}+\dfrac{\partial \tilde{\pi}_b^{NC}}{\partial \beta_s}+\dfrac{\partial \tilde{C}^{NC}}{\partial \beta_s}>0$ 和 $\dfrac{\partial \tilde{S}^{NC}}{\partial \beta_b}=\dfrac{\partial \tilde{\pi}_s^{NC}}{\partial \beta_b}+\dfrac{\partial \tilde{\pi}_b^{NC}}{\partial \beta_b}+\dfrac{\partial \tilde{C}^{NC}}{\partial \beta_b}>0$，因此，最大社会福利随投资溢出的增大而提高。

由此可知，在不合作模式下，企业创新投资溢出的增大将提高企业 i（i=s，b）的最优创新成果 $\tilde{x}_i^{NC}$，企业最大利润 $\tilde{\pi}_i^{NC}$，最大消费者剩余 $\tilde{C}^{NC}$ 以及最大社会福利 $\tilde{S}^{NC}$，同时降低最优最终

产品价格 $\tilde{P}^{NC}$；企业 i 的创新投资溢出的增大将提高各自的最优创新投入 $\tilde{I}_i^{NC}$，当 $4(\alpha D-A)[4\beta_s r_s^2+(1-2\beta_s\beta_b)r_b^2]+(2r_s^2+r_b^2)(r_b^2-4\beta_s r_s^2)(1-\beta_s\beta_b)D>0$ 时，上游企业投资溢出的增大将提高下游企业最优创新投入 $\tilde{I}_b^{NC}$，反之，则会降低下游企业最优创新投入 $\tilde{I}_b^{NC}$；当 $4(\alpha D-A)[4\beta_s r_s^2+(1-2\beta_s\beta_b)r_b^2]+(2r_s^2+r_b^2)(r_b^2-4\beta_s r_s^2)(1-\beta_s\beta_b)D>0$ 时，下游企业投资溢出的增大将提高上游企业最优创新投入 $\tilde{I}_s^{NC}$；反之，则会降低上游企业最优创新投入 $\tilde{I}_s^{NC}$。命题5.5证毕。

命题5.5表明，在不合作模式下，上游企业创新投资溢出越大，其取得相同创新成果所降低的下游企业单位产品生产成本越多，下游企业的单位生产成本和最终产品的价格就越低，下游企业就会因额外降低更多的成本而愿意增加其创新投入和创新成果，从而更进一步地降低最终产品的价格，更大幅度地提高最终产品销量，且通过网络外部性所产生的产品价格、产品销量和消费者净效用间的正反馈效应更进一步提高最终产品的销量，最终产品销量的增加所提高的中间产品需求和上游企业利润也就越多。因此，上游企业创新投资溢出越大，上游企业就越愿意提高创新投入和创新成果，进而降低了最终产品价格，提高了下游企业创新成果，中间产品和最终产品的销量，上下游企业利润，消费者剩余和社会福利。

同理，下游企业创新投资溢出越大，其取得相同创新成果所降低的上游企业单位产品生产成本越多，上游企业的单位生产成本和中间产品的价格就越低，下游企业的中间产品的单位产品采购成本，以及最终产品的单位总成本和售价也就越低，最终产品的销量就越大，且会通过网络外部性所产生的产品价格、产品销量和消费者净效用间的正反馈效应进一步提高最终产品的销量，从而增加更多的下游企业利润。因此，下游企业创新投资溢出越大，下游企业就越愿意提高创新投入和创新成果，进而降低了中间产品价格和最终产品售价，提高了中间产品和最终产品的销量，上下游企业利润，消费者剩余和社会福利。

由条件 $4(\alpha D - A)[4\beta_s r_s^2 + (1-2\beta_s\beta_b) r_b^2] + (2r_s^2 + r_b^2)(r_b^2 - 4\beta_s r_s^2)(1-\beta_s\beta_b) D > 0$ 可以看出，上游企业创新投资溢出系数 β_s 越大，该条件越不容易得到满足，即，上游企业创新投资溢出系数较大时，下游企业创新投入随着投资溢出的增强而降低。这主要是因为，企业创新溢出效应的增大会从两个方面对其他企业创新投入产生影响，一个是溢出效应的增大，其他企业额外增加的创新投入越多，降低到单位产品生产成本也越多，该企业就越愿意将节约的成本投入到创新中，进一步降低单位产品生产成本，这是正激励效应；而另一个是溢出效应的增大，使其他企业额外增加的创新投入越多，降低到单位产品生产成本也越多，该企业越可能认为降低的单位产品生产成本已经足够，就会降低其创新投入，这是负激励效应；上游企业创新投资溢出系数 β_s 足够大时，上游企业稍微增加其创新投入，下游企业就会额外增加很多创新投入，降低生产成本的幅度就会很大，负激励效应就会大于正激励效应，下游企业就会降低其创新投入。

由条件 $4(\alpha D - A)[4\beta_s r_s^2 + (1-2\beta_s\beta_b) r_b^2] + (2r_s^2 + r_b^2)(r_b^2 - 4\beta_s r_s^2)(1-\beta_s\beta_b) D > 0$ 可以看出，下游企业创新投资溢出系数 β_b 越大，该条件越不容易得到满足，即，下游企业创新投资溢出系数较大时，上游企业创新投入随着投资溢出的增强而降低。同理，下游企业创新投资溢出系数 β_b 足够大时，下游企业稍微增加其创新投入，上游企业就会额外增加很多创新投入，降低生产成本的幅度就会很大，负激励效应就会大于正激励效应，上游企业就会降低其创新投入。

命题 5.6 在半合作模式下，企业创新投资溢出的增大将提高企业 i（i = s, b）的最优创新成果 $\tilde{x}_i^{HC}$ 和创新投入 $\tilde{I}_i^{HC}$，企业最大总利润 $\sum_{i=s,b}\tilde{\pi}_i^{HC}$，最大消费者剩余 $\tilde{C}^{HC}$ 以及最大社会福利 $\tilde{S}^{HC}$，同时降低最优最终产品价格 $\tilde{P}^{HC}$。

证明：分别对半合作模式下的上下游企业最优创新成果 $\tilde{x}_s^{HC}$ 和 $\tilde{x}_b^{HC}$ 求上下游企业创新投资溢出系数 β_s 和 β_b 的一阶偏导数可得：

$$\frac{\partial \tilde{x}_s^{HC}}{\partial \beta_s}=\frac{3(1-\beta_b)[4(A-\alpha D)(1-\beta_b)^2+3(1-\beta_s\beta_b)^2 r_b^2 D]\lambda r_s^2 D}{\{4(1-\beta_s)(1-\beta_b)(A-\alpha D)-3[(1-\beta_b)r_s^2+(1-\beta_s)r_b^2](1-\beta_s\beta_b)D\}^2}>0,$$

$$\frac{\partial \tilde{x}_s^{HC}}{\partial \beta_b}=\frac{3(1-\beta_s)[4(A-\alpha D)(1-\beta_b)^2\beta_s+3(1-\beta_s\beta_b)^2 r_b^2 D]\lambda r_s^2 D}{\{4(1-\beta_s)(1-\beta_b)(A-\alpha D)-3[(1-\beta_b)r_s^2+(1-\beta_s)r_b^2](1-\beta_s\beta_b)D\}^2}>0$$

和

$$\frac{\partial \tilde{x}_b^{HC}}{\partial \beta_s}=\frac{3(1-\beta_b)[4(A-\alpha D)(1-\beta_s)^2+3(1-\beta_s\beta_b)^2 r_s^2 D]\lambda r_b^2 D}{\{4(1-\beta_s)(1-\beta_b)(A-\alpha D)-3[(1-\beta_b)r_s^2+(1-\beta_s)r_b^2](1-\beta_s\beta_b)D\}^2}>0,$$

$$\frac{\partial \tilde{x}_b^{HC}}{\partial \beta_b}=\frac{3(1-\beta_s)[4(A-\alpha D)(1-\beta_s)^2+3(1-\beta_s\beta_b)^2 r_s^2 D]\lambda r_s^2 D}{\{4(1-\beta_s)(1-\beta_b)(A-\alpha D)-3[(1-\beta_b)r_s^2+(1-\beta_s)r_b^2](1-\beta_s\beta_b)D\}^2}>0,$$

因此，上下游企业的最优创新成果均随投资溢出的增大而提高。

分别对上下游企业最优创新投入 $\tilde{I}_s^{HC}$ 和 $\tilde{I}_b^{HC}$ 求投资溢出系数 β_s 和 β_b 一阶偏导数可得：

$$\frac{\partial \tilde{I}_s^{HC}}{\partial \beta_s}=\frac{9\{\psi_1+3(1-\beta_s\beta_b)[(1-\beta_b)^3\beta_b r_s^4+(1-\beta_s)^3\beta_b^2 r_b^4+\psi_2]D\}\lambda^2 D^2}{\{4(1-\beta_s)(1-\beta_b)(A-\alpha D)-3[(1-\beta_b)r_s^2+(1-\beta_s)r_b^2](1-\beta_s\beta_b)D\}^3}>0,$$

其中，

$$\psi_1=4(A-\alpha D)(1-\beta_b)[(1-\beta_s)^3\beta_b^2 r_b^2+(2-\beta_b-\beta_s\beta_b)(1-\beta_b)^2 r_s^2]>0,$$

$$\psi_2=r_s^2 r_b^2(1-\beta_b)[2(1-\beta_b^2)+\beta_b+5\beta_s\beta_b+\beta_s\beta_b^2(3+\beta_s)]>0,$$

$$\frac{\partial \tilde{I}_s^{HC}}{\partial \beta_b}=\frac{9\{\psi_3+3(1-\beta_s\beta_b)[(1-\beta_s)^3 r_b^4+(1-\beta_b)^3\beta_s r_s^4+\psi_4]D\}\lambda^2 D^2}{\{4(1-\beta_s)(1-\beta_b)(A-\alpha D)-3[(1-\beta_b)r_s^2+(1-\beta_s)r_b^2](1-\beta_s\beta_b)D\}^3}>0,$$

其中，

$\psi_3=4\ (A-\alpha D)\ (1-\beta_s)\ [(1-\beta_b)^3\beta_s r_s^2+(1-\beta_s)^2\ (1-\beta_b+2\beta_s\beta_b)\ r_b^2]>0$,

$\psi_4=r_s^2r_b^2(1-\beta_s)\ [3-2\beta_s-\beta_b\ (1-\beta_b)\ +\beta_s\beta_b^2\ (1+2\beta_s)]>0$,

$$\frac{\partial\ \tilde{I}_b^{HC}}{\partial\ \beta_s}=\frac{9\ \{\psi_5+3\ (1-\beta_s\beta_b)\ [(1-\beta_b)^3r_s^4+(1-\beta_s)^3\beta_b r_b^4+\psi_5]\ D\}\ \lambda^2D^2}{\{4\ (1-\beta_s)\ (1-\beta_b)\ (A-\alpha D)\ -3\ [\ (1-\beta_b)\ r_s^2+\ (1-\beta_s)\ r_b^2]\ (1-\beta_s\beta_b)\ D\}^3}>0,$$

其中，

$\psi_5=4\ (A-\alpha D)\ (1-\beta_b)\ [\ (1-\beta_s)^3\beta_b r_b^2+\ (1-\beta_s+2\beta_s\beta_b)\ (1-\beta_b)^2r_s^2]\ >0$,

$\psi_6=r_s^2r_b^2(1-\beta_b)\ [3-\beta_s-2\beta_b+\ (1+\beta_s)\ \beta_s\beta_b+2\beta_s^2\beta_b^2]>0$,

$$\frac{\partial\ \tilde{I}_b^{HC}}{\partial\ \beta_b}=\frac{9\ \{\psi_7+3\ (1-\beta_s\beta_b)\ [(1-\beta_b)^3r_s^4+(1-\beta_s)^3\beta_b r_b^4+\psi_8]\ D\}\ \lambda^2D^2}{\{4\ (1-\beta_s)\ (1-\beta_b)\ (A-\alpha D)\ -3\ [\ (1-\beta_b)\ r_s^2+\ (1-\beta_s)\ r_b^2]\ (1-\beta_s\beta_b)\ D\}^3}>0,$$

其中，

$\psi_7=4\ (A-\alpha D)\ (1-\beta_s)\ [(1-\beta_b)^3\beta_s^2r_s^2+(1-\beta_s)^2\ (2-\beta_s-\beta_s\beta_b)\ r_b^2]>0$,

$\psi_6=r_s^2r_b^2(1-\beta_b)\ [3-\beta_s-2\beta_b+\ (1+\beta_s)\ \beta_s\beta_b+2\beta_s^2\beta_b^2]>0$,

因此，上下游企业的最优创新投入均随投资溢出的增大而提高。

对半合作模式下最优最终产品价格 $\tilde{P}^{HC}$ 分别求投资溢出系数 β_s 和 β_b 的一阶偏导数可得：

$$\frac{\partial\ \tilde{P}^{HC}}{\partial\ \beta_s}=\frac{-3\ (1-\beta_b)\ (A-\alpha D)\ [\ (1-\beta_b)\ r_s^2-\ (1-\beta_s)\ \beta_b r_b^2]\ \lambda D}{\{4\ (1-\beta_s)\ (1-\beta_b)\ (A-\alpha D)\ -3\ [\ (1-\beta_b)\ r_s^2+\ (1-\beta_s)\ r_b^2]\ (1-\beta_s\beta_b)\ D\}^2}<0$$

和

$$\frac{\partial\ \tilde{P}^{HC}}{\partial\ \beta_b}=\frac{-3\ (1-\beta_s)\ (A-\alpha D)\ [(1-\beta_s)^2r_b^2-(1-\beta_b)^2\beta_s r_s^2]\ \lambda D}{\{4\ (1-\beta_s)\ (1-\beta_b)\ (A-\alpha D)\ -3\ [\ (1-\beta_b)\ r_s^2+\ (1-\beta_s)\ r_b^2]\ (1-\beta_s\beta_b)\ D\}^2}<0,$$

因此，企业最优产品价格随投资溢出的增大而降低。

对上下游企业最大总利润 $\sum_{i=s,b}\tilde{\pi}_i^{HC}$ 求投资溢出系数 β_s 和 β_b 的一阶偏导数可得：

$$\frac{\partial\ \sum_{i=s,b}\tilde{\pi}_i^{HC}}{\partial\ \beta_s}=\frac{9\ (1-\beta_b)\ (A-\alpha D)\ [\ (1-\beta_b)\ r_s^2-\ (1-\beta_s)\ \beta_b r_b^2]\ \lambda^2D^2}{\{4\ (1-\beta_s)\ (1-\beta_b)\ (A-\alpha D)\ -3\ [\ (1-\beta_b)\ r_s^2+\ (1-\beta_s)\ r_b^2]\ (1-\beta_s\beta_b)\ D\}^2}>0$$

和

$$\frac{\partial\ \sum_{i=s,b}\tilde{\pi}_i^{HC}}{\partial\ \beta_b}=\frac{9\ (1-\beta_s)\ (A-\alpha D)\ [(1-\beta_s)^2r_b^2-(1-\beta_b)^2\beta_s r_s^2]\ \lambda^2D^2}{\{4\ (1-\beta_s)\ (1-\beta_b)\ (A-\alpha D)\ -3\ [\ (1-\beta_b)\ r_s^2+\ (1-\beta_s)\ r_b^2]\ (1-\beta_s\beta_b)\ D\}^2}>0,$$

因此，上下游企业最大总利润随投资溢出的增大而提高。

对半合作模式下的最大消费者剩余 $\tilde{C}^{HC}$ 分别求企业创新投资

溢出系数 β_s 和 β_b 的一阶偏导数可得：

$$\frac{\partial \tilde{C}^{HC}}{\partial \beta_s}=\frac{3(1-\beta_s)(1-\beta_b)^2[(1-\beta_b)r_s^2-(1-\beta_s)\beta_b r_b^2]A^2\lambda^2 D}{\{4(1-\beta_s)(1-\beta_b)(A-\alpha D)-3[(1-\beta_b)r_s^2+(1-\beta_s)r_b^2](1-\beta_s\beta_b)D\}^3}>0$$

和

$$\frac{\partial \tilde{C}^{HC}}{\partial \beta_b}=\frac{3(1-\beta_s)^2(1-\beta_b)[(1-\beta_s)^2 r_b^2-(1-\beta_b)^2\beta_s r_s^2]A^2\lambda^2 D^2}{\{4(1-\beta_s)(1-\beta_b)(A-\alpha D)-3[(1-\beta_b)r_s^2+(1-\beta_s)r_b^2](1-\beta_s\beta_b)D\}^2}>0,$$

因此，最大消费者剩余随投资溢出的增大而提高。

对半合作模式下最大社会福利 $\tilde{S}^{HC}$ 分别求投资溢出系数 β_s 和 β_b 的一阶偏导数可得 $\frac{\partial \tilde{S}^{HC}}{\partial \beta_s}=\frac{\partial \tilde{\pi}_s^{HC}}{\partial \beta_s}+\frac{\partial \tilde{\pi}_b^{HC}}{\partial \beta_s}+\frac{\partial \tilde{C}^{HC}}{\partial \beta_s}>0$ 和 $\frac{\partial \tilde{S}^{HC}}{\partial \beta_b}=\frac{\partial \tilde{\pi}_s^{HC}}{\partial \beta_b}+\frac{\partial \tilde{\pi}_b^{HC}}{\partial \beta_b}+\frac{\partial \tilde{C}^{HC}}{\partial \beta_b}>0$，因此，最大社会福利随投资溢出的增大而提高。

由此可知，在半合作模式下，企业创新投资溢出的增大将提高企业 i（i=s，b）的最优创新成果 $\tilde{x}_i^{HC}$ 和创新投入 $\tilde{I}_i^{HC}$，企业最大总利润 $\sum_{i=s,b}\tilde{\pi}_i^{HC}$，最大消费者剩余 $\tilde{C}^{HC}$ 以及最大社会福利 $\tilde{S}^{HC}$，同时降低最优最终产品价格 $\tilde{P}^{HC}$。命题 5.6 证毕。

命题 5.6 表明，在半合作模式下，上游企业（或下游企业）创新投资溢出越大，其投入相同创新资源所增加的下游企业（或上游企业）创新投入和创新成果越多，所降低的下游企业（或上游企业）单位产品生产成本和最终产品（或中间产品）的价格就越低，进而更大程度地提高中间产品和最终产品的销量，以及上下游企业的利润。此外，在半合作模式下，供应链上下游企业是以合作创新总利润最大化为目标制定双方的创新投入，上游企业（或下游企业）创新投资溢出对下游企业（或上游企业）的负激励效应非常小，且上游企业（或下游企业）创新投资溢出越大，从合作创新的整体利益出发，也会要求该企业更大幅度地提高其创新投入。因此，在半合作模式下，创新投资溢出越大，上下游企业的创新成果和创新投入，上下游企业利润，消费者剩余以及社会福利就越大，最终产品的售价就越低。

命题 5.7 在完全合作模式下，企业创新投资溢出的增大将提高企业 i（i = s，b）的最优创新成果 $\tilde{x}_i^{TC}$ 和创新投入 $\tilde{I}_i^{TC}$，企业的最大总利润 $\sum_{i=s,b}\tilde{\pi}_i^{TC}$，最大消费者剩余 $\tilde{C}^{TC}$ 以及最大社会福利 $\tilde{S}^{TC}$，同时降低最优最终产品价格 $\tilde{P}^{TC}$。

证明：分别对完全合作模式下的上下游企业最优创新成果 $\tilde{x}_s^{TC}$ 和 $\tilde{x}_b^{TC}$ 求企业创新投资溢出系数 β_s 和 β_b 的一阶偏导数可得：

$$\frac{\partial \tilde{x}_s^{TC}}{\partial \beta_s}=\frac{[(1-\beta_b)^2(A-\alpha D)+(1-\beta_s\beta_b)r_b^2D](1-\beta_b)\lambda r_s^2D}{\{(1-\beta_s)(1-\beta_b)(A-\alpha D)-[(1-\beta_b)r_s^2+(1-\beta_s)r_b^2](1-\beta_s\beta_b)D\}^2}>0,$$

$$\frac{\partial \tilde{x}_b^{TC}}{\partial \beta_s}=\frac{[(1-\beta_s)^2(A-\alpha D)\beta_b+(1-\beta_s\beta_b)r_b^2D](1-\beta_b)\lambda r_b^2D}{\{(1-\beta_s)(1-\beta_b)(A-\alpha D)-[(1-\beta_b)r_s^2+(1-\beta_s)r_b^2](1-\beta_s\beta_b)D\}^2}>0$$

和

$$\frac{\partial \tilde{x}_s^{TC}}{\partial \beta_b}=\frac{[(1-\beta_b)^2(A-\alpha D)\beta_s+(1-\beta_s\beta_b)r_b^2D](1-\beta_s)\lambda r_s^2D}{\{(1-\beta_s)(1-\beta_b)(A-\alpha D)-[(1-\beta_b)r_s^2+(1-\beta_s)r_b^2](1-\beta_s\beta_b)D\}^2}>0,$$

$$\frac{\partial \tilde{x}_b^{TC}}{\partial \beta_b}=\frac{[(1-\beta_s)^2(A-\alpha D)+(1-\beta_s\beta_b)r_s^2D](1-\beta_s)\lambda r_b^2D}{\{(1-\beta_s)(1-\beta_b)(A-\alpha D)-[(1-\beta_b)r_s^2+(1-\beta_s)r_b^2](1-\beta_s\beta_b)D\}^2}>0,$$

因此，上下游企业最优创新成果 $\tilde{x}_s^{TC}$ 和 $\tilde{x}_b^{TC}$ 均为企业创新投资溢出系数 β_s 和 β_b 的严格递增函数，即上下游企业的最优创新成果均随投资溢出的增大而提高。

分别对最优创新投入 $\tilde{I}_s^{TC}$ 和 $\tilde{I}_b^{TC}$ 求创新投资溢出系数 β_s 和 β_b 的一阶偏导数可得

$$\frac{\partial \tilde{I}_s^{TC}}{\partial \beta_s}=\frac{\{(A-\alpha D)(1-\beta_b)\xi_1+[(1-\beta_b)^3\beta_b r_s^4+(1-\beta_s)^3\beta_b^2 r_b^4+r_s^2 r_b^2(1-\beta_b)\xi_2](1-\beta_s\beta_b)D\}\lambda^2D^2}{\{(1-\beta_s)(1-\beta_b)(A-\alpha D)-[(1-\beta_b)r_s^2+(1-\beta_s)r_b^2](1-\beta_s\beta_b)D\}^3}>0,$$

其中

$$\xi_1=[(1-\beta_s)^3\beta_b^2r_b^2+(2-\beta_b-\beta_s\beta_b)(1-\beta_b)^2r_s^2]>0,\ \xi_2=2(1-\beta_b^2)+\beta_b+5\beta_s\beta_b+\beta_s\beta_b^2(3+\beta_s)>0,$$

$$\frac{\partial \tilde{I}_b^{TC}}{\partial \beta_s}=\frac{\{(A-\alpha D)(1-\beta_b)\xi_3+[(1-\beta_b)^3 r_s^4+(1-\beta_s)^3\beta_b r_b^4+r_s^2 r_b^2(1-\beta_b)\xi_4](1-\beta_s\beta_b)D\}\lambda^2 D^2}{\{(1-\beta_s)(1-\beta_b)(A-\alpha D)-[(1-\beta_b)r_s^2+(1-\beta_s)r_b^2](1-\beta_s\beta_b)D\}^3}>0,$$

其中 $\xi_3=(1-\beta_s)^3\beta_b r_b^2+(1-\beta_s+2\beta_s\beta_b)(1-\beta_b)^2 r_s^2>0$，$\xi_4=3-\beta_s-2\beta_b+2\beta_s^2\beta_b^2+\beta_s\beta_b(1+\beta_s)>0$，

$$\frac{\partial \tilde{I}_s^{TC}}{\partial \beta_b}=\frac{\{(A-\alpha D)(1-\beta_s)\xi_5+[(1-\beta_b)^3\beta_s r_s^4+(1-\beta_s)^3 r_b^4+r_s^2 r_b^2(1-\beta_s)\xi_6](1-\beta_s\beta_b)D\}\lambda^2 D^2}{\{(1-\beta_s)(1-\beta_b)(A-\alpha D)-[(1-\beta_b)r_s^2+(1-\beta_s)r_b^2](1-\beta_s\beta_b)D\}^3}>0,$$

其中 $\xi_5=(1-\beta_b)^3\beta_s r_s^2+(1-\beta_s+2\beta_s\beta_b)(1-\beta_s)^3 r_b^2>0$，$\xi_6=3-2\beta_s-\beta_b+2\beta_s^2\beta_b^2+\beta_s\beta_b(1+\beta_b)>0$，

$$\frac{\partial \tilde{I}_b^{TC}}{\partial \beta_b}=\frac{\{(A-\alpha D)(1-\beta_s)\xi_7+[(1-\beta_b)^3\beta_s^2 r_s^4+(1-\beta_s)^3\beta_s r_b^4+r_s^2 r_b^2(1-\beta_s)\xi_8](1-\beta_s\beta_b)D\}\lambda^2 D^2}{\{(1-\beta_s)(1-\beta_b)(A-\alpha D)-[(1-\beta_b)r_s^2+(1-\beta_s)r_b^2](1-\beta_s\beta_b)D\}^3}>0,$$

其中 $\xi_7=(1-\beta_b)^3\beta_s^2 r_s^2+(2-\beta_s-\beta_s\beta_b)(1-\beta_s)^2 r_b^2>0$，$\xi_8=2(1-\beta_s^2)+5\beta_s\beta_b+\beta_s^2\beta_b(3+\beta_b)>0$，

因此，上下游企业的最优创新投入 $\tilde{I}_s^{TC}$ 和 $\tilde{I}_b^{TC}$ 均为企业创新投资溢出系数 β_s 和 β_b 的严格递增函数，即，上下游企业最优创新投入均随投资溢出的增大而提高。

对完全合作模式下的企业最优产品价格 $\tilde{P}^{TC}$ 分别求企业创新投资溢出系数 β_s 和 β_b 的一阶偏导数可得：

$$\frac{\partial \tilde{P}^{TC}}{\partial \beta_s}=-\frac{[(1-\beta_s)^2\beta_b r_b^2+(1-\beta_b)^2 r_s^2](1-\beta_b)(A-\alpha D)\lambda D}{\{(1-\beta_s)(1-\beta_b)(A-\alpha D)-[(1-\beta_b)r_s^2+(1-\beta_s)r_b^2](1-\beta_s\beta_b)D\}^2}<0$$

和

$$\frac{\partial \tilde{P}^{TC}}{\partial \beta_b}=-\frac{[(1-\beta_s)^2 r_b^2+(1-\beta_b)^2\beta_s r_s^2](1-\beta_s)(A-\alpha D)\lambda D}{\{(1-\beta_s)(1-\beta_b)(A-\alpha D)-[(1-\beta_b)r_s^2+(1-\beta_s)r_b^2](1-\beta_s\beta_b)D\}^2}<0,$$

因此，企业最优产品价格 $\tilde{P}^{TC}$ 为企业创新投资溢出系数 β_s 和 β_b 的严格递减函数，即，企业最优产品价格随投资溢出的增大而降低。

对完全合作模式下的上下游企业最大总利润 $\sum_{i=s,b}\tilde{\pi}_i^{TC}$ 分别求企业创新投资溢出系数 β_s 和 β_b 的一阶偏导数可得：

$$\frac{\partial \sum_{i=s,b}\tilde{\pi}_i^{TC}}{\partial \beta_b}=\frac{[(1-\beta_s)^2\beta_b r_b^2+(1-\beta_b)^2 r_s^2](1-\beta_b)\lambda^2 D^2}{\{(1-\beta_s)(1-\beta_b)(A-\alpha D)-[(1-\beta_b)r_s^2+(1-\beta_s)r_b^2](1-\beta_s\beta_b)D\}^2}>0$$

和

$$\frac{\partial \sum_{i=s,b}\tilde{\pi}_i^{TC}}{\partial \beta_b}=\frac{[(1-\beta_s)^2 r_b^2+(1-\beta_b)^2\beta_s r_s^2](1-\beta_s)\lambda^2 D^2}{\{(1-\beta_s)(1-\beta_b)(A-\alpha D)-[(1-\beta_b)r_s^2+(1-\beta_s)r_b^2](1-\beta_s\beta_b)D\}^2}>0,$$

因此，上下游企业最大总利润 $\sum_{i=s,b}\tilde{\pi}_i^{TC}$ 为企业创新投资溢出系数 β_s 和 β_b 的严格递增函数，即，上下游企业最大总利润随

投资溢出的增大而提高。

对完全合作模式下最大消费者剩余 $\tilde{C}^{TC}$ 分别求创新投资溢出系数 β_s 和 β_b 的一阶偏导数可得：

$$\frac{\partial \tilde{C}^{TC}}{\partial \beta_s}=\frac{[(1-\beta_s)^2\beta_b r_b^2+(1-\beta_b)^2 r_s^2](1-\beta_s)(1-\beta_b)^2A^2\lambda^2D}{\{(1-\beta_s)(1-\beta_b)(A-\alpha D)-[(1-\beta_b)r_s^2+(1-\beta_s)r_b^2](1-\beta_s\beta_b)D\}^3}>0$$

和

$$\frac{\partial \tilde{C}^{TC}}{\partial \beta_b}=\frac{[(1-\beta_s)^2 r_b^2+(1-\beta_b)^2\beta_s r_s^2](1-\beta_s)^2(1-\beta_b)A^2\lambda^2D}{\{(1-\beta_s)(1-\beta_b)(A-\alpha D)-[(1-\beta_b)r_s^2+(1-\beta_s)r_b^2](1-\beta_s\beta_b)D\}^3}>0,$$

因此，最大消费者剩余 $\tilde{C}^{TC}$ 为企业创新投资溢出系数 β_s 和 β_b 的严格递增函数，即，最大消费者剩余随投资溢出的增大而提高。

对完全合作模式下最大社会福利 $\tilde{S}^{TC}$ 分别求创新投资溢出系数 β_s 和 β_b 的一阶偏导数可得：$\frac{\partial \tilde{S}^{TC}}{\partial \beta_s}=\frac{\partial \tilde{\pi}_s^{TC}}{\partial \beta_s}+\frac{\partial \tilde{\pi}_b^{TC}}{\partial \beta_s}+\frac{\partial \tilde{C}^{TC}}{\partial \beta_s}>0$ 和 $\frac{\partial \tilde{S}^{TC}}{\partial \beta_b}=\frac{\partial \tilde{\pi}_s^{TC}}{\partial \beta_b}+\frac{\partial \tilde{\pi}_b^{TC}}{\partial \beta_b}+\frac{\partial \tilde{C}^{TC}}{\partial \beta_b}>0$，因此，最大社会福利 $\tilde{S}^{TC}$ 为企业创新投资溢出系数 β_s 和 β_b 的严格递增函数，即，最大社会福利随投资溢出的增大而提高。

由此可知，在完全合作模式下，企业创新投资溢出的增大将提高企业 i（i = s，b）的最优创新成果 $\tilde{x}_i^{TC}$ 和创新投入 $\tilde{I}_i^{TC}$，企业的最大总利润 $\sum_{i=s,b}\tilde{\pi}_i^{TC}$，最大消费者剩余 $\tilde{C}^{TC}$ 以及最大社会福利 $\tilde{S}^{TC}$，同时降低最优最终产品价格 $\tilde{P}^{TC}$。命题 5.7 证毕。

命题 5.7 表明，在完全合作模式下，上游企业（或下游企业）创新投资溢出越大，其投入相同创新资源所增加的下游企业（或上游企业）创新投入和创新成果越多，所降低的下游企业（或上游企业）单位产品生产成本和最终产品（或中间产品）的价格就越低，进而更大程度地提高中间产品和最终产品的销量，以及上下游企业的利润。此外，在完全作模式下，供应链上下游企业是以合作创新总利润最大化为目标制定双方的创新投入和最终产品价格，上游企业（或下游企业）创新投资溢出对下游企业（或上游企业）的负激励效应非常小，且上游企业（或下游企业）创新投资溢出越大，从合作创新的整体利益出发，也会要求该企业更大幅度地提高其创新投入。因此，在半合作模式下，创新投资溢出越大，上下游企业的创新成果和创新投入，上下游企业利润，消费者剩余以及社会福利就越大，最终产品的售价就越低。

5.5.4 不同合作模式下的决策

不同合作模式下的决策不失一般性，命 $\rho_1=4(1-\beta_s)(1-\beta_b)(A-\alpha D)-3[(1-\beta_b)r_s^2+(1-\beta_s)r_b^2](1-\beta_s\beta_b)D$，$\rho_2=4(1-\beta_s)(1-\beta_b)(A-\alpha D)-3[(1-\beta_b)r_s^2+(1-\beta_s)r_b^2](1-\beta_s\beta_b)D$，$\rho_3=4A-[(1-\beta_s\beta_b)(2r_s^2+r_b^2)+4\alpha]D$，则，对比不合作、半合作以及完全合作等三种合作模式下的最优解，可以得出以下命题。

命题 5.8　供应链上下游企业最大总利润 $\sum_{i=s,b}\tilde{\pi}_i$，最大消费者剩余 $\tilde{C}$ 以及最大社会福利 $\tilde{S}$ 均在完全合作模式下最大，半合作模式下次之，不合作模式下最小，即 $\sum_{i=s,b}\tilde{\pi}_i^{TC}>\sum_{i=s,b}\tilde{\pi}_i^{HC}>\sum_{i=s,b}\tilde{\pi}_i^{NC}$，$\tilde{C}^{TC}>\tilde{C}^{HC}>\tilde{C}^{NC}$，$\tilde{S}^{TC}>\tilde{S}^{HC}>\tilde{S}^{NC}$，而最优最终产品价格 $\tilde{P}$ 则在完全合作模式下最小，半合作模式下次之，不合作模式下最大，即，$\tilde{P}^{TC}<\tilde{P}^{HC}<\tilde{P}^{NC}$。即通过合作可以提高供应链上下游企业最大总利润，最大消费者剩余以及最大社会福利。

证明：(1) 将完全合作模式下与半合作模式的最终产品价

格相减可得：$\tilde{P}^{TC}-\tilde{P}^{HC}=-\dfrac{(1-\beta_s)^2(1-\beta_b)^2(A-\alpha D)\lambda}{\rho_1\rho_2}\Big[2(A-\alpha D)+(1-\beta_s\beta_b)\Big(\dfrac{r_s^2}{1-\beta_s}+\dfrac{r_b^2}{1-\beta_b}\Big)D\Big]<0$，将半合作模式下的最终产品产量与不合作模式的最终产品产量相减可得：

$$\tilde{P}^{HC}-\tilde{P}^{NC}=-\frac{(A-\alpha D)(1-\beta_b\beta_s)\left[(1+2\beta_s)(1-\beta_b)r_s^2+(1-\beta_s)(2+\beta_b)r_b^2\right]\lambda D}{\rho_2\rho_3}<0,$$

因此，$\tilde{P}^{TC}<\tilde{P}^{HC}<\tilde{P}^{NC}$，即，最终产品价格在完全合作模式下最小，在半合作模式次之，在不合作模式最大。

（2）将完全合作模式下与半合作模式下的上下游企业总利润相减可得：

$$\sum_{i=s,b}\tilde{\pi}_i^{TC}-\sum_{i=s,b}\tilde{\pi}_i^{HC}=\frac{(A-\alpha D)(1-\beta_b)^2(1-\beta_s)^2\lambda^2 D}{\rho_1\rho_2}>0;$$

将半合作模式与不合作模式下的上下游企业总利润相减可得：

$$\sum_{i=s,b}\tilde{\pi}_i^{HC}-\sum_{i=s,b}\tilde{\pi}_i^{NC}=\frac{(1+\beta_b\beta_s)\lambda^2D^2}{\rho_2\rho_3^2}\times\left\{4(A-\alpha D)\left[(1-\beta_s)(2+\beta_b)^2r_b^2+(1+2\beta_s)^2(1-\beta_b)r_s^2\right]\right\}>0,$$

因此，$\sum_{i=s,b}\tilde{\pi}_i^{TC}>\sum_{i=s,b}\tilde{\pi}_i^{HC}>\sum_{i=s,b}\tilde{\pi}_i^{NC}$，即，上下游企业利润在完全合作模式下最大，在半合作模式下次之，在不合作模式下最小。

（3）将完全合作模式下的消费者剩余与半合作模式下的消费者剩余相减可得：

$$\tilde{C}^{TC}-\tilde{C}^{HC}=\frac{A^2\lambda^2(1-\beta_s)^2(1-\beta_b)^2\left\{12(A-\alpha D)^2(1-\beta_s)^2(1-\beta_b)^2+\left[(1-\beta_b)r_s^2+(1-\beta_s)r_b^2\right]\tau_1 D\right\}}{\rho_1^2\rho_2^2}>0,$$

其中，

$$\tau_1=\left\{16(A-\alpha D)(1-\beta_s)(1-\beta_b)+5\left[(1-\beta_b)r_s^2+(1-\beta_s)r_b^2\right](1-\beta_s\beta_b)\right\}(1-\beta_s\beta_b),$$

将半合作模式下的消费者剩余与不合作模式下的消费者剩余相减可得：

$$\tilde{C}^{HC}-\tilde{C}^{NC}=\frac{(1-\beta_s\beta_b)\left[(1+2\beta_s)(1-\beta_b)r_s^2+(1-\beta_s)(2+\beta_b)r_b^2\right]A^2\lambda^2\tau_2 D}{\rho_2^2\rho_3^2}>0,$$

其中，$\tau_2=8(1-\beta_s)(1-\beta_b)(A-\alpha D)+(1-\beta_s\beta_b)\left[(5-2\beta_s)(1-\beta_b)r_s^2+(1-\beta_s)(4-\beta_b)r_b^2\right]D$，因此，$\tilde{C}^{TC}>\tilde{C}^{HC}>\tilde{C}^{NC}$，即消费者剩余在完全合作模式下最大，在半合作模式下次之，在不合作模式下最小。

(4) 由于社会福利为企业利润与消费者剩余之和，即 $S=\sum_{i=s,b}\tilde{\pi}_i+C$，且由以上分析可知 $\sum_{i=s,b}\tilde{\pi}_i^{TC}>\sum_{i=s,b}\tilde{\pi}_i^{HC}>\sum_{i=s,b}\tilde{\pi}_i^{NC}$，以及 $\tilde{C}^{TC}>\tilde{C}^{HC}>\tilde{C}^{NC}$，因此，$\tilde{S}^{TC}>\tilde{S}^{HC}>\tilde{S}^{NC}$，即，社会福利在完全合作模式下最大，在半合作模式下次之，在不合作模式下最小。

由此可知，供应链上下游企业最大总利润 $\sum_{i=s,b}\tilde{\pi}_i$，最大消费者剩余 $\tilde{C}$ 以及最大社会福利 $\tilde{S}$ 均在完全合作模式下最大，半合作模式下次之，不合作模式下最小，即 $\sum_{i=s,b}\tilde{\pi}_i^{TC}>\sum_{i=s,b}\tilde{\pi}_i^{HC}>\sum_{i=s,b}\tilde{\pi}_i^{NC}$，$\tilde{C}^{TC}>\tilde{C}^{HC}>\tilde{C}^{NC}$，$\tilde{S}^{TC}>\tilde{S}^{HC}>\tilde{S}^{NC}$，而最优最终产品价格 $\tilde{P}$ 则在完全合作模式下最小，半合作模式下次之，不合作模式下最大，$\tilde{P}^{TC}<\tilde{P}^{HC}<\tilde{P}^{NC}$。即通过合作可以提高供应链上下游企业最大总利润，最大消费者剩余以及最大社会福利。命题 5.8 证毕。

命题 5.8 表明，供应链上下游企业无论是在创新上展开合作，还是在生产和定价上展开合作都有利于降低最终产品的价格，增加供应链上下游企业的总利润，消费者剩余以及社会福利，因此，供应链上下游企业应尽可能地采用完全合作模式进行合作创新。

但是，在完全合作模式下，供应链上下游企业是以双方总利润最大化为目标制定生产、定价和创新策略的，且在最优策略的制定过程中将上游企业中间产品的销售收入与下游企业中间产品购买成本相互抵消，因而，完全合作模式下的最优生产、定价及创新策略中，只有最优最终产品价格和上下游企业的创新投入水平，没有最优的中间产品转移价格。而中间产品转移价格的大小决定了上下游企业在完全合作模式下的利润分配，若价格制定不合理，则可能因上游企业或下游企业的利润低于半合作模式而导致该企业不愿采用完全合作模式。这不仅将导致供应链上下游企业的利润损失，还会降低消费者剩余和社会福利。接下来，本章将研究供应链上下游企业如何制定中间产品转移价格，合理分配合作总利润，促进创新及生产的完全合作。

5.6 供应链纵向合作利润分配机制及对策

5.6.1 利润分配机制

由命题5.8可知，在完全合作模式下，供应链上下游企业以最大化合作创新总利润为目的来制定生产、定价及创新策略，虽然最大化了合作创新总利润，但如果不能设计出一种利润分配机制来确定中间产品转移价格，以保证供应链上下游企业都能从增加的总利润中获得一部分利益，则无法进行完全合作。

笔者认为一种合理的分配机制应该是收益与投入成正比，因此，建议采用投入比例分配法，即，将总利润增值部分按各企业创新投入占创新总投入的比例分配给企业。

命题5.9 在投入比例分配法中，上下游企业获得的利润增量分别为：

$$\delta_s\left(\sum_{i=s,b}\tilde{\pi}_i^{TC}-\sum_{i=s,b}\tilde{\pi}_i^{HC}\right)=\frac{(A-\alpha D)(1-\beta_b)(1-\beta_s)\left[(1-\beta_b)^2 r_s^2-(1-\beta_s)^2\beta_b r_b^2\right]\lambda^2 D}{(1-\beta_b)(1-\beta_s)\left[(1-\beta_b)r_s^2+(1-\beta_s)r_b^2\right]\rho_1\rho_2}\text{和}$$

$$\delta_b\left(\sum_{i=s,b}\tilde{\pi}_i^{TC}-\sum_{i=s,b}\tilde{\pi}_i^{HC}\right)=\frac{(A-\alpha D)(1-\beta_b)(1-\beta_s)\left[(1-\beta_s)^2 r_b^2-(1-\beta_b)^2\beta_s r_s^2\right]\lambda^2 D}{\left[(1-\beta_b)r_s^2+(1-\beta_s)r_b^2\right]\rho_1\rho_2},$$

上下游企业的利润分别为 $\tilde{\pi}_s^{HC}+\delta_s\left(\sum_{i=s,b}\tilde{\pi}_i^{TC}-\sum_{i=s,b}\tilde{\pi}_i^{HC}\right)$ 和 $\tilde{\pi}_b^{HC}+\delta_b\left(\sum_{i=s,b}\tilde{\pi}_i^{TC}-\sum_{i=s,b}\tilde{\pi}_i^{HC}\right)$。

证明：由（5.30），（5.31）式可得上下游企业的利润增值分配比例分别为

$$\delta_s=\frac{(1-\beta_b)^2 r_s^2-(1-\beta_s)^2\beta_b r_b^2}{(1-\beta_b)(1-\beta_s)\left[(1-\beta_b)r_s^2+(1-\beta_s)r_b^2\right]}$$

和 $\delta_b=\dfrac{(1-\beta_s)^2 r_b^2-(1-\beta_b)^2\beta_s r_s^2}{(1-\beta_b)(1-\beta_s)\left[(1-\beta_b)r_s^2+(1-\beta_s)r_b^2\right]}$.

由命题 5.8 可知，

$$\sum_{i=s,b}\tilde{\pi}_i^{TC}-\sum_{i=s,b}\tilde{\pi}_i^{HC}=\frac{(A-\alpha D)(1-\beta_b)^2(1-\beta_s)^2\lambda^2 D}{\rho_1\rho_2},$$

由此可得，在投入比例分配法中，上下游企业获得的利润增量分别为：

$$\delta_s\left(\sum_{i=s,b}\tilde{\pi}_i^{TC}-\sum_{i=s,b}\tilde{\pi}_i^{HC}\right)=\frac{(A-\alpha D)(1-\beta_b)(1-\beta_s)\left[(1-\beta_b)^2 r_s^2-(1-\beta_s)^2\beta_b r_b^2\right]\lambda^2 D}{(1-\beta_b)(1-\beta_s)\left[(1-\beta_b)r_s^2+(1-\beta_s)r_b^2\right]\rho_1\rho_2}$$

和

$$\delta_b\left(\sum_{i=s,b}\tilde{\pi}_i^{TC}-\sum_{i=s,b}\tilde{\pi}_i^{HC}\right)=\frac{(A-\alpha D)(1-\beta_b)(1-\beta_s)\left[(1-\beta_s)^2 r_b^2-(1-\beta_b)^2\beta_s r_s^2\right]\lambda^2 D}{\left[(1-\beta_b)r_s^2+(1-\beta_s)r_b^2\right]\rho_1\rho_2}。$$

由完全合作模式下的上游企业利润函数，上游企业利润增量函数和半合作模式下的上游企业利润函数可得完全合作模式下的中间产品转移价格 w。由利润增量函数以及（5.24）和（5.25）式可得，投入比例分配法中，上下游企业的利润分别为 $\tilde{\pi}_s^{HC}+\delta_s\left(\sum_{i=s,b}\tilde{\pi}_i^{TC}-\sum_{i=s,b}\tilde{\pi}_i^{HC}\right)$ 和 $\tilde{\pi}_b^{HC}+\delta_b\left(\sum_{i=s,b}\tilde{\pi}_i^{TC}-\sum_{i=s,b}\tilde{\pi}_i^{HC}\right)$。命题 5.9 证毕。

命题 5.9 表明，在投入比例分配法中，供应链上下游企业按其创新投入的比例分配了利润增量，双方分别在半合作模式的利润基础上增加了

$$\delta_s\left(\sum_{i=s,b}\tilde{\pi}_i^{TC}-\sum_{i=s,b}\tilde{\pi}_i^{HC}\right)=\frac{(A-\alpha D)(1-\beta_b)(1-\beta_s)\left[(1-\beta_b)^2 r_s^2-(1-\beta_s)^2\beta_b r_b^2\right]\lambda^2 D}{(1-\beta_b)(1-\beta_s)\left[(1-\beta_b)r_s^2+(1-\beta_s)r_b^2\right]\rho_1\rho_2}$$和

$$\delta_b\left(\sum_{i=s,b}\tilde{\pi}_i^{TC}-\sum_{i=s,b}\tilde{\pi}_i^{HC}\right)=\frac{(A-\alpha D)(1-\beta_b)(1-\beta_s)\left[(1-\beta_s)^2 r_b^2-(1-\beta_b)^2\beta_s r_s^2\right]\lambda^2 D}{\left[(1-\beta_b)r_s^2+(1-\beta_s)r_b^2\right]\rho_1\rho_2},$$

这样有利于提高双方进行完全合作的积极性，促进完全合作的形成。

5.6.2 对策建议

通过以上分析可以得出对策建议如下：

（1）企业应设法提高产品的网络外部性，同时增加创新投入，以提高企业利润。

（2）供应链上、下游企业在创新过程中应加强创新信息的沟通和交流，以及创新人才的流动等，以提高创新投资溢出效应，从而提高企业利润；政府也应鼓励企业提高投资溢出，以提高整个社会福利。

（3）供应链上、下游企业应在创新和生产上均加强合作，从而提高企业利润；政府也应对此加以鼓励，以提高整个社会福利。

（4）在完全合作模式下，企业在分配利润增量时，不宜过于依仗其议价能力以获取尽可能多的利润增量，还应根据双方在创新上的投入情况进行分配。

5.7 研究结果

在具有网络外部性的产品市场中，网络外部性能通过改变消费者的效用而对消费者的购买决策以及供应链上下游企业的生产、定价和创新策略产生较大影响。在创新投资过程中存在着由企业间创新信息的交流或外泄，创新人员的流动等引起的投资溢出效应，企业的创新投入会被供应链其他企业所用，增加其创新投入，从而影响企业的创新决策。本章考虑消费者除了能从购买产品中获得基本效用之外，还能获得一定的与产品网络规模相关的网络效用，企业的创新投入会给供应链其他企业带来额外的创新投入，建立了基于网络外部性、投资溢出的供应链纵向合作创新博弈模型，研究了供应链上下游企业在不合作，半合作及完全合作等三种合作创新模式下的创新策略，分析了网络外部性，投资溢出以及合作模式对企业创新策略的影响，提出了按投入比例分配的利润分配机制，并确定了该机制下的中间产品转移价格和双方利润，以促进供应链上下游企业采用完全合作模式。研究表明：

（1）在不合作，半合作以及完全合作等三种合作创新模式下，随着网络外部性的增大，企业的最优创新成果和创新投入均会增加，最优最终产品价格则会降低，供应链上下游企业最大总利润，最大消费者剩余以及最大社会福利均会得到提高，因此，无论在哪种合作模式下，供应链均偏好于生产高网络外部性的产品。但是，在半合作模式下，当上游企业（或下游企业）创新效率或投资溢出效应较大时，上游企业（或下游企业）的利润反而随网络外部性的增大而降低。

（2）在不合作，半合作以及完全合作等三种合作创新模式下，随着企业创新投资溢出的增大，供应链上下游企业的最优创新成果增多，最优最终产品价格降低，上下游企业的最大利润，最大消费者剩余以及最大社会福利均会得到提高，因此，无论在哪种合作模式下，供应链上下游企业均应设法提高投资溢出。

（3）供应链上下游企业的总利润、消费者剩余和社会福利均在完全合作模式下最大，在不合作模式下最小，即，对于企业、消费者和整个社会而言，完全合作都是一种最优合作模式。因此，供应链上下游企业应尽可能选择完全合作模式进行生产和创新合作，以提高企业利润、消费者剩余和社会福利。

（4）在完全合作模式下，由于供应链上下游企业是以双方总利润最大化为目标来确定最终产品价格和创新投入，虽然最大化了双方总利润，但若不能设计出一种合理的利润分配机制来制定中间产品转移价格，确保双方都能从增加的总利润中获得部分收益，则有可能会使得供应链上下游企业无法进行完全合作。采用按创新投入比例分配利润增量，可以使得供应链上下游企业均按其创新投入的比例分配到总利润增量，提高了所有企业的利润，能有效促进完全合作的实施。

6 网络外部性下基于成果溢出的企业独立研发行为

6.1 研发背景

Katz 和 Shapiro（1992），Choi（1994），以及 Kristiansen（1996）的研究表明，如果进入者的研究开发具有兼容性，市场参与人由于低估或忽视安装基础（网络）价值而出现研发激励不足的情况。他们的研究实际上考察了网络外部性和兼容性对研发投入激励的影响。Boivin 和 Vencatachellum（2002）则分析了网络外部性和研发溢出对研发投入激励的影响，指出不存在研发溢出或研发溢出较小时，网络外部性的增加导致企业研发投入的增加。实际上，兼容性和研发溢出对网络企业的研发投入都会产生影响，兼容性和溢出导致的研发的公共品效应，使得研发不足成为可能，对于网络外部性来说，溢出和兼容都有使网络扩大的趋势。

为了更加全面地考察网络外部性、兼容性、研发溢出对研发投入激励的影响以及它们之间的相互关系，本章选用 Hotelling 模型。Hotelling 模型是 Hotelling 教授在 1929 年提出的空间差异化模型。模型假定消费者是异质化的，具有不同的偏好，消费者与企业之间的距离可以用于度量消费者因未能消费喜爱产品而损失的效用，损失的效用等同于消费者购买产品的运输费用，产品的差异程度由企业之间的位置差异来体现。Hotelling 模型中的效用函数便于引入网络外部性因素，反映消费者因为网络效应而增加的购买意愿，从而考察网络外部性问题。国内外许多学者在考察网络外部性问题时选用了 Hotelling 模型（Sengupta 和 Sengupta，2008；Huang，2009；Larralde et al.，2009；Matsumura，Matsushima，2009），但他们主要分析的是网络外部性下企业差异化竞争问题而非创新问题。Kim 虽然在 Hotelling 模型基础上研究企业创新，但实际上是分析不对称创新企业的兼容性选择，并没有考虑创新成本和创新激励问题。利用 Hotelling 模型的阶段博弈方法，本章在研发阶段中引入研发成本函数，并通过产品成本函数引入溢出系数，反映企业由于享用对方的溢出成果而引起的成本降低，以考察企业的创新激励。

本章旨在从企业研发投入激励角度，分析网络外部性、兼容性、研发溢出对企业研发投入的激励作用。本章的研究抓住网络外部性和技术溢出这两个特征，通过扩展的两阶段 Hotelling 模型考察双寡头企业的研发行为，研发成果表现为成本的降低，并且分别考察了两厂商同时创新和单个厂商创新两种情况。

6.2 企业独立研发特征

在具有网络外部性的产品市场上有双寡头企业 1 和 2，分别位于长度为 1 的“线性市场”的两端，其中，企业 1 位于 $\gamma=0$，企业 2 位于 $\gamma=1$。企业 1 和企业 2 分别向市场提供产品 1 和产品 2，且两个企业的产品覆盖了整个市场，其中，企业 1 的市场份额为 q_1，企业 2 的市场份额为 q_2，$q_1+q_2=1$。

消费者在线性市场上服从均匀分布，所有消费者最多一个单位的产品，消费者的不同类型由其在线性市场上的“地理位置” γ 表示，$\gamma \in [0, 1]$。消费者在产品消费过程中除了需按产品售价 P_i ($i=1, 2$) 支付费用外，还需付出一些其他成本（如运输成本），该成本与消费者类型相关，消费产品 1 所支付的其他成本为 γc，消费产品 2 所支付的其他成本则为 $(1-\gamma)c$，其中 c 是单位成本，为固定常数。因类型不同而产生的成本差异将导致消费者对产品的不同偏好，γ 越小的消费者对产品 1 的偏好程度越高，γ 越大的消费者对产品 2 的偏好程度越高。

由于存在网络外部性，消费者除了能从购买产品中获得基本效用 u 之外，还能获得一定的与产品网络规模（即产品市场份额）相关的网络效用。网络效用由自身网络效用和可兼容网络效用两部分所组成。假定消费者具有理性预期（Katz 和 Shapiro，1985），则消费者购买产品 1 的自身网络效用为 αq_1，可兼容网络效用为 $\alpha\beta q_2$，购买产品 2 的自身网络效用为 αq_2，可兼容网络效用为 $\alpha\beta q_1$，其中，α 为网络外部性强度系数，β 为兼容性系数，且 $0<\alpha<1$，$0<\beta<1$。因此，消费者购买产品 1 和产品 2 所获净效用分别为：

$$U_1 = u - P_1 - \gamma c + \alpha q_1 + \alpha\beta q_2 \tag{6.1}$$

$$U_2 = u - P_2 - (1-\gamma)c + \alpha q_2 + \alpha\beta q_1 \tag{6.2}$$

消费者在产品 1 和产品 2 之间进行选择的标准是，购买净效用大的产品，不失一般性，命“地理位置”为 $\bar{\gamma}$ 的消费者，购买产品 1 和产品 2 所获净效用相等，因此，$\gamma \in [0, \bar{\gamma}]$ 的消费者会购买产品 1，而 $\gamma \in [\bar{\gamma}, 1]$ 的消费者会购买产品 2。

求解 $U_1 = U_2$ 可得产品 1 和产品 2 的市场份额分别为：

$$q_1 = \bar{\gamma} = \frac{1}{2}\left[1 + \frac{P_1 - P_2}{c - \alpha(1-\beta)}\right] \tag{6.3}$$

$$q_2 = 1 - \bar{\gamma} = \frac{1}{2}\left[1 + \frac{P_2 - P_1}{c - \alpha(1-\beta)}\right] \tag{6.4}$$

现企业计划进行降低生产成本的研发活动，由于存在成果溢出，企业的部分研发投入会被竞争对手所用，增加竞争对手的研发投入，即，当企业1和企业2分别取得 x_1 和 x_2 的研发成果时，双方的研发成果都会给对方带来额外的研发成果，且企业1额外增加研发成果为 θx_2，企业2额外增加研发成果 θx_1，其中，θ 为溢出系数，$0 < \theta < 1$，即企业i每取得1个单位的研发成果，其竞争对手将因成果溢出效应而额外获得研发成果 θ。研发后企业1的单位生产成本为 $C_1 = C_0 - x_1 - \theta x_2$，企业2的单位生产成本为 $C_2 = C_0 - x_2 - \theta x_1$，其中，$C_0$ 为企业1和企业2的研发前单位生产成本。企业i（i=1，2）的研发投入 I_i 为其研发成果的二次函数，即 $I_i = \frac{r}{2}x_i^2$，其中，r为研发难度，即r越大，研发难度越高，降低一定的单位生产成本所需的研发投入越大。

6.3 企业独立研发模型

企业1和企业2在产品市场和研发活动上进行的是两阶段博弈。第一阶段为研发博弈，企业在这一阶段主要是决定研发水平和兼容性选择。第二阶段为产品博弈，企业在这一阶段主要是决定产品价格。本章将采用逆向归纳法求解企业在两阶段均衡策略。

6.3.1 研发前

研发前，企业i（i=1，2）的利润为：

$$\pi_i = (P_i - C_0)\, q_i,\ i=1,\ 2 \tag{6.5}$$

不妨命 $N_0 = c - \alpha(1-\beta)$。将（6.3）和（6.4）式（即均衡时的产品市场份额 q_i）代入（6.5）式，并求解 $\frac{\partial \pi_i}{\partial P_i}=0$（$i=1,\ 2$）可得均衡时的产品价格为：

$$\tilde{P}_i = C_0 + N_0,\ i=1,\ 2 \tag{6.6}$$

将（6.6）式代入（6.3）和（6.4）式可得均衡时的市场份额为：

$$\tilde{q}_i = \frac{1}{2},\ i=1,\ 2 \tag{6.7}$$

将（6.6）和（6.7）式代入（6.8）式可得均衡时的企业利润为：

$$\tilde{\pi}_i = \frac{N_0}{2},\ i=1,\ 2 \tag{6.8}$$

由 $\tilde{\pi}_i > 0$ 可知 $N_0 > 0$。

6.3.2 单个企业进行研发

不失一般性，假设企业 1 进行研发，而企业 2 不进行研发，则企业 1 和企业 2 的利润分别为：

$$\pi_1 = [P_1 - (C_0 - x_1)]\, q_1 - \frac{r}{2}x_1^2 \tag{6.9}$$

$$\pi_2 = [P_2 - (C_0 - \theta x_1)]\, q_2 \tag{6.10}$$

将（6.3）和（6.4）式（即均衡时的产品市场份额 q_i）代入（6.9）和（6.10）式，并求解 $\frac{\partial \pi_i}{\partial P_i}=0$（$i=1,\ 2$）可得均衡时的产品价格和市场份额分别为：

$$P_1 = C_0 + N_0 - \frac{(2+\theta)\, x_1}{3} \tag{6.11}$$

$$P_2 = C_0 + N_0 - \frac{(1+2\theta)\ x_1}{3} \tag{6.12}$$

$$q_1 = \frac{1}{2} + \frac{(1-\theta)\ x_1}{3} \tag{6.13}$$

$$q_2 = \frac{1}{2} - \frac{(1-\theta)\ x_1}{3} \tag{6.14}$$

将（6.11）和（6.13）式代入（6.9）式，并求解$\frac{\partial\ \pi_1}{\partial\ x_1} = 0$则可得企业1的最优研发成果为：

$$x_1^* = \frac{3N_0\ (1-\theta)}{9N_0 r - (1-\theta)^2} \tag{6.15}$$

由于$x_1^* > 0$，因此，$9N_0 r - (1-\theta)^2 > 0$。

由此可得，均衡时企业i（i=1，2）的产品价格、市场份额和利润分别为：

$$P_1^* = C_0 + N_0 - \frac{N_0\ (2+\theta)\ (1-\theta)}{9N_0 r - (1-\theta)^2} \tag{6.16}$$

$$P_2^* = C_0 + N_0 - \frac{N_0\ (1+2\theta)\ (1-\theta)}{9N_0 r - (1-\theta)^2} \tag{6.17}$$

$$q_1^* = \frac{9N_0 r}{2\ [9N_0 r - (1-\theta)^2]} \tag{6.18}$$

$$q_2^* = \frac{9N_0 r - 2\ (1-\theta)^2}{2\ [9N_0 r - (1-\theta)^2]} \tag{6.19}$$

$$\pi_1^* = \frac{9rN_0^2}{2\ [9N_0 r - (1-\theta)^2]} \tag{6.20}$$

$$\pi_2^* = \frac{N_0\ [9N_0 r - 2\ (1-\theta)^2]^2}{2\ [9N_0 r - (1-\theta)^2]^2} \tag{6.21}$$

6.3.3 两个企业同时研发

当两个企业都进行研发时，企业i（i=1，2）的利润为：

$$\pi_1 = [P_1 - (C_0 - x_1 - \theta x_2)] q_1 - I_1 \tag{6.22}$$

$$\pi_2 = [P_2 - (C_0 - x_2 - \theta x_1)] q_2 - I_2 \tag{6.23}$$

将（6.3）和（6.4）式代入（6.22）和（6.23）式，并求解$\frac{\partial \pi_i}{\partial P_i} = 0$（i=1，2）可得均衡时的产品价格和市场份额分别为：

$$P_1 = C_0 + N_0 - \frac{(2x_1 + x_2) + (x_1 + 2x_2)\theta}{3} \tag{6.24}$$

$$P_2 = C_0 + N_0 - \frac{(2x_2 + x_1) + (x_2 + 2x_1)\theta}{3} \tag{6.25}$$

$$q_1 = \frac{1}{2} + \frac{(x_1 - x_2)(1 - \theta)}{6N_0} \tag{6.26}$$

$$q_2 = \frac{1}{2} + \frac{(x_2 - x_1)(1 - \theta)}{6N_0} \tag{6.27}$$

将（6.24）～（6.27）式分别代入（6.22）和（6.23）式并求解$\frac{\partial \pi_i}{\partial x_i} = 0$（i=1，2）可得企业的最优成果为：

$$x_i^{**} = \frac{1-\theta}{3r},\ i = 1,\ 2 \tag{6.28}$$

将（6.28）式分别代入（3.24）～（3.27）式可得均衡时企业i（i=1，2）的产品价格、市场份额和利润分别为：

$$P_i^{**} = C_0 + N_0 - \frac{1-\theta^2}{3r},\ i = 1,\ 2 \tag{6.29}$$

$$q_i^{**} = \frac{1}{2},\ i = 1,\ 2 \tag{6.30}$$

$$\pi_i^{**} = \frac{N_0}{2} - \frac{(1-\theta)^2}{18r},\ i = 1,\ 2 \tag{6.31}$$

6.4 企业独立研发决策

6.4.1 单个企业研发

通过对单个企业研发时的均衡解分析，可以得出结论如下：

结论 6.1　当只有单个企业研发时，选择研发的企业将会投入研发资源，而非研发企业会被迫进行研发投入。

证明：将（6.20）式减去（6.8）式可得单个企业研发后的企业 1 利润与研发前的企业 1 利润之差为 $\pi_1^* - \tilde{\pi}_1 = \frac{N_0(1-\theta)^2}{2[9N_0r-(1-\theta)^2]}$，即通过研发投资，企业 1 的利润将得到提高，因此企业 1 会进行研发投入。

对比（6.21）式和（6.8）式可得单个企业研发后的企业 2 单位产品净利润（即 $P_2 - C_2$）与研发前的企业 2 单位产品净利润之差为 $-\frac{N_0(1-\theta)^2}{9N_0r-(1-\theta)^2}<0$，将（6.19）式减去（6.7）式可得单个企业研发后的企业 2 市场份额与研发前的企业 2 市场份额之差为 $q_1^* - \tilde{q}_1 = -\frac{(1-\theta)^2}{2[9N_0r-(1-\theta)^2]}$，由于企业 2 的单位产品利润和市场份额均下降了，因此，企业 2 的利润因企业 1 进行研发投资而被降低。这时，企业 2 将被迫进行研发投入。由此可知，当只有单个企业研发时，选择研发的企业将会投入研发资源，而非研发企业则会因利润降低而被迫进行研发投入。结论 6.1 证毕。

结论 6.1 表明，当只有单个企业进行研发时，选择进行研发的企业将因生产成本的降低而可以降低产品售价，从而获得更大的市场份额和利润，因此，企业将愿意进行研发投入。而不进行研发投入的企业虽可以因溢出效应的存在而降低少许生产成本，但却往往因溢出效应、网络外部性和兼容性等的综合影响使得其利润反而降低了，这时，企业则将被逼进行研发投入。

推理 6.1 当单个企业研发时，两个企业的产品价格均随网络外部性的增加而降低，随兼容性的增加而提高，研发企业的产品价格则随溢出效应的增长而提高。

证明：分别求企业 i（i=1，2）的产品价格关于网络外部性系数和兼容性系数的一阶偏导数可得，

$$\frac{\partial P_1^*}{\partial \alpha}=-(1-\beta)\left\{1+\frac{(2+\theta)(1-\theta)^3}{[9N_0r-(1-\theta)^2]^2}\right\}<0,$$

$$\frac{\partial P_1^*}{\partial \beta}=\alpha\left\{1+\frac{(2+\theta)(1-\theta)^3}{[9N_0r-(1-\theta)^2]^2}\right\}>0,$$

$$\frac{\partial P_2^*}{\partial \alpha}=-(1-\beta)\left\{1+\frac{(1+2\theta)(1-\theta)^3}{[9N_0r-(1-\theta)^2]^2}\right\}<0,$$

$$\frac{\partial P_2^*}{\partial \beta}=\alpha\left\{1+\frac{(1+2\theta)(1-\theta)^3}{[9N_0r-(1-\theta)^2]^2}\right\}>0,$$

因此，两个企业的产品价格均为网络外部性系数的严格递减函数，为兼容性系数的严格递增函数，即两个企业的产品价格均随网络外部性的增加而降低，随兼容性的增加而提高降低。

求企业 1 的产品价格关于溢出系数的一阶偏导数可得，$\frac{\partial P_1^*}{\partial \theta}=\frac{3N_0[9N_0r(1+2\theta)+(1-\theta)^2]}{[9N_0r-(1-\theta)^2]^2}>0$，因此，企业 1 的产品价格为溢出系数的严格递增函数，即企业 1 的产品价格随溢出效应的增加而提高。

由此可知，单个企业研发时，两个企业的产品价格均随网络外部性的增加而降低，随兼容性的增加而提高，研发企业的

产品价格则随溢出效应的增长而提高。推理6.1证毕。

推理6.1表明，当单个企业进行研发时，产品网络外部性的增加提高了市场份额对消费者效用的影响力，从而提高了市场份额在企业间竞争中的地位，增强了企业间的竞争强度，因此，产品价格会随网络外部性的增加而降低。而产品兼容性的增加则会因兼容产品市场份额能更大程度提高本产品的消费者效用，从而降低了企业间的竞争强度，因此，产品价格会随兼容性的增加而提高。随着成果溢出效应的增加，非研发企业因研发企业的研发成果带来的溢出效应而降低的单位生产成本更多，从而能更大幅度降低产品价格。因此，研发企业就难以通过降低产品价格来从非研发企业那里抢夺市场份额，提高企业利润，研发企业就不会与非研发企业展开过度价格竞争，这时，研发企业的产品价格就会随溢出效应的增加而提高。

推理6.2 当单个企业研发时，研发企业的产品市场份额随网络外部性的增加而提高，随兼容性和溢出效应的增长而降低；非研发企业则相反。

证明：求企业1的产品市场份额关于网络外部性系数、兼容性系数以及溢出系数的一阶偏导数可得，

$$\frac{\partial q_1^*}{\partial \alpha}=\frac{9r(1-\beta)(1-\theta)^2}{2[9N_0r-(1-\theta)^2]^2}>0,$$

$$\frac{\partial q_1^*}{\partial \beta}=-\frac{9\alpha r(1-\theta)^2}{2[9N_0r-(1-\theta)^2]^2}<0,$$

$$\frac{\partial q_1^*}{\partial \theta}=-\frac{9N_0r(1-\theta)}{2[9N_0r-(1-\theta)^2]^2}<0,$$

因此，企业1的产品市场份额是网络外部性系数的严格递增函数，是兼容性系数和溢出系数的严格递减函数，即市场份额随网络外部性增加而提高，随兼容性和溢出效应的增长而降低。

求企业2的产品市场份额关于网络外部性系数、兼容性系数以及溢出系数的一阶偏导数可得，

$$\frac{\partial q_2^*}{\partial \alpha} = -\frac{9r(1-\beta)(1-\theta)^2}{2[9N_0r-(1-\theta)^2]^2} < 0,$$

$$\frac{\partial q_2^*}{\partial \beta} = \frac{9\alpha r(1-\theta)^2}{2[9N_0r-(1-\theta)^2]^2} > 0,$$

$$\frac{\partial q_2^*}{\partial \theta} = \frac{9N_0r(1-\theta)}{[9N_0r-(1-\theta)^2]^2} > 0。$$

因此，企业2的产品市场份额是网络外部性的严格递减函数，是兼容性和溢出系数的严格递增函数，即市场份额随网络外部性增加而降低，随兼容性和溢出效应的增长而提高。推理6.2证毕。

推理6.2表明，当单个企业进行研发时，由于研发企业降低的生产成本更多，于是就能够更大幅度降低产品价格，获得更多的市场份额，因此，当网络外部性增加时，购买该企业产品的消费者所获效用增加更多，从而吸引了更多消费者，其产品市场份额就随网络外部性的增加而提高。而非研发企业由于产品价格高于研发企业，市场份额低于研发企业，从而导致网络外部性提高时消费者购买该产品所增加效用低于研发企业的消费者。因此，就会有部分消费者转向购买研发企业的产品，其市场份额就随网络外部性的提高而降低。

随着兼容性的增加，由于研发企业的市场份额高于非研发企业，因此非研发企业的消费者从研发企业市场份额中所增加的效用高于研发企业消费者从非研发企业市场份额中所增加的效用，于是就会有部分研发企业的消费者转向购买非研发企业的产品，即，随着兼容性的增加，研发企业市场份额降低，非研发企业市场份额提高。

当溢出效应增加时，非研发企业因研发企业的研发成果所

降低的单位生产成本更多，从而能更大幅度地降低产品价格，因此，非研发企业的产品市场份额就会随溢出效应的增加而提高，研发企业的产品市场份额则随溢出效应的增加而减少。

结论 6.2　当单个企业研发时，研发企业始终倾向于低溢出效应，若 $9N_0r-2(1-\theta)^2>0$，研发企业倾向于低网络外部性和高兼容性，反之则倾向于高网络外部性和低兼容性；非研发企业则始终倾向于低网络外部性、高兼容性和高溢出效应。

证明：分别求企业 1 的均衡利润对网络外部性系数、兼容性系数和溢出系数的一阶偏导数可得，

$$\frac{\partial \pi_1^*}{\partial \alpha}=-\frac{9N_0r(1-\beta)[9N_0r-2(1-\theta)^2]}{2[9N_0r-(1-\theta)^2]^2},$$

$$\frac{\partial \pi_1^*}{\partial \beta}=\frac{9N_0\alpha r[9N_0r-2(1-\theta)^2]}{2[9N_0r-(1-\theta)^2]^2},$$

$$\frac{\partial \pi_1^*}{\partial \theta}=-\frac{9rN_0^2(1-\theta)}{[9N_0r-(1-\theta)^2]^2}<0,$$

由此可知，企业 1 的均衡利润为溢出系数的严格递减函数，即均衡利润随溢出效应的增加而减少，因此，研发企业始终倾向于低溢出效应。当 $9N_0r-2(1-\theta)^2>0$ 时，$\frac{\partial \pi_1^*}{\partial \alpha}<0$，$\frac{\partial \pi_1^*}{\partial \beta}>0$，由此可知，企业 1 的均衡利润为网络外部性系数的严格递减函数，兼容性系数的严格递增函数，即均衡利润随网络外部性的增加而减少，随兼容性的增加而提高，因此，研发企业在 $9N_0r-2(1-\theta)^2>0$ 时倾向于低网络外部性和高兼容性。反之，$\frac{\partial \pi_1^*}{\partial \alpha}>0$，$\frac{\partial \pi_1^*}{\partial \beta}<0$，研发企业倾向于高网络外部性和低兼容性。

求企业 2 的单位产品净利润关于网络外部性系数、兼容性

系数和溢出系数的一阶偏导数可得，

$$\frac{\partial\ (P_2^* + \theta x_1^* - C_0)}{\partial\ \alpha} = -\ (1-\beta)\ \{1 + \frac{(1-\theta)^4}{[9N_0 r - (1-\theta)^2]^2}\}\ <0,$$

$$\frac{\partial\ (P_2^* + \theta x_1^* - C_0)}{\partial\ \beta} = \alpha + \frac{\alpha\ (1-\theta)^4}{[9N_0 r - (1-\theta)^2]^2} > 0,$$

$$\frac{\partial\ (P_2^* + \theta x_1^* - C_0)}{\partial\ \theta} = \frac{18rN_0^2\ (1-\theta)}{[9N_0 r - (1-\theta)^2]^2} > 0.$$

因此，企业 2 的均衡利润关于网络外部性系数、兼容性系数和溢出系数的一阶偏导数分别为，

$$\frac{\partial\ \pi_2^*}{\partial\ \alpha} = \frac{\partial\ (P_2^* + \theta x_1^* - C_0)}{\partial\ \alpha} q_2^* + \frac{\partial\ q_2^*}{\partial\ \alpha}\ (P_2^* + \theta x_1^* - C_0)\ <0,$$

$$\frac{\partial\ \pi_2^*}{\partial\ \beta} = \frac{\partial\ (P_2^* + \theta x_1^* - C_0)}{\partial\ \beta} q_2^* + \frac{\partial\ q_2^*}{\partial\ \beta}\ (P_2^* + \theta x_1^* - C_0)\ >0,$$

$$\frac{\partial\ \pi_2^*}{\partial\ \theta} = \frac{\partial\ (P_2^* + \theta x_1^* - C_0)}{\partial\ \theta} q_2^* + \frac{\partial\ q_2^*}{\partial\ \theta}\ (P_2^* + \theta x_1^* - C_0)\ >0,$$

由此可知，企业 2 的均衡利润为网络外部性系数的严格递减函数，兼容性系数和溢出系数的严格递增函数，即企业 2 的均衡利润随着网络外部性的增加而减少，随着兼容性和溢出效应的增加而提高，因此，非研发企业倾向于低网络外部性，高兼容性和高溢出效应。结论 6. 2 证毕。

结论 6. 2 表明：

（1）随着网络外部性的增加，市场份额在消费者效用中所占比例提高，对消费者购买决策的影响更大，企业间为争夺市场份额而展开的竞争就越激烈，非研发企业由于单位生产成本和产品售价高，必然会有部分消费者转向购买研发企业的产品，这就导致非研发企业的市场份额降低，企业利润减少，因此，非研发企业始终倾向于低网络外部性。

而研发企业虽然可以通过研发投入来降低单位生产成本和产品价格，从而提高产品的市场份额，但是，当高网络外部性

导致的市场竞争强度过高时，企业利润也可能因产品价格下降过多或研发投入过多而减少。由条件 $9N_0r-2(1-\theta)^2>0$ 可知：

①当研发难度 $r>\frac{2(1-\theta)^2}{9N_0}$ 时，$9N_0r-2(1-\theta)^2>0$，研发企业倾向于低网络外部性。即，创新难度 r 越大，研发企业的利润就越可能随网络外部性的增加而减少，研发企业就越倾向于低网络外部性。这主要是因为创新难度越大，企业投入相同研发资源所能降低的生产成本和产品价格就越少，所增加的市场份额和企业利润就越低，而网络外部性的增加又提高了市场份额在企业利润中的地位，因此，研发企业利润就越可能随网络外部性的增加而减少。

②当溢出系数 $\theta>1-\sqrt{\frac{9rN_0}{2}}$ 时，$9N_0r-2(1-\theta)^2>0$，研发企业倾向于低网络外部性。即，投资溢出系数 θ 越大，研发企业的利润就越可能随网络外部性的增加而减少，研发企业就越倾向于低网络外部性。这主要是因为投资溢出系数越大，研发企业的研发成果所降低的非研发企业单位生产成本和产品价格就越多，这就导致研发企业的市场份额损失越大，而网络外部性的增加又会进一步加大市场份额的损失，因此研发企业的利润就越可能随溢出效应的增加而减少。

③当消费者的单位其他成本 $c>\frac{2(1-\theta)^2}{9r}+\alpha(1-\beta)$，网络外部性系数 $\alpha<\frac{9cr-2(1-\theta)^2}{9r(1-\beta)}$ 或兼容性系数 $\beta>1-\frac{9cr-2(1-\theta)^2}{9\alpha r}$ 时，$9N_0r-2(1-\theta)^2>0$，研发企业倾向于低网络外部性。即消费者的单位其他成本 c 或兼容性系数 β 越大，或网络外部性系数 α 越小，研发企业的利润就越可能随网络外

部性的增加而减少，研发企业就越倾向于低网络外部性。这主要是因为，当消费者的单位其他成本 c 越大时，消费者就越难以改变消费决策，而高网络外部性导致企业间的竞争强度加大，企业就只得更大幅度地降低产品价格或增加研发投入来争夺市场份额，结果导致研发企业利润的降低。这就使得消费者的单位其他成本 c 越大时，研发企业的利润就越可能随网络外部性的增加而减少。而兼容性和网络外部性越大时，研发企业的市场份额带给非研发企业消费者的效用越大，而且大于非研发企业的市场份额带给研发企业消费者的效用。这时，研发企业要从非研发企业那里争夺市场份额所付出的成本就越高，利润就越可能随网络外部性的增加而减少。网络外部性越小时，研发企业的市场份额带给消费者的效用越低，研发企业因生产成本和产品价格低所带来的市场份额高的优势就越不明显，随着高网络外部性导致企业间的竞争强度加大，企业就只能更大幅度地降低产品价格或加大研发投入，这就导致研发企业利润降低。因此，网络外部性越小时，研发企业的利润就越可能随网络外部性的增加而减少。

（2）随着企业间兼容性的增加，市场份额在企业间竞争中的地位降低，因此，企业就不必为了争夺市场份额进行过度价格竞争，企业的利润就可能提高。同时，随着兼容性的增加，非研发企业消费者从研发企业的市场份额中所获效用更大，购买非研发企业产品的消费者越多，其市场份额和利润越大，因此，非研发企业始终倾向于高兼容性。

研发企业的研发投入使其具有了单位生产成本和价格优势，拥有了高于非研发企业的市场份额，给研发企业带来了更多的利润。但是，高于非研发企业的市场份额也具有其负面效应，那就是，研发企业市场份额带给非研发企业消费者的效用高于非研发企业市场份额带给研发企业消费者的效用。随着兼容性的增大，效用之差也变大，研发企业的部分消费者就越有可能转而购买非研发企业的产品，研发企业的市场份额和利润就越有可能降低。高兼容性导致低市场竞争的正效应高于导致研发企业市场份额流失的负效应时，研发企业的利润就会提高，反之则会降低。由条件 $9N_0r-2(1-\theta)^2>0$ 可知：

①当研发难度 $r>\frac{2(1-\theta)^2}{9N_0}$ 或溢出系数 $\theta>1-\sqrt{\frac{9rN_0}{2}}$ 时，$9N_0r-2(1-\theta)^2>0$，研发企业倾向于高兼容性。即，研发难度 r 越大，投资溢出系数 θ 越大，研发企业的利润就越可能随兼容性的增加而提高，研发企业就越倾向于高兼容性。这主要是因为研发难度 r 越大或投资溢出系数 θ 越大时，研发企业因进行研发投入所具有的单位生产成本和产品价格优势就越小，就越不愿意与非研发企业展开过度价格竞争。这时，高兼容性导致低市场竞争的正效应更大，研发企业的利润就会随兼容性的增大而提高。因此，研发企业就越倾向于高兼容性。

②当消费者的单位其他成本 $c>\frac{2(1-\theta)^2}{9r}+\alpha(1-\beta)$，网络外部性系数 $\alpha<\frac{9cr-2(1-\theta)^2}{9r(1-\beta)}$ 或兼容性系数 $\beta>1-\frac{9cr-2(1-\theta)^2}{9\alpha r}$ 时，$9N_0r-2(1-\theta)^2>0$，研发企业倾向于高兼容性。即，消费者的单位其他成本 c 和兼容性系数 β 越大，网络外部性系数 α 越小，研发企业的利润就越可能随兼容性的增加而提高，研发企业就越倾向于高兼容性。同理，消费者单位其他成本的增大，提高了消费者的转换成本，兼容性的变大则提高了研发企业市场份额带给非研发企业消费者的效用，网络外部性的变小则降低了研发企业市场份额带给本企业消费者的效用，以上这些影响都降低了研发企业的单位生产成本、产品

价格和市场份额优势，增大了高兼容性所导致低市场竞争的正效应，使得研发企业的利润随兼容性的增大而提高。因此，研发企业就越倾向于高兼容性。

（3）随着溢出效应的增加，研发企业的研发投入所降低的非研发企业单位生产成本更多，增加非研发企业的市场份额更大，带给非研发企业的收益更大，而研发企业遭受的损失也更大。即，非研发企业的利润随溢出效应的增加而提高，研发企业则相反，因此，研发企业倾向于低溢出效应，非研发企业则倾向于高溢出效应。

结论 6.3 单个企业研发时，网络外部性会增加企业研发投入，而兼容性和溢出效应则会降低企业研发投入。

证明：分别求企业 1 均衡时的研发投入关于网络外部性系数、兼容性系数和溢出系数的一阶偏导数可得，$\frac{\partial I_1^*}{\partial \alpha}=\frac{9N_0r(1-\beta)(1-\theta)^4}{[9N_0r-(1-\theta)^2]^3}>0$，$\frac{\partial I_1^*}{\partial \beta}=-\frac{9N_0r\alpha(1-\theta)^4}{[9N_0r-(1-\theta)^2]^3}<0$，$\frac{\partial I_1^*}{\partial \theta}=-\frac{9rN_0^2(1-\theta)[9N_0r+(1-\theta)^2]}{[9N_0r-(1-\theta)^2]^2}<0$，由此可知，企业 1 均衡时的研发投入为网络外部性系数的严格递增函数，为兼容性系数和溢出系数的严格递减函数，即，随着网络外部性的增强，企业会增加研发投入，随着兼容性或溢出效应的增强，企业则会降低研发投入。因此，单个企业研发时，网络外部性会增加企业研发投入，而兼容性和溢出效应则会降低企业研发投入。结论 6.3 证毕。

结论 6.3 表明，网络外部性越强，产品市场份额对消费者产品的选择和企业利润的影响越大。若能大幅降低生产成本，就可以更多地降低产品售价，从而提高产品市场份额和企业利润，而产品市场份额的增加又会通过网络外部性产生产品价格、市场份额和消费者效用间的正反馈效应，提高消费者的网络效用和净效用，以进一步增加企业的市场份额，甚至获得市场垄断地位，从而获得更高的利润。因此，随着网络外部性的增强，研发企业就会不断提高其研发投入。而兼容性则会提高研发企业市场份额带给非研发企业消费者的效用，提高非研发企业更多的收益，于是降低了市场份额在企业间竞争中的地位，以及企业间的竞争强度，从而削弱了研发企业通过研发降低生产成本来提高产品市场份额的动力。因此，随着兼容性的提高，研发企业就会降低其研发投入。随着溢出效应的增加，研发企业的研发成果带给非研发企业的收益更大，同时给研发企业带来相应的损失也更大，这就削弱了研发企业的研发动力，降低了其研发投入。因此，随着投资溢出效应的提高，研发企业就会降低其研发投入。

6.4.2 两个企业同时研发

通过对两个企业同时研发前后的均衡解分析，可以得出结论如下：

结论 6.4 两个企业不自愿同时进行研发投资，但双方均会被迫同时进行研发投资。

证明：将（6.31）式减去（6.8）式可得两个企业同时研发后的企业 i（i = 1，2）利润与研发前的企业 i 利润之差为 $\pi_i^{**} - \tilde{\pi}_i = -\frac{(1-\theta)^2}{18r} < 0$，由此可知，若两个企业同时进行研发投入，则两个企业的利润都将减少，且减少量为$\frac{(1-\theta)^2}{18r}$。因此，两个企业不会自愿同时进行研发投资。

但是，由结论 6.1 可知，若有一个企业进行研发，则研发企业的利润将因研发投入得到增加，而非研发企业的利润则会被降低，这时，双方就陷入了“囚徒困境”之中，即双方都希望只有自己进行研发投入，而对方不进行研发投资，最终的结果却是双方被迫进行研发。

由此可知，两个企业不会自愿同时进行研发投资，但双方会被迫同时进行研发投资。结论 6.4 证毕。

结论 6.4 表明，由于研发前两个企业就已经占领了整个产品市场，因此若同时进行研发，双方均不能通过降低生产成本和产品售价来提高市场份额，那么，进行研发就只会给企业带来额外的成本，必然降低企业利润，企业就不会自愿进行研发投资。但是，若两个企业无法就双方均不进行研发达成可执行的协议，并形成可置信的威胁，促使双方严格执行协议不进行研发投入，则双方就会陷入“囚徒困境”之中，必然都会在自利行为的驱使下，为了增加自身利润而打破双方均不研发的约定进行研发投资。因此，若政府想促使企业进行研发投资，则应该设法阻止企业达成不进行研发的协议，或对研发企业进行补贴（如按研发投入的一定比例进行补贴或按产品价格的一定比例对每个售出的产品进行补贴），以提高其收益，激励其放弃协议进行研发。

结论 6.5 当两个企业同时研发时，双方均倾向于高兼容性，高溢出效应，以及低网络外部性。

证明：分别求企业 i（i=1，2）的均衡利润关于网络外部性系数，兼容性系数，以及溢出系数的一阶偏导数可得 $\frac{\partial \pi_i^*}{\partial \alpha} = -\frac{1-\beta}{2} < 0$，$\frac{\partial \pi_i^*}{\partial \beta} = \frac{\alpha}{2} > 0$，$\frac{\partial \pi_i^*}{\partial \theta} = \frac{1-\theta}{9r} > 0$，因此，企业 i 的均衡利润为网络外部性系数的严格递减函数，为兼容性系数和溢出系数的严格递增函数，即双方的均衡利润随着网络外部性的提高而降低，而随着兼容性和溢出效应的提高而增加。于是，当两个企业同时研发时，双方均倾向于高兼容性、高溢出效应，以及低网络外部性。结论 6.5 证毕。

结论 6.5 表明，高兼容性和低网络外部性会降低企业间的市场竞争强度，而高溢出效应则会使企业无偿降低更大幅度的单位生产成本。因此，高兼容性，高溢出效应，以及低网络外部性都会提高企业利润，企业就会更倾向于高兼容性，高溢出效应和低网络外部性。

结论 6.6 当两个企业同时研发时，企业研发投入随溢出效应的增加而减少，而与网络外部性和兼容性无关。

证明：分别求企业 i（i = 1，2）的研发投入关于网络外部性系数，兼容性系数，以及溢出系数的一阶偏导数可得 $\frac{\partial I_i^*}{\partial \alpha}=0$，$\frac{\partial I_i^*}{\partial \beta}=0$，$\frac{\partial I_i^*}{\partial \theta}=-\frac{1-\theta}{9r}<0$. 由此可知，企业研发投入为溢出系数的严格递减函数，与网络外部性系数和兼容性系数相独立，即研发投入随溢出效应的增加而减少，与网络外部性和兼容性无关。因此，当两个企业同时研发时，企业研发投入随溢出效应的增加而减少，而与网络外部性和兼容性无关。结论 6.6 证毕。

结论 6.6 表明，溢出效应越大，企业因对方研发成果而降低的单位生产成本越多，这时，高溢出效应所产生的负效应就越明显，会从两个方面导致企业减少研发投入。首先，企业从降低溢出效应带给竞争对手利益的角度出发减少自己的研发投入；其次，高溢出效应提高了竞争对手的研发成果所降低的企业单位生产成本，企业从降低成本的角度出发也会减少研发投入。因此，溢出效应越大，企业的研发投入就越低。

结论 6.7 当两个企业同时研发时，产品价格会随兼容性和溢出效应的增加而提高，而随网络外部性的增加而降低。

证明：分别求企业 i（i = 1，2）的产品价格关于网络外部性系数，兼容性系数，以及溢出系数的一阶偏导数可得$\frac{\partial P_i^*}{\partial \alpha}=\beta-1<0$，$\frac{\partial P_i^*}{\partial \beta}=\alpha>0$，$\frac{\partial P_i^*}{\partial \theta}=\frac{2\theta^2}{3r}>0$，因此，企业 i 的产品价格为网络外部性系数的严格递减函数，为兼容性系数和溢出系数的严格递增函数，即企业 i 的产品价格会随着网络外部性的提高而降低，而随着兼容性和溢出效应的提高而增加。结论 6.7 证毕。

结论 6.7 表明，随着兼容性的增加或网络外部性的降低，市场份额在企业竞争中的地位下降，企业间的市场竞争强度减弱，企业就不必为了争夺市场份额而展开过度价格竞争。因此，企业就会提高产品价格从而增加利润。而随着溢出效应的增加，企业会减少其研发投入，企业生产成本的降低幅度也会缩小，因此，企业的产品价格就会提高。

6.5 仿真算例研究

研发系统的所有参数如下：消费者的基本效用 $u=20$，消费者的单位其他成本 $c=10$，网络外部性系数 $\alpha=0.6$，产品兼容性系数 $\beta=0.4$；企业 i（$i=1, 2$）的研发前单位生产成本 $C_0=26$，研发难度 $r=0.1$，溢出系数 $\theta=0.4$。消费者购买产品 1 所获净效用 $U_1=20-P_1-10\gamma+0.6q_1+0.24q_2$，购买产品 2 所获净效用 $U_2=20-P_2-10(1-\gamma)+0.6q_2+0.24q_1$；仅企业 1 进行研发时，企业 1 的研发后单位生产成本 $C_1=26-x_1$，企业 2 的研发后单位生产成本 $C_2=26-0.4x_1$；两个企业同时研发时，企业 1 的研发后单位生产成本 $C_1=26-x_1-0.4x_2$，企业 2 的研发后单位生产成本 $C_2=26-x_2-0.4x_1$；企业 i 的研发投入

$I_i = 0.05x_i^2$。

求解可得研发前、单个企业（即企业1）研发后以及两个企业同时研发后的均衡解如表6.1所示。而企业1和企业2在不同研发策略下的利润矩阵则如图6.1所示。

表6.1　　　　　不同研发情况下的均衡解

	企业1研发投入	企业2研发投入	企业1产品价格	企业2产品价格	企业1市场份额	企业2市场份额	企业1利润	企业2利润
研发前	0	0	35.64	35.64	0.5	0.5	4.82	4.82
企业1研发	0.22	0	33.97	34.39	0.52	0.48	5.03	4.41
同时研发	0.20	0.20	32.84	32.84	0.5	0.5	4.62	4.62

		企业2	
		研发	不研发
企业1	研发	4.62，4.62	5.03，4.41
	不研发	4.41，5.03	4.82，4.82

图6.1　不同研发策略的企业利润

由表6.1可以看出，单个企业研发时，即仅企业1研发，企业1通过研发投资降低了单位生产成本和产品价格，因此获得了更多的市场份额，提高了企业利润。虽然企业2因研发投资溢出而降低了单位生产成本和产品价格，但还是因产品价格高于企业1而损失了部分市场份额和企业利润。

两个企业同时研发时，由于双方的产品价格下降，但市场份额却保持不变，因此，双方的利润都减少了。

由图6.1可以发现企业1和企业2的最优均衡为（不研发，不研发），即双方都选择“不研发”。但是，无论竞争对手的研发策略是什么，企业选择研发所获利润都高于选择“不研发”，即企业的占优策略为“研发”。因此，（研发，研发）是企业研发博弈的占优纳什均衡，即双方陷入了“囚徒困境”之中，最终双方都进行研发投资。

本章以下部分将对研发联盟的主要参数进行灵敏度分析(如图6.2所示)，研究这些参数变化对企业研发投入、产品价格，市场份额，以及企业利润等的影响。由于通过以上分析可知，两个企业都会进行研发投资，因此，此处只分析主要参数变化对两个企业同时研发时的均衡解产生的影响。

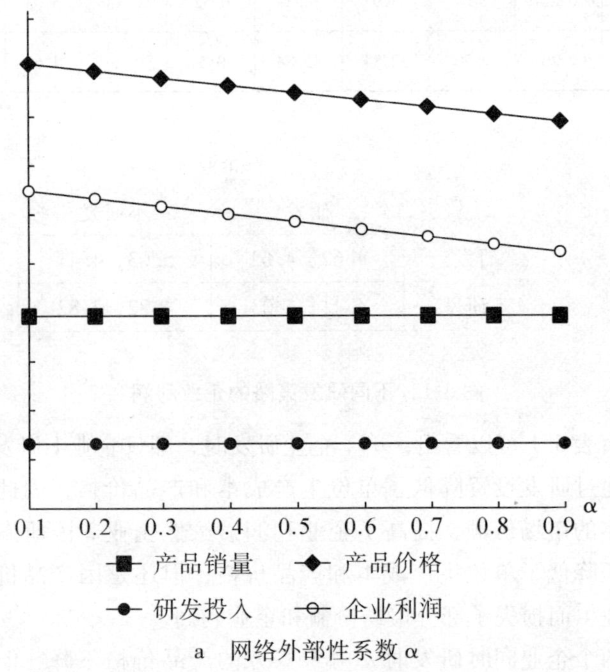

a　网络外部性系数 α

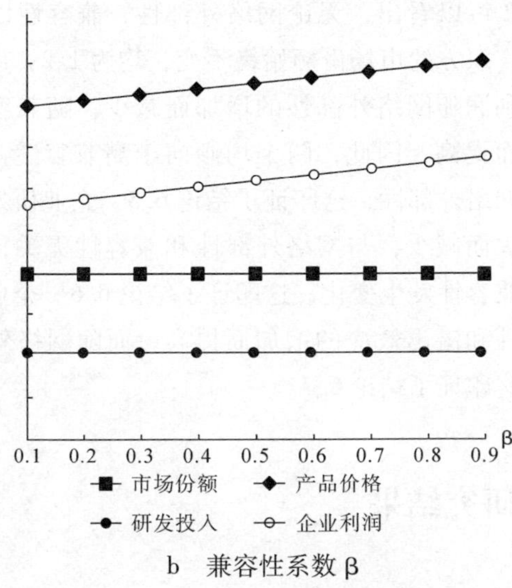

b　兼容性系数 β

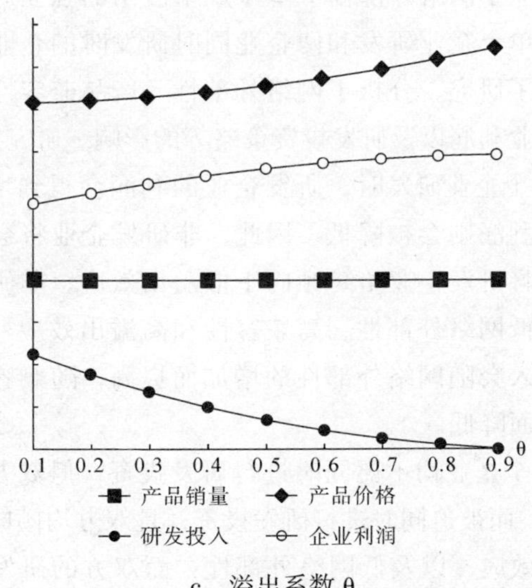

c　溢出系数 θ

图 6.2　主要参数对均衡解的影响

由图6.2可以看出，无论网络外部性，兼容性以及溢出效应如何变化，双方的市场份额始终不变，均为1/2，即双方平分市场。企业利润随网络外部性的增加而减少，随兼容性和溢出效应的增加而提高，因此，两个均倾向于高兼容性，高溢出效应，以及低网络外部性，这印证了结论6.5。企业研发投入随溢出效应的增大而减少，与网络外部性和兼容性无关，即不随网络外部性和兼容性发生变化，这印证了结论6.6。企业的产品价格则随兼容性和溢出效应的增加而提高，而随网络外部性的增加而降低，这印证了结论6.7。

6.6 研究结果

本章建立了网络外部性下基于成果溢出的独立研发博弈模型，分别对单个企业研发和两企业同时研发时的企业研发动机和行为进行了研究，分析了网络外部性、产品兼容性以及成果溢出等对企业利润以及研发投资策略等的影响。研究发现：

（1）单个企业研发时，研发企业的利润会得到增加，而非研发企业的利润则会被降低，因此，非研发企业将会被迫进行研发投资；且研发企业始终倾向于低溢出效应，非研发企业则始终倾向于低网络外部性、高兼容性和高溢出效应。而研发企业的研发投入会随网络外部性的增加而提高，随兼容性和溢出效应的增加而降低。

（2）两个企业均不愿同时进行研发投资，但双方会因陷入“囚徒困境”而被迫同时进行研发投资；且双方均倾向于高兼容性，高溢出效应，以及低网络外部性；而双方的研发投入都随溢出效应的增加而减少，与网络外部性和兼容性无关。

因此，可以得出一个基本结论，即网络外部性能增加企业研发投入和降低产品价格。许多事实都证明了这一结论，在增加研发投入方面，如2005年英国贸工部发布的“全球企业研发排行榜”指出全球“软件和计算机服务”产业的研发投入强度为10.7%，属于研发投入较大的产业。网络巨头微软、IBM、英特尔2006年的研发投入都超过了50亿美元，微软为其新的操作系统Vista投入了超过30亿美元的研发费用。在降低产品价格方面，如2006年英特尔与AMD在双核到多核的创新产品竞争中展开残酷的价格战。在国内移动通信市场中，移动与联通的价格战也越演越烈。

通过对兼容性的影响的研究可以得出一个启示，就是选择合适的兼容性策略对企业在技术竞争中能否胜出至关重要。一个经典的例子便是微软文字处理软件Word在中国市场的成功。当时并存的两类创新软件技术是微软的Word和金山的WPS，Word刚进入中国市场选择了与当时国内文字市场领先者WPS兼容的策略，双方协议通过自己软件的中间层RTF格式来互相读取对方的文件，微软的这一举措大大削弱了WPS原有的大产品网络优势，并逐步从对手手中抢占市场份额，使Word软件技术最终成为中国市场最“流行”的软件。而在Word获得了足够大的创新优势后，便毫不犹豫地抹去了Word与WPS之间的兼容功能，大大加强了Word已获得的市场和品牌优势，对WPS构成了致命打击。

本章研究的最大启示就是，若两个企业无法就双方均不进行研发达成可执行的协议，并形成可置信的威胁，促使双方严格执行协议不进行研发投入，则双方就会陷入“囚徒困境”之中，必然都会在自利行为的驱使下，为了增加自身利润而打破双方均不研发的约定进行研发投资。因此，政府若想促使企业进行研发投资或加大研发投入，则应该设法阻止企业达成不进行研发的协议，或对研发企业进行补贴（如按研发投入的一定比例进行补贴或按产品价格的一定比例对每个售出的产品进行补贴)，以提高其收益，激励其放弃协议进行研发，同时，设法降低研发投资溢出效应，以此提高企业的研发投资。

7　网络外部性下基于成果溢出的行业内横向合作研发行为

7.1　研发背景

国内外学者对网络外部性下的企业研发动机和策略进行了研究。如李克克和陈宏民（2007a，2007b）研究了网络外部性特征产业中具有不对称网络规模的寡头市场条件下，潜在技术主导厂商的研发决策和创新动机，以及在位厂商如何利用安置基础和学习成本的壁垒效应对创新厂商的进入进行遏制。Saaskilahti（2006）则研究发现网络外部性条件下，当溢出效应较低时，领导企业会投入更多的研发资源。杨勇和达庆利（2007）研究了正网络外部性条件下成本不对称企业的技术创新投资决策问题，研究表明，均衡的结果依赖于成本不对称程度和网络外部性的共同作用。Kim（2000）研究了技术创新、消费者预期与企业兼容性选择的关系，研究发现，生产高质量产品的企业偏好不兼容，生产低质量产品的企业则偏好兼容。Kristiansen（1996）研究发现，与社会最优相比，在位者会选择风险过高的研发项目，而进入者则会选择风险过低研发项目。但以上文献研究的均是企业独立研发时的投资策略，事实上，由于合作研发具有分担成本和风险，将溢出效应“内生化”等优势，越来越多的企业采用合作的形式进行研发（孟卫东等，2009；Huang et al. 2008）。近年来，一些学者开始对网络外部性和溢出效应条件下的企业合作研发行为进行研究。如文守逊和郑存丽（2009）运用两阶段博弈模型，研究了网络外部性条件下双寡头企业的研发合作策略。该研究忽略了产品兼容性的影响，但现实情况以及现有研究表明，兼容性通常与网络外部性并存，是企业研发策略的主要影响因素之一。因此，在分析企业合作研发动机时，应考虑兼容性的影响。

基于此，本章建立网络外部性和兼容性下基于成果溢出效应的合作研发博弈模型，对企业的合作研发动机和投资策略进行研究，并分析网络外部性、产品兼容性以及成果溢出效应等对企业的合作研发动机、研发投资策略、企业利润以及社会福利的影响，找出不同环境下的企业最优合作研发投资策略。为企业合作研发策略以及政府相关科技政策的制定提供理论支持。

7.2 行业内企业间合作研发特征

在具有网络外部性和兼容性的产品市场上有两个寡头企业（即企业 1 和企业 2）展开竞争，不考虑网络外部性时的产品反需求函数为 $P = P_0 - a_0 (q_1 + q_2)$，其中，$q_i$（$i = 1, 2$）为企业 i 的产品产量（即产品销量）。由于存在网络外部性和兼容性，消费者可以从产品的网络规模（即本产品的消费者数量和兼容产品的消费者数量，本章考虑一位消费者最多购买一个产品，因此，产品消费者数量即为产品销量）中获得一定的网络效用，包括自身网络效用和可兼容网络效用。假定消费者具有理性预期（Katz，Shapiro，1985），则消费者购买产品 1 的自身网络效

用为 αq_1，可兼容网络效用为 $\alpha\beta q_2$，购买产品 2 的自身网络效用为 αq_2，可兼容网络效用为 $\alpha\beta q_1$。其中，α 为网络外部性强度系数，$0<\alpha<1$，β 为兼容性系数，$0<\beta<1$。因此，在网络外部性和兼容性环境下，产品 1 的反需求函数为 $P_1=P_0-a_0q+\alpha(q_1+\beta q_2)$，产品 2 的反需求函数为 $P_2=P_0-a_0q+\alpha(q_2+\beta q_1)$。所有产品的消费者剩余为 $CS=\sum_{i=1}^{2}\frac{(P_0-P_i)q_i}{2}$。

现两企业计划进行降低单位生产成本的研发活动。由于研发活动具有的公共品特性，企业的研发成果并不能完全为其自身所用，其竞争对手也能通过各种手段（如反求工程等）从其研发成果中获益，降低它们的单位生产成本，即存在研发成果溢出现象。为了分担研发成本，将成果溢出效应内生化并形成协同优势，双方决定结成研发联盟进行合作研发。由于成果溢出效应的存在，企业的部分研发成果会为合作伙伴所用，降低合作伙伴的生产成本，即，当企业 1 和企业 2 分别取得 x_1 和 x_2 的研发成果时，双方的研发成果都会给对方带来额外的研发成果，且企业 1 额外增加研发成果为 θx_2，企业 2 额外增加研发成果 θx_1。其中，θ 为溢出系数，$0<\theta<1$，即企业 i 每取得 1 个单位的研发成果，其合作伙伴将因溢出效应而额外获得研发成果 θ。研发后企业 1 的单位生产成本为 $C_1=C_0-x_1-\theta x_2$，企业 2 的单位生产成本为 $C_2=C_0-x_2-\theta x_1$。其中，C_0 为企业 1 和企业 2 的研发前单位生产成本。企业 i（i = 1，2）的研发投入 I_i 为其研发成果的二次函数，即 $I_i=\frac{\gamma}{2}x_i^2$。其中，$\gamma$ 为研发难度，即 γ 越大，研发难度越高，降低一定的单位生产成本所需的研发投入越大。

7.3 行业内企业间合作研发模型

企业1和企业2在产品市场和研发活动上进行的是两阶段博弈。第一阶段为合作研发博弈，企业在这一阶段主要是以双方总利润最大化为目标决定各自的研发投入水平。第二阶段为产品市场上的古诺博弈，企业在这一阶段主要是以自身利润最大化为目标决定产品产量。本章将采用逆向归纳法求解企业在两阶段的均衡策略。

7.3.1 研发前

研发前，企业 i（i=1，2）的利润为：

$$\pi_i=(P_i-C_i)q_i,\ i=1,\ 2 \tag{7.1}$$

求解$\frac{\partial \pi_i}{\partial q_i}=0$（i=1，2）可得均衡时企业 i 的产品产量为：

$$q_i^*=\frac{P_0-C_0}{N_0},\ i=1,\ 2 \tag{7.2}$$

其中，$N_0=3a_0-\alpha(2+\beta)>0$。将（7.2）式代入反需求函数可得均衡时产品价格为：

$$P_i^*=\frac{a_0(P_0+2C_0)-\alpha(P_0+C_0+\beta C_0)}{N_0},\ i=1,\ 2 \tag{7.3}$$

将（7.2）和（7.3）式代入（7.1）式可得均衡时的企业利润为：

$$\pi_i^*=\frac{(a_0-\alpha)(P_0-C_0)^2}{N_0^2},\ i=1,\ 2 \tag{7.4}$$

由于 $\pi_i^*>0$，因此，$a_0-\alpha>0$。

由此可得，均衡时的消费者剩余为：

$$CS^* = \frac{(P_0 - C_0)^2 \ (N_0 - a_0 + \alpha)}{N_0^2} \tag{7.5}$$

均衡时的社会福利为：

$$\omega^* = \pi_1^* + \pi_2^* + CS^* = \frac{(P_0 - C_0)^2 \ (N_0 + a_0 - \alpha)}{N_0^2} \tag{7.6}$$

7.3.2 研发后

当企业进行合作研发时，企业 i（i=1，2）的利润为：

$$\pi_1 = [P_1 - (C_0 - x_1 - \theta x_2)] \ q_1 - \frac{\gamma}{2} x_1^2 \tag{7.7}$$

$$\pi_2 = [P_2 - (C_0 - x_2 - \theta x_1)] \ q_2 - \frac{\gamma}{2} x_2^2 \tag{7.8}$$

求解$\frac{\partial \ \pi_i}{\partial \ q_i}=0$（i=1，2）可得均衡时的产品产量为：

$$q_1 = \frac{P_0 - C_0}{N_0} + \frac{a_0[(2-\theta) \ x_1 - (1-2\theta) \ x_2] - \alpha[(2-\beta\theta) \ x_1 - (\beta - 2\theta) \ x_2]}{N_0[a_0 - \alpha \ (2-\beta)]} \tag{7.9}$$

$$q_2 = \frac{P_0 - C_0}{N_0} + \frac{a_0[(2-\theta) \ x_2 - (1-2\theta) \ x_1] - \alpha[(2-\beta\theta) \ x_2 - (\beta - 2\theta) \ x_1]}{N_0[a_0 - \alpha \ (2-\beta)]} \tag{7.10}$$

在合作研发阶段，双方以总利润最大化为目标决定各自的研发成果，将（7.9）和（7.10）式分别代入（7.7）和（7.8）式并求解$\frac{\partial \ \sum\pi_i}{\partial \ x_i}=0$，可得企业的最优研发成果为：

$$x_i^{**} = \frac{2 \ (P_0 - C_0) \ (a_0 - \alpha) \ (1+\theta)}{N_0^2\gamma - 2N_1}, \ i=1, \ 2 \tag{7.11}$$

其中，$N_1 = (a_0 - \alpha) \ (1+\theta)^2 > 0$，由于 $x_i^{**} > 0$，因此$N_0^2\gamma - 2N_1 > 0$。

将（7.11）式分别代入反需求函数，以及（7.7）~

(7.10) 式可得均衡时企业 i (i = 1, 2) 的研发投入、产品价格、产品产量和利润分别为:

$$I_i^{**} = \frac{2\gamma N_1 (P_0 - C_0)^2 (a_0 - \alpha)}{(N_0^2\gamma - 2N_1)^2}, \ i = 1, 2 \tag{7.12}$$

$$P_i^{**} = \frac{[(a_0 - \alpha) N_0\gamma - 2N_1] P_0 + [2a_0 - \alpha(1+\beta)] N_0\gamma C_0}{N_0^2\gamma - 2N_1}, \ i = 1, 2 \tag{7.13}$$

$$q_i^{**} = \frac{(P_0 - C_0) N_0\gamma}{N_0^2\gamma - 2N_1}, \ i = 1, 2 \tag{7.14}$$

$$\pi_i^{**} = \frac{(P_0 - C_0)^2 (a_0 - \alpha) \gamma}{N_0^2\gamma - 2N_1}, \ i = 1, 2 \tag{7.15}$$

由此可得，均衡时的消费者剩余为:

$$CS^{*} = \frac{[2a_0 - \alpha(1+\beta)] (P_0 - C_0)^2 N_0^2\gamma^2}{(N_0^2\gamma - 2N_1)^2} \tag{7.16}$$

均衡时的社会福利为:

$$\omega^{**} = \frac{(P_0 - C_0)^2\gamma \{[4a_0 - \alpha(3+\beta)] N_0^2\gamma - 4(a_0 - \alpha) N_1\}}{(N_0^2\gamma - 2N_1)^2} \tag{7.17}$$

7.4 企业合作研发决策

通过对企业合作研发前后的均衡解分析，可以得出结论如下。

结论 7.1 在网络外部性和成果溢出环境下，两个企业均愿意进行合作研发。

证明：将 (7.15) 式减去 (7.4) 式可得即研发后的企业利润与研发前的企业利润之差为

$$\pi_i^{**} - \pi_i^* = \frac{2(P_0 - C_0)^2 (a_0 - \alpha) N_1}{N_0^2 (N_0^2\gamma - 2N_1)} > 0, \ i = 1, 2,$$

即企业通过合作研发提高了双方利润。因此，在网络外部性和成果溢出环境下，两个企业均愿意进行合作研发。结论 7.1 证毕。

结论 7.1 表明，在网络外部性和成果溢出环境下，若两个企业进行合作研发，双方均可以通过研发投入来降低生产成本和产品售价，从而提高市场份额和企业利润，因此企业就均愿意进行合作研发。

结论 7.2　在网络外部性和投资溢出环境下，若两个企业进行合作研发，社会福利将得到提高。

证明：将（7.17）式减去（7.6）式可得即研发后的社会福利与研发前的社会福利之差为

$$\omega^{**} - \omega^* = \frac{4N_1 (P_0 - C_0)^2 [N_0^3\gamma - N_1 (N_0 + a_0 - \alpha)]}{N_0^2 (N_0^2\gamma - 2N_1)},$$

由于无法判断 $N_0^3\gamma - N_1(N_0 + a_0 - \alpha)$ 的正负，因此，将社会福利分拆为企业利润和消费者剩余分别进行比较。

由结论 7.1 可知，

$$\pi_i^{**} - \pi_i^* = \frac{2(P_0 - C_0)^2 (a_0 - \alpha) N_1}{N_0^2 (N_0^2\gamma - 2N_1)} > 0, \ i = 1, 2,$$

即通过双方的合作研发，企业的利润均得到了提高。

将（7.14）式减去（7.2）式可得即研发后的产品产量与研发前的产品产量之差为 $q_i^{**} - q_i^* = \frac{2N_1 (P_0 - C_0)}{N_0 (N_0^2\gamma - 2N_1)} > 0, \ i = 1, 2$，即合作研发后的产品产量高于合作研发前的产品产量。

将（7.13）式减去（7.3）式可得即研发后的产品价格与研发前的产品价格之差为

$$P_i^{**}-P_i^{*}=-\frac{2N_1(P_0-C_0)[2a_0-\alpha(1+\beta)]}{N_0(N_0^2\gamma-2N_1)}<0,\ i=1,2,$$

即合作研发后的产品价格低于合作研发前的产品价格。

由于消费者剩余为 $CS=\frac{(P_0-P_i)\sum q_i}{2}$，而研发后的产品产量高于研发前的产品产量，研发后的产品价格则低于研发前产品价格，因此，研发后的消费者剩余大于研发前消费者剩余。

由于通过合作研发，企业利润和消费者剩余均得到了提高，因此，在网络外部性和投资溢出环境下，若两个企业进行合作研发，社会福利将得到提高。结论 7.2 证毕。

结论 7.2 表明，在网络外部性和投资溢出环境下，企业通过合作研发，可以降低生产成本和产品售价，从而提高产品市场产量和销量，以及企业利润。而消费者也从产品售价的降低中获利，消费者剩余得到了提高，社会福利也因此得到了增加。

结论 7.3 在网络外部性和成果溢出环境下，若企业进行合作研发，双方均倾向于高兼容性和高溢出效应性，当 $(a_0-\alpha)(1+2\beta)-\alpha(1-\beta)>0$ 时，双方均倾向于高网络外部性，否则，双方均倾向于低网络外部性。

证明：分别求合作研发后企业 i（i=1，2）的均衡利润对兼容性系数和溢出系数的一阶偏导数可得

$$\frac{\partial \pi_i^{**}}{\partial \beta}=\frac{2\alpha N_0\gamma^2(a_0-\alpha)(P_0-C_0)^2}{(N_0^2\gamma-2N_1)^2}>0,$$

$$\frac{\partial \pi_i^{**}}{\partial \theta}=\frac{4\gamma(1+\theta)(P_0-C_0)^2(a_0-\alpha)^2}{(N_0^2\gamma-2N_1)^2}>0,\ i=1,2。$$

由此可知，企业 i 的均衡利润为兼容性系数和溢出系数的严格递增函数，即企业均衡利润随兼容性和溢出效应的提高而增加。因此，双方均倾向于高兼容性和高溢出效应性。

求企业 i（i=1，2）的均衡利润对网络外部性系数的一阶

偏导数可得

$$\frac{\partial \pi_i^{**}}{\partial \alpha}=\frac{N_0\gamma^2(P_0-C_0)^2[(a_0-\alpha)(1+2\beta)-\alpha(1-\beta)]}{(N_0^2-N_1)^2},\ i=1,\ 2,$$

由此可知，当 $(a_0-\alpha)(1+2\beta)-\alpha(1-\beta)>0$ 时，$\frac{\partial \pi_i^{**}}{\partial \alpha}>0$，企业 i 的均衡利润为网络外部性系数的严格递增函数，即企业 i 的均衡利润随网络外部性的提高而增加，双方均倾向于高网络外部性；当 $(a_0-\alpha)(1+2\beta)-\alpha(1-\beta)<0$ 时，$\frac{\partial \pi_i^{**}}{\partial \alpha}<0$，企业 i 的均衡利润为网络外部性系数的严格递减函数，即企业 i 的均衡利润随网络外部性的提高而减少，双方均会倾向于低网络外部性。

由此可得，在网络外部性和成果溢出环境下，若企业进行合作研发，双方均倾向于高兼容性和高溢出效应，若 $(a_0-\alpha)(1+2\beta)-\alpha(1-\beta)>0$，双方均倾向于高网络外部性，否则，双方均倾向于低网络外部性。结论 7.3 证毕。

结论 7.3 表明：

（1）当产品兼容性较高时，消费者购买本企业产品所获效用也能从竞争对手市场份额的提高中得到较大的增长（主要是可兼容网络效用得到增长），这时，产品的市场份额对消费者的购买决策的影响力减弱，从而降低了市场份额在企业竞争中的地位，以及企业间的市场竞争强度，企业利润也就得以提高。因此，企业就会更倾向于高兼容性。

（2）当成果溢出效应较高时，企业能从合作伙伴的研发成果中获得更多的收益，降低更大幅度的单位生产成本，即，在企业投入相同研发资源，取得相同研发成果的情况下，可以因合作伙伴的研发成果而降低更大幅度的单位生产成本和产品售价，企业的产品销量和利润也因此得到更大幅度的提高。所以，企业更倾向于高溢出效应。

（3）由条件（$a_0-\alpha$）（$1+2\beta$）$-\alpha$（$1-\beta$）>0 可以看出，当 $a_0>\frac{\alpha(2+\beta)}{1+2\beta}$时，该条件成立，即，$a_0$ 越大，该条件就越可能成立，企业就越倾向于高网络外部性。这主要是因为，当 a_0 较大时，企业降低相同的产品价格所增加的产品销量低于 a_0 较小时所增加的销量，所以企业必然希望通过增大网络外部性来提高消费者购买产品所获得的网络效用，从而提高产品销量对消费者效用的正向作用力，增强产品价格、网络外部性以及市场份额间的正反馈效应（即产品价格的降低提高了产品销量和市场份额，市场份额的增加则通过高网络外部性可以更大程度地提高消费者效用，就会反过来刺激消费者对产品产生更多的需求，增加更多的产品销量和市场份额，从而更大程度地提高企业利润）。因此，a_0 越大，企业就越倾向于高网络外部性。

（4）由条件（$a_0-\alpha$）（$1+2\beta$）$-\alpha$（$1-\beta$）>0 可以看出，当 $\alpha<\frac{a_0(1+2\beta)}{2+\beta}$时，该条件成立，即，网络外部性系数 α 越小，该条件就越可能得到满足，企业就越倾向于高网络外部性。这主要是因为，当网络外部性较小时，企业就期望通过增大网络外部性来增强价格、网络外部性以及市场份额间的正反馈效应，从而更大程度地提高企业产品销量和利润。但随着网络外部性越来越大，其负效应也会越来越明显，即，网络外部性的增加，导致产品市场份额在消费者效用中的地位上升，对消费者购买决策的影响力增加，产品市场份额在企业竞争中的地位就更加重要，这时，高网络外部性就会提高企业间的市场竞争强度，导致企业为了争夺市场份额而展开过度竞争。当 $\alpha>$

$\frac{a_0(1+2\beta)}{2+\beta}$时，网络外部性导致的负效应大于其产生的正反馈效应，网络外部性的增加就会降低企业的利润。因此，当网络外部性较小时，企业更倾向于高网络外部性，但当网络外部性过大时，企业则更倾向于低网络外部性。

(5) 由条件 $(a_0-\alpha)(1+2\beta)-\alpha(1-\beta)>0$ 可以看出，当 $\beta>\frac{2\alpha-a_0}{2a_0-\alpha}$ 时，该条件成立，即，兼容性系数β越大，该条件就越可能得到满足，企业就越倾向于高网络外部性。这主要是因为，兼容性越大，本企业消费者从联盟合作伙伴市场份额的提高中所增加的效用越大，尤其是随着网络外部性的增加，这种现象就更加显著，企业产品价格、网络外部性以及市场份额间的正反馈效应也越大。因此，兼容性越大，企业利润就越可能随网络外部性的提高而增加，企业也就越倾向于高网络外部性。

结论 7.4　在网络外部性和成果溢出环境下，若企业进行合作研发，企业的研发投入随兼容性和溢出效应的提高而增加，当 $(a_0-\alpha)(1+2\beta)-\alpha(1-\beta)>0$ 时，企业的研发投入会随网络外部性的提高而增加，否则，将随网络外部性的提高而减少。

证明：分别求企业 i $(i=1, 2)$ 均衡时的研发投入关于兼容性系数和溢出系数的一阶偏导数可得

$$\frac{\partial I_i^{**}}{\partial \beta}=\frac{8\alpha N_0\gamma^2 N_1^2(P_0-C_0)^2}{(1+\theta)^2(N_0^2\gamma-2N_1)^3}>0,$$

$$\frac{\partial I_i^{**}}{\partial \theta}=\frac{4\gamma N_1^2(N_0^2\gamma+2N_1)(P_0-C_0)^2}{(N_0^2\gamma-2N_1)^3(1+\theta)^3}>0,\ i=1,\ 2。$$

由此可知，企业 i 的研发投入为兼容性系数和溢出系数的严格递增函数。因此，企业研发投入随兼容性和成果溢出效应的

提高而增加。

求企业 i（i=1，2）均衡时的研发投入关于网络外部性系数的一阶偏导数可得

$$\frac{\partial I_i^{**}}{\partial \alpha}=\frac{4N_0N_1\gamma^2(P_0-C_0)^2[(a_0-\alpha)(1+2\beta)-\alpha(1-\beta)]}{(N_0^2\gamma-2N_1)^3}，i=1，2。$$

由此可知，当 $(a_0-\alpha)(1+2\beta)-\alpha(1-\beta)>0$ 时，$\frac{\partial I_i^{**}}{\partial \alpha}>0$ 企业 i 的研发投入为网络外部性系数的严格递增函数。因此，企业研发投入随网络外部性的提高而增加；否则，$\frac{\partial I_i^{**}}{\partial \alpha}<0$，企业 i 的研发投入为网络外部性系数的严格递减函数，企业研发投入随网络外部性的提高而减少。

由此可知，在网络外部性和成果溢出环境下，若企业进行合作研发，企业的研发投入随兼容性和溢出效应的提高而增加，若 $(a_0-\alpha)(1+2\beta)-\alpha(1-\beta)>0$，企业研发投入随网络外部性的提高而增加，否则，随网络外部性的提高而减少。结论 7.4 证毕。

结论 7.4 表明：

（1）随着兼容性的提高，本企业消费者的网络效用就会随着对方企业的市场份额增加中得到更大的提高，从而刺激了消费者对本企业产品的需求，增加了企业的利润，由于双方是结成研发联盟进行合作研发，在研发阶段是以双方总利润最大化为目标进行研发投入决策。因此，兼容性的增加，提高了本企业从对方企业市场份额的增加中所获收益，也就提高了研发联盟从所有联盟企业市场份额的增加中所获收益，从而增强了企业的研发动机，激励企业投入更多资源进行合作研发以降低生产成本和产品售价，提高产品市场份额和联盟总利润。因此，兼容性越高，企业研发投入越多。

(2) 当企业结成研发联盟进行合作研发时，实现了成果溢出效应的“内生化”。这时，随着成果溢出效应的变大，企业投入相同的研发资源，降低相同的单位生产成本，因溢出效应而使合作伙伴降低的单位生产成本和产品售价更多，从而提高了合作伙伴和研发联盟的产品市场份额和利润。由于双方在研发投资决策阶段是以研发联盟的总利润最大化为决策目标，因此，联盟企业就会随成果溢出效应的提高而增加研发投入。

(3) 由条件$(a_0-\alpha)^2(2+\beta)^2-a_0(1+\beta)^2>0$可以看出，$a_0$越大，该条件就越可能成立，企业就越会随着网络外部性的提高而增加研发投入。这主要是因为，当a_0较大时，企业降低相同的产品价格所增加的产品销量低于a_0较小时所增加的销量，而网络外部性的提高又会增强产品市场份额对消费者购买决策的影响力，提高市场份额在企业竞争中的地位以及企业间的竞争强度，促使企业投入比在a_0较小时更多的研发资源来更大程度地降低生产成本和产品售价，提高产品销量和市场份额，从而增加企业利润。因此，a_0越大，企业就越会随着网络外部性的提高而增加研发投入。

(4) 由条件$(a_0-\alpha)^2(2+\beta)^2-a_0(1+\beta)^2>0$可以看出，当网络外部性系数$\alpha$越小，该条件就越可能成立，企业就越会随着网络外部性的提高而增加研发投入。这主要是因为，网络外部性的提高增强了企业间的市场竞争强度，促使企业增加研发投入来提高产品销量和市场份额，最终增加企业利润。因此，当网络外部性较小时，企业会随着网络外部性的变大而增加研发投入。但当网络外部性过高时，高网络外部性所增强的价格、网络外部性和市场份额间正反馈效应就会导致企业稍微降低一点产品售价即能较大幅度地增加产品销量和市场份额，这时，企业就不必通过大量增加研发投入来大幅降低产品售价，企业的研发投入意愿和动机被削弱。因此，当网络外部性过大时，企业反而会随着网络外部性的变大逐渐减少其研发投入。

(5) 由条件$(a_0-\alpha)^2(2+\beta)^2-a_0(1+\beta)^2>0$可以看出，当兼容性系数β越小时，该条件就越可能得到满足，企业就越会随着网络外部性的提高而增加研发投入。这主要是因为，低兼容性在一定程度上抵消了高网络外部性增强价格、网络外部性和市场份额间的正反馈效应所导致企业稍微降低一点产品售价即能较大幅增加产品销量和市场份额的效应。这时，高网络外部性导致高市场竞争强度的效应就更明显，企业就会为了争夺市场份额而增加研发投入来更大程度地降低单位生产成本和产品售价，因此，当兼容性系数β越小时，企业就越会随着网络外部性的提高而增加研发投入。

结论 7.5　在网络外部性和成果溢出环境下，若企业进行合作研发，社会福利将随兼容性和溢出效应的提高而增加，当$(a_0-\alpha)(1+2\beta)-\alpha(1-\beta)>0$时，社会福利将随网络外部性的提高而增加。

证明：分别求社会福利关于兼容性系数和溢出系数的一阶偏导数可得

$$\frac{\partial\omega^{**}}{\partial\beta}=\frac{\alpha N_0\gamma^2(P_0-C_0)^2\{N_0^2[5a_0-\alpha(4+\beta)]+6N_1(a_0-\alpha\beta)\}}{(N_0^2\gamma-2N_1)^3}>0,$$

$$\frac{\partial\omega^{**}}{\partial\theta}=\frac{8N_1(P_0-C_0)^2[N_0^3\gamma-2N_1(a_0-\alpha)]}{(1+\theta)(N_0^2\gamma-2N_1)^3},$$

由$a_0>\alpha>\alpha\beta$可得$N_0>a_0-\alpha$。此外，由于$N_0^2\gamma>2N_1$，因此可得$N_0^3\gamma-2N_1(a_0-\alpha)>0$，即，$\frac{\partial\omega^{**}}{\partial\theta}>0$。由此可知，社会福利为兼容性系数和溢出系数的严格递增函数，因此，社会福利随兼容性和溢出效应的提高而增加。

求社会福利关于网络外部性系数的一阶偏导数可得：

$$\frac{\partial\omega^{**}}{\partial\alpha}=\frac{N_0\gamma^2(P_0-C_0)^2\{N_2(N_0^2\gamma-2N_1)+N_3[(a_0-\alpha)(1+2\beta)-\alpha(1-\beta)]\}}{(N_0^2\gamma-2N_1)^3},$$

其中，$N_2=(7+5\beta)(a_0-\alpha)+\alpha(1-\beta^2)>0$，$N_3=4(1+\theta)^2[2a_0-\alpha(1+\beta)]>0$，当 $(a_0-\alpha)(1+2\beta)-\alpha(1-\beta)>0$ 时，社会福利为网络外部性系数的严格递增函数，因此，社会福利随网络外部性的提高而增加。

由此可知，在网络外部性和成果溢出环境下，若企业进行合作研发，社会福利将随兼容性和溢出效应的提高而增加，当 $(a_0-\alpha)(1+2\beta)-\alpha(1-\beta)>0$ 时，社会福利将随网络外部性的提高而增加。结论 7.5 证毕。

结论 7.5 表明：由于随着兼容性提高，市场份额的增加能更大幅度地提高联盟利润，激励企业投入更多研发资源来更大幅度地降低企业单位生产成本和产品售价，提高联盟市场份额和利润；而溢出效应的提高使得联盟企业投入相同研发资源，获得相同研发成果的情况下，能够更大幅度地降低企业单位生产成本和产品售价，提高联盟市场份额和利润。因此，随着兼容性和溢出效应的提高，企业就会投入更多研发资源，其利润也得到增加。而且，由于研发投入增加，产品售价降低更多，产品销量更大，消费者剩余也就更大。所以，社会福利将随着兼容性和溢出效应的提高而增加。

由条件 $(a_0-\alpha)(1+2\beta)-\alpha(1-\beta)>0$ 可以看出，当 $a_0>\frac{\alpha(2+\beta)}{1+2\beta}$，$\alpha<\frac{a_0(1+2\beta)}{2+\beta}$，或 $\beta>\frac{2\alpha-a_0}{2a_0-\alpha}$ 时，该条件成立。即，a_0 越大，网络外部性系数 α 越小，或兼容性系数 β 越大时，该条件越可能得到满足，社会福利就越会随着网络外部性的提高而增加。对其主要原因的解释可参见结论 7.3 和结论 7.4 的解释。

7.5 仿真算例研究

研发联盟的参数如下：$P_0=100$，$a_0=2$，网络外部性系数 $\alpha=0.6$，产品兼容性系数 $\beta=0.4$，成果溢出系数 $\theta=0.5$，研发难度 $r=5$，企业 i（$i=1$，2）的研发前单位生产成本 $C_0=27$。网络外部性和兼容性环境下，产品 1 的反需求函数为 $P_1=100-2q+0.6(q_1+0.4q_2)$，产品 2 的反需求函数为 $P_2=100-2q+0.6(q_2+0.4q_1)$；投资溢出环境下，企业 1 的研发后单位生产成本为 $C_1=27-x_1-0.5x_2$，企业 2 的研发后单位生产成本为 $C_2=27-x_2-0.5x_1$。企业 i（$i=1$，2）的研发投入为 $I_i=2.5x_i^2$。

求解可得研发前后的联盟均衡解如表 7.1 所示。

表 7.1　研发前后的联盟均衡解

	研发投入	产品售价	产品产量	企业利润	社会福利
研发前	-	49.41	16	358.79	1527.43
研发后	24.65	46.15	17	381.94	1681.57

由表 7.1 可以看出，通过合作研发，企业降低了生产成本，因此可以通过将产品售价由 49.41 降低为 46.15，来将产品产量由 16 提高到 17，从而将企业利润由 358.79 提高到 381.94，增幅达 6.45%，社会福利则从 1527.43 提高到 1681.37，增幅高达 10.08%。

接下来，本章将对系统主要参数进行灵敏度分析，研究这些参数变化对企业研发、生产策略，企业利润以及社会福利的影响，如图 7.1 所示。

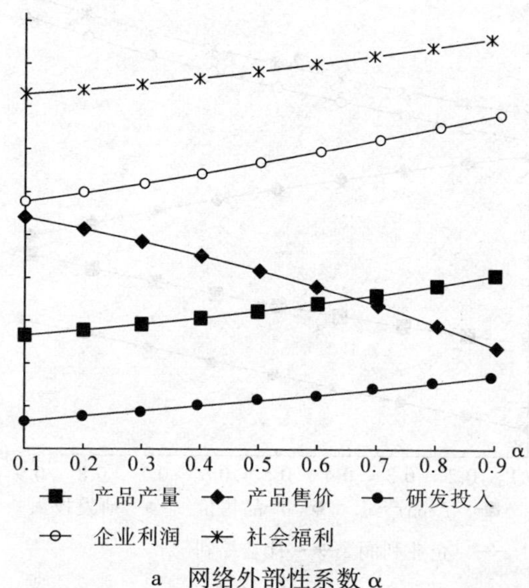

a 网络外部性系数 α

b 兼容性系数 β

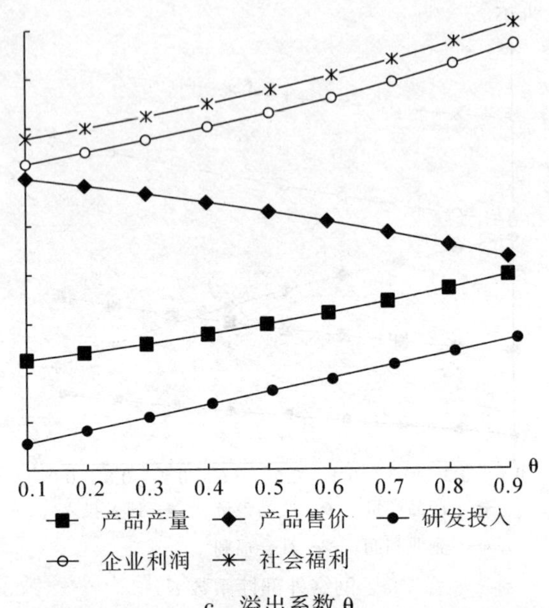

c　溢出系数θ

图1　主要参数对企业策略、利润及社会福利的影响

由图7.1可以看出，$N_2 \in [3.05, 16.87] > 0$，因此，正如论文得出的分析结论所指出，随着网络外部性和溢出效应的增强，企业的研发投入、产品销量、企业利润以及社会福利均逐步提高，而产品售价则不断降低。随着兼容性的增强，企业的研发投入、产品销量和售价、企业利润以及社会福利均越来越大。

7.6　研究结果

本章建立了网络外部性条件下基于成果溢出效应的双寡头合作研发博弈模型，对企业合作研发的动机及投资策略进行了研究，并分析了网络外部性、产品兼容性以及投资溢出等对企业合作研发策略、利润以及社会福利等的影响。研究表明：

（1）合作研发不但能提高企业利润，而且可以增加消费者剩余和社会福利，因此，企业愿意进行合作研发，政府也应鼓励企业进行合作研发。

（2）高兼容性和高溢出效应性能提高企业研发投入，利润以及社会福利，因此企业更愿意生产高兼容性的产品，且更偏好高溢出效应性的环境。当产品兼容性较大或外部性较小时，企业的合作研发投入、企业利润以及社会福利均随网络外部性的提高而增加。因此，政府应鼓励企业生产网络外部性较高、兼容性强的产品，并多采用反求工程等技术，以增强成果溢出效应，激励企业投入更多研发资源，提高企业利润和社会福利。

8 网络外部性下基于成果溢出的供应链纵向合作研发行为

8.1 研发背景

考虑在具有网络外部性的产品市场中，消费者除了能从购买产品中获得基本效用之外，还能获得一定的与产品网络规模相关的网络效用；企业的创新成果因其具有的外部性特征，创新企业以外的其他企业可以通过反求工程等手段，从其创新成果中获益。即，企业创新成果不仅将降低自身的单位产品生产成本，还会降低供应链其他企业的单位产品生产成本，建立了基于网络外部性、成果溢出的供应链纵向合作创新博弈模型，研究供应链上下游企业在不合作、半合作及完全合作三种合作创新模式下的创新策略，分析网络外部性、成果溢出以及合作模式对企业创新策略的影响，并提出按投入比例分配的利润分配机制，并确定了该机制下的中间产品转移价格和双方利润，以促进供应链上下游企业采用完全合作模式，并为存在网络外部性和成果溢出环境下的供应链上下游企业制定纵向合作创新策略提供决策借鉴。

8.2 供应链纵向合作研发特征

在一个由一家上游企业以及一家下游企业所构成的供应链中，上游企业向下游企业提供中间产品，下游企业则将一个单位的中间产品组装生产成一个单位的最终产品，并将最终产品销售给消费者，最终产品具有网络外部性，且其潜在需求为一固定常数。

由于存在网络外部性，潜在消费者除了能从购买产品中获得基本效用之外，还能获得一定的与产品网络规模相关的网络效用，且潜在消费者将根据从购买产品所得的效用决定是否购买产品。

现上游企业和下游企业均计划进行降低单位产品生产成本的创新活动，且企业的创新成果因其具有的外部性特征，存在着成果溢出效应，创新企业以外的其他企业可以通过反求工程等手段，从其创新成果中获益。即，企业创新成果不仅将降低自身的单位产品生产成本，还会降低供应链其他企业的单位产品生产成本。

供应链上下游企业间在生产、定价及创新上的博弈过程如下：首先，是第一阶段在创新投入上的博弈；接着是第二阶段在最终产品价格和中间产品价格的博弈。根据两个阶段是否存在合作，可将博弈划分为三种形式，第一种是不合作，即在产品价格和创新投入上均不合作，即各自以自身利润最大化为目标决定各自的产品价格和创新投入；第二种是半合作，即在产品价格上不合作，但在创新投入上合作，即各自以自身利润最大化为目标决定各自的产品价格，但以最大化双方总利润为目标决定各自的创新投入；第三种是完全合作，即以双方总利润最大化为目标决定在各自的产品价格和创新投入（黄波，孟卫东，李宇雨，2008）。

8.3 供应链纵向合作研发模型

本章考虑生产具有网络外部性产品的供应链由一家上游企业（用 s 表示）和一家下游企业（用 b 表示）构成。上游企业以 C_{s0}的单位生产成本生产中间产品，并以 w 的转移价格将中间产品销售给下游企业，下游企业用一个单位的中间产品以 C_{b0}的单位生产成本生产一个单位的最终产品，并将最终产品以价格 P 销售给客户。最终产品的潜在需求为固定常数 D。

假设每个潜在消费者最多购买一个最终产品，则，由于存在网络外部性，潜在消费者除了能从购买产品中获得基本效用 u 之外，还能获得一定的与产品网络规模（即产品用户数量，或产品销售量）相关的网络效用。假定潜在消费者具有理性预期（Katz，Shapiro，1985），则潜在消费者购买最终产品的网络效用为 αQ。其中，α 为网络外部性强度系数，且 $0<\alpha<1$，Q 为产品用户数量或销售量。因此，潜在消费者购买最终产品所获净效用为 $U=u-P+\alpha Q$，其中，潜在消费者的基本效用 u 服从［0，A］上的均匀分布。潜在消费者决定是否购买产品的标准是购买产品所得的净效用是否非负，若非负就购买，否则放弃购买。

现上游企业和下游企业均计划进行降低单位产品生产成本的创新活动，由于成果溢出效应的存在，企业的部分创新成果会为供应链其他企业所用，降低其生产成本。即，当上下游企业分别取得 x_s 和 x_b 的创新成果（即分别降低 x_s 和 x_b 的单位产品生产成本）时，双方的创新成果都会给对方带来额外的创新成果，额外降低对方的单位产品生产成本，且上游企业额外降低的单位产品生产成本为 $\beta_b x_b$，下游企业额外降低的单位产品生产成本为 $\beta_s x_s$。其中，β_s 和 β_b 分别为上下游企业创新成果溢出系数，$0<\beta_s$，$\beta_b<1$，即上游企业（或下游企业）每降低 1 个单位的单位产品生产成本，下游企业（或上游企业）将因溢出效应而额外获得降低单位产品生产成本 β_s（或 β_b）。因此，进行创新活动后上游企业的单位产品生产成本为 $C_s = C_{s0} - x_s - \beta_b x_b$。其中，$C_{s0}$ 为进行创新活动前的上游企业单位产品生产成本；下游企业的单位产品生产成本为 $C_b = C_{b0} - x_b - \beta_s x_s$，$C_{b0}$ 为进行创新活动前的下游企业单位产品生产成本。

企业 i（i=s，b）的创新投入为其创新成果 x_i 的二次函数，即 $I_i = \gamma_i \frac{x_i^2}{2}$。其中，$\gamma_i>0$ 表示创新难度，即 γ_i 越大，创新难度越大，要降低相同的单位产品生产成本所需创新投入越高。

最终产品潜在需求函数，潜在消费者效用函数，上下游企业的单位产品生产成本函数，企业创新投入函数等供应链生产及创新合作的所有参数均为上、下游所有企业的共同知识。

由此可得，上游企业的利润为：

$$\pi_s = [w - (C_{s0} - x_s - \beta_b x_b)] Q - \frac{\gamma_s x_s^2}{2} \tag{8.1}$$

下游企业的利润为：

$$\pi_b = \{P - w - [C_{b0} - x_b - \beta_s x_s]\} Q - \frac{\gamma_b x_b^2}{2} \tag{8.2}$$

消费者剩余（即，购买最终产品的消费者的总净效用）为：

$$C = \int_{\underline{u}}^{A} U du \tag{8.3}$$

其中，$\underline{u}$ 为购买最终产品净效用为 0 的消费者的基本效用。

8.4 供应链纵向合作研发决策

首先，潜在消费者根据购买产品所得的净效用是否非负做出购买抉择，若非负则购买，否则放弃购买，由此可得命题如下。

命题 8.1 所有潜在消费者中，愿意购买产品的消费者的比例为 $\theta=\frac{A-P}{A-\alpha D}$。

证明：由潜在消费者购买产品的抉择标准 $U=u-P+\alpha Q\geq 0$ 和产品销量 $Q=\theta D$ 可得，愿意购买产品的消费者的基本效用下限为 $\underline{u}=P-\alpha\theta D$，即基本效用 $u\in[\underline{u},\ A]$ 的消费者愿意购买最终产品，求解 $\theta=\frac{A-\underline{u}}{A}$ 可得愿意购买产品的消费者的比例为：

$$\theta=\frac{A-P}{A-\alpha D} \tag{8.4}$$

命题 8.1 证毕。

由命题 8.1 可得最终产品产量（即中间产品产量）为：

$$Q=\frac{A-P}{A-\alpha D}D \tag{8.5}$$

一般而言，最终产品价格不高于消费者的基本效用的最大值，即 $A>P$，且最终产品产量 $Q>0$，因此，$A>\alpha D$。

将（8.5）式分别代入（8.1）和（8.2）式，可得上下游企业利润分别为：

$$\pi_s=[w-(C_{s0}-x_s-\beta_b x_b)]\frac{A-P}{A-\alpha D}D-\frac{\gamma_s x_s^2}{2} \tag{8.6}$$

$$\pi_b = \{P - w - [C_{b0} - x_b - \beta_s x_s]\} \frac{A - P}{A - \alpha D} D - \frac{\gamma_b x_b^2}{2} \quad (8.7)$$

接着，供应链上下游企业间将在生产、定价及合作创新上展开两阶段博弈。第一阶段是在创新投入上的博弈；第二阶段是在最终产品价格和中间产品价格上进行的博弈。根据两个阶段是否存在着合作，可将博弈划分为三种形式，第一种是不合作（以上标 NC 表示），即在产品价格和创新投入上均不合作，即各自以自身利润最大化为目标决定各自的产品价格和创新投入；第二种是半合作（以上标 HC 表示），即在产品价格上不合作，但在创新投入上合作，即各自以自身利润最大化为目标决定各自的产品价格，但以最大化双方总利润为目标决定各自的创新投入；第三种是完全合作（以上标 TC 表示），即以双方总利润最大化为目标决定在各自的产品价格和创新投入。

下面运用逆向归纳法，分别讨论这三种情况下使企业利润最大的生产、定价及创新投资决策。

8.4.1 不合作

在该合作模式下，企业在生产和创新上均不合作。在第二阶段，首先由下游企业 b 决定产品价格 P，以最大化自身利润，求解$\frac{\partial \pi_b}{\partial P} = 0$，可得 π_b^{NC} 最大时的产品价格 $\tilde{P}^{NC}$为：

$$\tilde{P}^{NC} = \frac{A + C_{b0} + w - x_b - \beta_s x_s}{2} \quad (8.8)$$

将（8.8）式代入（8.5）式可得 π_b^{NC} 最大时的最终产品销量 $\tilde{Q}^{NC}$为：

$$\tilde{Q}^{NC} = \frac{(A - C_{b0} - w + x_b + \beta_s x_s) D}{2(A - \alpha D)} \quad (8.9)$$

（8.9）式为下游企业 b 的反应函数，即给定中间产品价格，下游企业的中间产品购买量。

由于最终产品潜在需求函数，潜在消费者效用函数，上下游企业的单位产品生产成本函数，企业创新投入函数等供应链生产及创新合作的所有参数均为上下游所有企业的共同知识。因此，上游企业知道下游企业的反应函数，就会根据下游企业的反应函数确定中间产品转移价格 w，以最大化自身利润，求解 $\frac{\partial \pi_s}{\partial w}=0$ 可得 π_s^{NC} 最大时的转移价格 $\tilde{w}^{NC}$ 为：

$$\tilde{w}^{NC}=\frac{A-C_{b0}+C_{s0}+x_b(1-\beta_s)-x_s(1-\beta_b)}{2} \tag{8.10}$$

在第一阶段，上下游企业各自以自身利润最大化为目标决定其创新成果 x_s 和 x_b，将（8.8），（8.9）和（8.10）式代入（8.6）和（8.7）式，并联立求解 $\frac{\partial \pi_s}{\partial x_s}=0$ 和 $\frac{\partial \pi_b}{\partial x_b}=0$ 可得上下游企业的最优创新成果 $\tilde{x}_s^{NC}$ 和 $\tilde{x}_b^{NC}$ 分别为：

$$\tilde{x}_s^{NC}=\frac{2(A-C_{b0}-C_{s0})(1+\beta_s)\gamma_b D}{8A\gamma_s\gamma_b-\{(1+\beta_b)^2\gamma_s+2\gamma_b[(1+\beta_s)^2+4\alpha\gamma_s]\}D} \tag{8.11}$$

$$\tilde{x}_b^{NC}=\frac{(A-C_{b0}-C_{s0})(1+\beta_b)\gamma_s D}{8A\gamma_s\gamma_b-\{(1+\beta_b)^2\gamma_s+2\gamma_b[(1+\beta_s)^2+4\alpha\gamma_s]\}D} \tag{8.12}$$

由于 $A>P$，最终产品价格应高于生产成本之和，即，$P>C_{b0}-C_{s0}$，因此，$A>C_{b0}-C_{s0}$。

不失一般性，令 $\lambda=A-C_{b0}-C_{s0}$，将上下游企业的最优创新成果 $\tilde{x}_s^{NC}$ 和 $\tilde{x}_b^{NC}$ 代入（8.3），（8.6），（8.7）和（8.8）式，以及社会福利函数可得最优产品价格 $\tilde{P}^{NC}$，上下游企业的最大利润 $\tilde{\pi}_i^{NC}$（i=s，b），最大消费者剩余 $\tilde{C}^{NC}$ 和最大社会福利 $\tilde{S}^{NC}$ 分

别为：

$$\tilde{P}^{NC}=\frac{2\ (A-\alpha D)\ (3A+C_{s0}+C_{b0})\ \gamma_s\gamma_b-\left[2\ (1+\beta_s)^2\gamma_b+(1+\beta_b)^2\gamma_s\right]\ AD}{8A\gamma_s\gamma_b-\left\{(1+\beta_b)^2\gamma_s+2\gamma_b\left[(1+\beta_s)^2+4\alpha\gamma_s\right]\right\}\ D} \tag{8.13}$$

$$\tilde{\pi}_s^{NC}=\frac{2\ \left\{4A\gamma_s-\left[(1+\beta_s)^2+4\alpha\gamma_s\right]\ D\right\}\ \lambda^2\gamma_s\gamma_b^2D}{\left\{8A\gamma_s\gamma_b-\left\{(1+\beta_b)^2\gamma_s+2\gamma_b\left[(1+\beta_s)^2+4\alpha\gamma_s\right]\right\}\ D\right\}^2} \tag{8.14}$$

$$\tilde{\pi}_b^{NC}=\frac{\left[8A\gamma_s-(1+8\alpha\gamma_s)\ D\right]\ \lambda^2\gamma_s^2\gamma_bD}{2\left\{8A\gamma_s\gamma_b-\left\{(1+\beta_b)^2\gamma_s+2\gamma_b\left[(1+\beta_s)^2+4\alpha\gamma_s\right]\right\}\ D\right\}^2} \tag{8.15}$$

$$\tilde{C}^{NC}=\frac{2A^2\lambda^2\gamma_s^2\gamma_b^2}{\left\{8A\gamma_s\gamma_b-\left\{(1+\beta_b)^2\gamma_s+2\gamma_b\left[(1+\beta_s)^2+4\alpha\gamma_s\right]\right\}\ D\right\}^2} \tag{8.16}$$

$$\tilde{S}^{NC}=\frac{\left\{(4A^2+24AD-6\alpha D^2)\ \gamma_s\gamma_b-\left[(1+\beta_s)^2\gamma_b+4\ (1+\beta_b)^2\gamma_s\right]\ D^2\right\}\ \lambda^2\gamma_s\gamma_b}{2\left\{8A\gamma_s\gamma_b-\left\{(1+\beta_b)^2\gamma_s+2\gamma_b\left[(1+\beta_s)^2+4\alpha\gamma_s\right]\right\}\ D\right\}^2} \tag{8.17}$$

8.4.2 半合作

在该合作模式下，供应链上下游企业在生产和定价上不合作，但在创新投资上进行合作。因此，在第二阶段，即最终产品价格和中间产品价格的博弈阶段，上下游企业的决策与不合作时的决策相同，即：

$$\tilde{P}^{HC}=\frac{A+C_{b0}+w-x_b-\beta_s x_s}{2} \tag{8.18}$$

$$\tilde{Q}^{HC}=\frac{(A-C_{b0}-w+x_b+\beta_s x_s)\ D}{2\ (A-\alpha D)} \tag{8.19}$$

$$\tilde{w}^{HC}=\frac{A-C_{b0}+C_{s0}+x_b\ (1-\beta_s)\ -x_s\ (1-\beta_b)}{2} \tag{8.20}$$

在第一阶段，上下游企业以双方总利润最大化为目标决定各自创新成果 x_s 和 x_b，将（8.18），（8.19）和（8.20）式分别代入（8.6）和（8.7）式，并联立求解 $\frac{\partial\ (\pi_s+\pi_b)}{\partial\ x_s}=0$ 和 $\frac{\partial\ (\pi_s+\pi_b)}{\partial\ x_b}=0$ 可得上下游企业的最优创新成果 $\tilde{x}_s^{HC}$ 和 $\tilde{x}_b^{HC}$ 分

别为：

$$\tilde{x}_s^{HC}=\frac{3\lambda(1+\beta_s)\gamma_b D}{8A\gamma_s\gamma_b-[3(1+\beta_b)^2\gamma_s+3(1+\beta_s)^2\gamma_b+8\alpha\gamma_s\gamma_b]D} \tag{8.21}$$

$$\tilde{x}_b^{HC}=\frac{3\lambda\gamma_s(1+\beta_b)D}{8A\gamma_s\gamma_b-[3(1+\beta_b)^2\gamma_s+3(1+\beta_s)^2\gamma_b+8\alpha\gamma_s\gamma_b]D} \tag{8.22}$$

将上下游企业的最优创新成果 $\tilde{x}_s^{HC}$ 和 $\tilde{x}_b^{HC}$ 代入（8.3），（8.6），（8.7）和（8.18）式，以及社会福利函数可得最优产品价格 $\tilde{P}^{HC}$，上下游企业最大利润 $\tilde{\pi}_i^{HC}$（i=s，b），最大消费者剩余 $\tilde{C}^{HC}$和最大社会福利 $\tilde{S}^{HC}$分别为：

$$\tilde{P}^{HC}=\frac{2(A-\alpha D)(3A+C_{s0}+C_{b0})\gamma_s\gamma_b-3[(1+\beta_s)^2\gamma_b+(1+\beta_b)^2\gamma_s]AD}{8A\gamma_s\gamma_b-[3(1+\beta_b)^2\gamma_s+3(1+\beta_s)^2\gamma_b+8\alpha\gamma_s\gamma_b]D} \tag{8.23}$$

$$\tilde{\pi}_s^{HC}=\frac{[16(A-\alpha D)\gamma_s-9(1+\beta_b)^2D]\lambda^2\gamma_s\gamma_b^2D}{2\{8A\gamma_s\gamma_b-[3(1+\beta_b)^2\gamma_s+3(1+\beta_s)^2\gamma_b+8\alpha\gamma_s\gamma_b]D\}^2} \tag{8.24}$$

$$\tilde{\pi}_b^{HC}=\frac{[8(A-\alpha D)\gamma_b-9(1+\beta_b)^2D]\lambda^2\gamma_s^2\gamma_b D}{2\{8A\gamma_s\gamma_b-[3(1+\beta_b)^2\gamma_s+3(1+\beta_s)^2\gamma_b+8\alpha\gamma_s\gamma_b]D\}^2} \tag{8.25}$$

$$\tilde{C}^{HC}=\frac{2A^2\lambda^2\gamma_s^2\gamma_b^2}{\{8A\gamma_s\gamma_b-[3(1+\beta_b)^2\gamma_s+3(1+\beta_s)^2\gamma_b+8\alpha\gamma_s\gamma_b]D\}^2} \tag{8.26}$$

$$\tilde{S}^{HC}=\frac{\{(4A^2+24AD-24\alpha D^2)\gamma_s\gamma_b-9[(1+\beta_b)^2\gamma_s+(1+\beta_s)^2\gamma_b]D^2\}\lambda^2\gamma_s\gamma_b}{2\{8A\gamma_s\gamma_b-[3(1+\beta_b)^2\gamma_s+3(1+\beta_s)^2\gamma_b+8\alpha\gamma_s\gamma_b]D\}^2} \tag{8.27}$$

8.4.3 完全合作

在完全合作模式下，供应链上下游企业在生产、定价和创新上均展开合作。在第二阶段，首先由上下游企业以最大化合作双方的总利润为目标，共同决定最终产品价格 P，求解

$\frac{\partial(\pi_s+\pi_b)}{\partial P}=0$ 可得，双方总利润最大化时的最终产品价格 $\tilde{P}^{TC}$ 为：

$$\tilde{P}^{TC}=\frac{A+C_{b0}+C_{s0}-(1+\beta_b)x_s-(1+\beta_s)x_b}{2} \tag{8.28}$$

将（8.28）式代入（8.5）式可得最优最终产品销量 $\tilde{Q}^{TC}$ 为：

$$\tilde{Q}^{TC}=\frac{[\lambda+(1+\beta_b)x_s+(1+\beta_s)x_b]D}{2(A-\alpha D)} \tag{8.29}$$

在第一阶段，上下游企业以双方总利润最大化为目标决定各自的创新成果 x_s 和 x_b，将（8.28）和（8.29）式代入（8.6）和（8.7）式，并联立求解 $\frac{\partial(\pi_s+\pi_b)}{\partial x_s}=0$ 和 $\frac{\partial(\pi_s+\pi_b)}{\partial x_b}=0$ 可得上下游企业的最优创新成果 $\tilde{x}_s^{TC}$ 和 $\tilde{x}_b^{TC}$ 分别为：

$$\tilde{x}_s^{TC}=\frac{(1+\beta_s)\lambda\gamma_b D}{2A\gamma_s\gamma_b-[(1+\beta_b)^2\gamma_s+(1+\beta_s)^2\gamma_b+2\alpha\gamma_s\gamma_b]D} \tag{8.30}$$

$$\tilde{x}_b^{TC}=\frac{(1+\beta_b)\lambda\gamma_s D}{2A\gamma_s\gamma_b-[(1+\beta_b)^2\gamma_s+(1+\beta_s)^2\gamma_b+2\alpha\gamma_s\gamma_b]D} \tag{8.31}$$

将上下游企业的最优创新成果 $\tilde{x}_s^{TC}$ 和 $\tilde{x}_b^{TC}$ 代入（8.3），（8.6），（8.7）和（8.28）式，以及社会福利函数可得最优产品价格 $\tilde{P}^{TC}$，上下游企业最大总利润 $\tilde{\pi}_s^{TC}+\tilde{\pi}_b^{TC}$，最大消费者剩余 $\tilde{C}^{TC}$ 和最大社会福利 $\tilde{S}^{TC}$ 分别为：

$$\tilde{P}^{TC}=\frac{(A+C_{b0}+C_{s0})(A-\alpha D)\gamma_s\gamma_b-[(1+\beta_b)^2\gamma_s+(1+\beta_s)^2\gamma_b]AD}{2A\gamma_s\gamma_b-[(1+\beta_b)^2\gamma_s+(1+\beta_s)^2\gamma_b+2\alpha\gamma_s\gamma_b]D} \tag{8.32}$$

$$\tilde{\pi}_s^{TC}+\tilde{\pi}_b^{TC}=\frac{\lambda^2\gamma_s\gamma_b D}{2\{2A\gamma_s\gamma_b-[(1+\beta_b)^2\gamma_s+(1+\beta_s)^2\gamma_b+2\alpha\gamma_s\gamma_b]D\}} \quad (8.33)$$

$$\tilde{C}^{TC}=\frac{A^2\lambda^2\gamma_s^2\gamma_b^2}{2\{2A\gamma_s\gamma_b-[(1+\beta_b)^2\gamma_s+(1+\beta_s)^2\gamma_b+2\alpha\gamma_s\gamma_b]D\}^2} \quad (8.34)$$

$$\tilde{S}^{TC}=\frac{\{(A^2+2AD-2\alpha D^2)\gamma_s\gamma_b-[(1+\beta_b)^2\gamma_s+(1+\beta_s)^2\gamma_b]D^2\}\lambda^2\gamma_s\gamma_b}{2\{2A\gamma_s\gamma_b-[(1+\beta_b)^2\gamma_s+(1+\beta_s)^2\gamma_b+2\alpha\gamma_s\gamma_b]D\}^2} \quad (8.35)$$

8.5 不同环境下的合作决策

8.5.1 不同网络外部性的决策

通过对不合作、半合作以及完全合作等三种合作模式下最优解的分析，可以得出以下命题。

命题 8.2 在不合作模式下，企业 i（i = s，b）的最优创新成果 $\tilde{x}_i^{NC}$ 和创新投入 $\tilde{I}_i^{NC}$，企业最大利润 $\tilde{\pi}_i^{NC}$，最大消费者剩余 $\tilde{C}^{NC}$以及最大社会福利 $\tilde{S}^{NC}$ 均随网络外部性的增大而提高，而最优最终产品价格 $\tilde{P}^{NC}$，则随网络外部性的增大而降低。

证明：分别对不合作模式下的供应链上下游企业最优创新成果 $\tilde{x}_s^{NC}$ 和 $\tilde{x}_b^{NC}$ 求网络外部性系数 α 的一阶偏导数可得

$$\frac{\partial\ \tilde{x}_s^{NC}}{\partial\ \alpha}=\frac{16(1+\beta_s)\lambda\gamma_s\gamma_b^2D^2}{\{8A\gamma_s\gamma_b-[(1+\beta_b)^2\gamma_s+2(1+\beta_s)^2\gamma_b+8\alpha\gamma_s\gamma_b]D\}^2}>0 \text{ 和}$$

$$\frac{\partial\ \tilde{x}_b^{NC}}{\partial\ \alpha}=\frac{8(1+\beta_s)\lambda\gamma_s^2\gamma_b D^2}{\{8A\gamma_s\gamma_b-[(1+\beta_b)^2\gamma_s+2(1+\beta_s)^2\gamma_b+8\alpha\gamma_s\gamma_b]D\}^2}>0,$$

因此，上下游企业最优创新成果 $\tilde{x}_s^{NC}$ 和 $\tilde{x}_b^{NC}$ 均为网络外部性系数 α 的严格递增函数，即，上下游企业的最优创新成果均随网络外部性的增大而提高。

分别对不合作模式下的上下游企业最优创新投入 $\tilde{I}_s^{NC}$ 和 $\tilde{I}_b^{NC}$ 求网络外部性系数 α 的一阶偏导数可得：$\frac{\partial \tilde{I}_s^{NC}}{\partial \alpha}=\gamma_s \tilde{x}_s^{NC}\frac{\partial \tilde{x}_s^{NC}}{\partial \alpha}>0$ 和 $\frac{\partial \tilde{I}_b^{NC}}{\partial \alpha}=\gamma_b \tilde{x}_b^{NC}\frac{\partial \tilde{x}_b^{NC}}{\partial \alpha}>0$. 因此，上下游企业的最优创新投入 $\tilde{I}_s^{NC}$ 和 $\tilde{I}_b^{NC}$ 均为网络外部性系数 α 的严格递增函数。即，上游企业的最优创新投入和下游企业的最优创新投入均随网络外部性的增大而提高。

对不合作模式下的企业最优产品价格 $\tilde{P}^{NC}$ 求网络外部性系数 α 的一阶偏导数可得：

$$\frac{\partial \tilde{P}^{NC}}{\partial \alpha}=-\frac{2\left[(1+\beta_b)^2\gamma_s+2(1+\beta_s)^2\gamma_b\right]\lambda\gamma_s\gamma_b D^2}{\{8A\gamma_s\gamma_b-\left[(1+\beta_b)^2\gamma_s+2(1+\beta_s)^2\gamma_b+8\alpha\gamma_s\gamma_b\right]D\}^2}<0,$$

因此，企业最优产品价格 $\tilde{P}^{NC}$ 为网络外部性系数 α 的严格递减函数，即，企业最优产品价格随网络外部性的增大而降低。

分别对不合作模式下的供应链上下游企业最大利润 $\tilde{\pi}_s^{NC}$ 和 $\tilde{\pi}_b^{NC}$ 求网络外部性系数 α 的一阶偏导数可得：

$$\frac{\partial \tilde{\pi}_s^{NC}}{\partial \alpha}=\frac{8\{8A\gamma_s\gamma_b-2\left[(1+\beta_s)^2+4\alpha\gamma_s\right]\gamma_b D+(1+\beta_b)^2\gamma_s D\}\lambda^2\gamma_s^2\gamma_b^2 D^2}{\{8A\gamma_s\gamma_b-\left[(1+\beta_b)^2\gamma_s+2(1+\beta_s)^2\gamma_b+8\alpha\gamma_s\gamma_b\right]D\}^3}>0 \text{ 和}$$

$$\frac{\partial \tilde{\pi}_b^{NC}}{\partial \alpha}=\frac{4\{8A\gamma_s\gamma_b-\left[(1+\beta_b)^2+8\alpha\gamma_b\right]\gamma_s D+2(1+\beta_s)^2\gamma_b D\}\lambda^2\gamma_s^2\gamma_b^2 D^2}{\{8A\gamma_s\gamma_b-\left[(1+\beta_b)^2\gamma_s+2(1+\beta_s)^2\gamma_b+8\alpha\gamma_s\gamma_b\right]D\}^3}>0,$$

因此，上下游企业最大利润 $\tilde{\pi}_s^{NC}$ 和 $\tilde{\pi}_b^{NC}$ 均为网络外部性系数 α 的严格递增函数，即，上下游企业最大利润均随网络外部性的增大而提高。

对不合作模式下的最大消费者剩余 $\tilde{C}^{NC}$ 求网络外部性系数 α 的一阶偏导数可得：

$$\frac{\partial \tilde{C}^{NC}}{\partial \alpha}=\frac{32\lambda^2A^2\gamma_s^3\gamma_b^3D}{\{8A\gamma_s\gamma_b-[(1+\beta_b)^2\gamma_s+2(1+\beta_s)^2\gamma_b+8\alpha\gamma_s\gamma_b]D\}^3}>0,$$

因此，最大消费者剩余 $\tilde{C}^{NC}$ 为网络外部性系数 α 的严格递增函数，即，最大消费者剩余随网络外部性的增大而提高。

对不合作模式下的最大社会福利 $\tilde{S}^{NC}$ 求网络外部性系数 α 的一阶偏导数可得：

$$\frac{\partial \tilde{S}^{NC}}{\partial \alpha}=\frac{4\{8(A^2+3AD-3\alpha D^2)\gamma_s\gamma_b+[(1+\beta_b)^2\gamma_s-2(1+\beta_s)^2\gamma_b]D^2\}\lambda^2\gamma_s^2\gamma_b^2D}{\{8A\gamma_s\gamma_b-[(1+\beta_b)^2\gamma_s+2(1+\beta_s)^2\gamma_b+8\alpha\gamma_s\gamma_b]D\}^3}>0,$$

因此，最大社会福利 $\tilde{S}^{NC}$ 为网络外部性系数 α 的严格递增函数，即，最大社会福利随网络外部性的增大而提高。

由此可知，在不合作模式下，企业 i（i = s，b）的最优创新成果 $\tilde{x}_i^{NC}$ 和创新投入 $\tilde{I}_i^{NC}$，企业最大利润 $\tilde{\pi}_i^{NC}$，最大消费者剩余 $\tilde{C}^{NC}$ 以及最大社会福利 $\tilde{S}^{NC}$ 均随网络外部性的增大而提高，而最优最终产品价格 $\tilde{P}^{NC}$，则随网络外部性的增大而降低。命题 8.2 证毕。

命题 8.2 表明，在不合作模式下，网络外部性越强，消费者从购买产品中所获净效用越大，相同产品价格下愿意购买产品的消费者越多，且企业降低相同程度的产品价格时，消费者从购买产品中不但能降低相同的成本，并且能获得更大的网络效用，从而会有更多的消费者愿意购买产品，产品销量得到更大的提高。而产品销量的提高又会进一步增大消费者净效用，进而进一步吸引更多的消费者购买产品，提高产品销量，即由网络外部性所产生的产品价格、产品销量和消费者净效用间的正反馈效应变得越强，产品销量对消费者购买产品所获净效用以及消费者的购买决策影响越大，进而对供应链上下游企业利润的影响也就更大。因此，企业若能大幅降低单位产品生产成本，从而更大程度上的降低产品售价，就可以增加更多的产品销量，而产品销量的增加又将通过网络外部性所产生的产品价格、产品销量和消费者净效用间的正反馈效应，提高消费者的网络效用和净效用，从而进一步提高了消费者对下游企业最终产品的需求（即进一步提高了最终产品的销量），企业就会得到更高的利润。因此，随着网络外部性的增强，供应链上下游企业都会不断提高其创新成果和创新投入，且供应链上下游企业的利润，消费者剩余以及社会福利都得到提高，而最终产品价格则会降低。

命题8.3 ①在半合作模式下，企业 i（i = s，b）的最优创新成果 $\tilde{x}_i^{HC}$ 和创新投入 $\tilde{I}_i^{HC}$，企业最大总利润 $\sum_{i=s,b}\tilde{\pi}_i^{HC}$，最大消费者剩余 $\tilde{C}^{HC}$ 以及最大社会福利 $\tilde{S}^{HC}$ 均随网络外部性的增大而提高，而最优最终产品价格 $\tilde{P}^{HC}$，则随网络外部性的增大而降低；②当 $8A\gamma_s\gamma_b-[-3(1+\beta_b)^2\gamma_s+6(1+\beta_s)^2\gamma_b+8\alpha\gamma_s\gamma_b]D>0$ 时，上游企业最大利润 $\tilde{\pi}_s^{HC}$ 随网络外部性的增大而提高，反之，则随网络外部性的增大而降低；③当 $8A\gamma_s\gamma_b-[15(1+\beta_b)^2\gamma_s-3(1+\beta_s)^2\gamma_b+8\alpha\gamma_s\gamma_b]D>0$ 时，下游企业最大利润 $\tilde{\pi}_b^{HC}$ 随网络外部性的增大而提高，反之，随网络外部性的增大而降低。

证明：①分别对半合作模式下的上下游企业最优创新成果 $\tilde{x}_s^{HC}$ 和 $\tilde{x}_b^{HC}$ 求网络外部性系数 α 的一阶偏导数可得：

$$\frac{\partial\tilde{x}_s^{HC}}{\partial\alpha}=\frac{24(1+\beta_s)\lambda\gamma_s\gamma_b^2D^2}{\{8A\gamma_s\gamma_b-[3(1+\beta_b)^2\gamma_s+3(1+\beta_s)^2\gamma_b+8\alpha\gamma_s\gamma_b]D\}^2}>0$$

和

$$\frac{\partial\tilde{x}_b^{HC}}{\partial\alpha}=\frac{24\lambda\gamma_b\gamma_s^2D^2}{\{8A\gamma_s\gamma_b-[3(1+\beta_b)^2\gamma_s+3(1+\beta_s)^2\gamma_b+8\alpha\gamma_s\gamma_b]D\}^2}>0,$$

因此，上下游企业最优创新成果 $\tilde{x}_s^{HC}$ 和 $\tilde{x}_b^{HC}$ 均为网络外部性

系数 α 的严格递增函数，即，上下游企业的最优创新成果均随网络外部性的增大而提高。

分别对半合作模式下的上下游企业最优创新投入 $\tilde{I}_s^{HC}$ 和 $\tilde{I}_b^{HC}$ 求网络外部性系数 α 的一阶偏导数可得：$\frac{\partial \tilde{I}_s^{HC}}{\partial \alpha}=\gamma_s \tilde{x}_s^{HC}\frac{\partial \tilde{x}_s^{HC}}{\partial \alpha}>0$ 和 $\frac{\partial \tilde{I}_b^{HC}}{\partial \alpha}=\gamma_b \tilde{x}_b^{HC}\frac{\partial \tilde{x}_b^{HC}}{\partial \alpha}>0$. 因此，上下游企业的最优创新投入 $\tilde{I}_s^{HC}$ 和 $\tilde{I}_b^{HC}$ 均为网络外部性系数 α 的严格递增函数。即，上游企业的最优创新投入和下游企业的最优创新投入均随网络外部性的增大而提高。

对半合作模式下的最优最终产品价格 $\tilde{P}^{HC}$ 求网络外部性系数 α 的一阶偏导数可得：

$$\frac{\partial \tilde{P}^{HC}}{\partial \alpha}=-\frac{6\left[3(1+\beta_b)^2\gamma_s+3(1+\beta_s)^2\gamma_b\right]\lambda\gamma_s\gamma_b D^2}{\{8A\gamma_s\gamma_b-\left[3(1+\beta_b)^2\gamma_s+3(1+\beta_s)^2\gamma_b+8\alpha\gamma_s\gamma_b\right]D\}^2}<0,$$

因此，最优最终产品价格 $\tilde{P}^{HC}$ 为网络外部性系数 α 的严格递减函数，即，企业最优产品价格随网络外部性的增大而降低。

对半合作模式下的上下游企业最大总利润 $\sum_{i=s,b}\tilde{\pi}_i^{HC}$ 求网络外部性系数 α 的一阶偏导数可得：

$$\frac{\partial \sum_{i=s,b}\tilde{\pi}_i^{HC}}{\partial \alpha}=\frac{12\lambda^2\gamma_s^2\gamma_b^2 D^2}{\{8A\gamma_s\gamma_b-\left[3(1+\beta_b)^2\gamma_s+3(1+\beta_s)^2\gamma_b+8\alpha\gamma_s\gamma_b\right]D\}^2}>0,$$

因此，上下游企业最大总利润 $\sum_{i=s,b}\tilde{\pi}_i^{HC}$ 为网络外部性系数 α 的严格递增函数，即，上下游企业最大总利润随网络外部性的增大而提高。

对半合作模式下的最大消费者剩余 $\tilde{C}^{HC}$ 求网络外部性系数 α 的一阶偏导数可得：

$$\frac{\partial \tilde{C}^{HC}}{\partial \alpha}=\frac{32\lambda^2A^2\gamma_s^3\gamma_b^3D}{\{8A\gamma_s\gamma_b-[3(1+\beta_b)^2\gamma_s+3(1+\beta_s)^2\gamma_b+8\alpha\gamma_s\gamma_b]D\}^3}>0,$$

因此，最大消费者剩余 $\tilde{C}^{HC}$ 为网络外部性系数 α 的严格递增函数，即，最大消费者剩余随网络外部性的增大而提高。

对半合作模式下的最大社会福利 $\tilde{S}^{HC}$ 求网络外部性系数 α 的一阶偏导数可得：

$$\frac{\partial \tilde{S}^{HC}}{\partial \alpha}=\frac{4\lambda^2\{8A\gamma_s\gamma_b(A+3D)-3[3(1+\beta_b)^2\gamma_s+3(1+\beta_s)^2\gamma_b+8\alpha\gamma_s\gamma_b]D^2\}\gamma_s^2\gamma_b^2D}{\{8A\gamma_s\gamma_b-[3(1+\beta_b)^2\gamma_s+3(1+\beta_s)^2\gamma_b+8\alpha\gamma_s\gamma_b]D\}^3}>0,$$

因此，最大社会福利 $\tilde{S}^{HC}$ 为网络外部性系数 α 的严格递增函数，即，最大社会福利随网络外部性的增大而提高。

(2) 对半合作模式下的上游企业最大利润 $\tilde{\pi}_s^{HC}$ 求网络外部性系数 α 的一阶偏导数可得：

$$\frac{\partial \tilde{\pi}_s^{HC}}{\partial \alpha}=\frac{8\{8A\gamma_s\gamma_b-[-3(1+\beta_b)^2\gamma_s+6(1+\beta_s)^2\gamma_b+8\alpha\gamma_s\gamma_b]D\}\lambda^2\gamma_s^2\gamma_b^2D^2}{\{8A\gamma_s\gamma_b-[3(1+\beta_b)^2\gamma_s+3(1+\beta_s)^2\gamma_b+8\alpha\gamma_s\gamma_b]D\}^3},$$

因此，$8A\gamma_s\gamma_b-[-3(1+\beta_b)^2\gamma_s+6(1+\beta_s)^2\gamma_b+8\alpha\gamma_s\gamma_b]D>0$ 时，$\frac{\partial \tilde{\pi}_s^{HC}}{\partial \alpha}>0$，上游企业最大利润 $\partial\tilde{\pi}_s^{HC}$ 为网络外部性系数 α 的严格递增函数，即，上游企业最大利润随网络外部性的增大而提高；否则，$\frac{\partial \tilde{\pi}_s^{HC}}{\partial \alpha}<0$，上游企业最大利润 $\tilde{\pi}_s^{HC}$ 为网络外部性系数 α 的严格递减函数，即，上游企业最大利润随网络外部性的增大而降低。

(3) 对半合作模式下的下游企业最大利润 $\tilde{\pi}_s^{HC}$ 求网络外部性系数 α 的一阶偏导数可得：

$$\frac{\partial \tilde{\pi}_b^{HC}}{\partial \alpha}=\frac{4\{8A\gamma_s\gamma_b-[15(1+\beta_b)^2\gamma_s-3(1+\beta_s)^2\gamma_b+8\alpha\gamma_s\gamma_b]D\}\lambda^2\gamma_s^2\gamma_b^2D^2}{\{8A\gamma_s\gamma_b-[3(1+\beta_b)^2\gamma_s+3(1+\beta_s)^2\gamma_b+8\alpha\gamma_s\gamma_b]D\}^3},$$

因此，当 $8A\gamma_s\gamma_b-[15(1+\beta_b)^2\gamma_s-3(1+\beta_s)^2\gamma_b+$

$8\alpha\gamma_s\gamma_b$］$D>0$ 时，$\frac{\partial \tilde{\pi}_b^{HC}}{\partial \alpha}>0$，下游企业最大利润 $\tilde{\pi}_b^{HC}$ 为网络外部性系数 α 的严格递增函数，即，下游企业最大利润随网络外部性的增大而提高；否则，$\frac{\partial \tilde{\pi}_b^{HC}}{\partial \alpha}<0$，下游企业最大利润 $\tilde{\pi}_b^{HC}$ 为网络外部性系数 α 的严格递减函数，即，下游企业最大利润随网络外部性的增大而降低。

由此可知，在半合作模式下，企业 i（$i=s$，b）的最优创新成果 $\tilde{x}_i^{HC}$ 和创新投入 $\tilde{I}_i^{HC}$，企业最大总利润 $\sum_{i=s,b}\tilde{\pi}_i^{HC}$，最大消费者剩余 $\tilde{C}^{NC}$ 以及最大社会福利 $\tilde{S}_i^{NC}$ 均随网络外部性的增大而提高。而最优最终产品价格 $\tilde{P}^{HC}$，则随网络外部性的增大而降低；当 $8A\gamma_s\gamma_b-[-3(1+\beta_b)^2\gamma_s+6(1+\beta_s)^2\gamma_b+8\alpha\gamma_s\gamma_b]D>0$ 时，上游企业最大利润 $\tilde{\pi}_s^{HC}$ 随网络外部性的增大而提高，反之，则随网络外部性的增大而降低；当 $8A\gamma_s\gamma_b-[15(1+\beta_b)^2\gamma_s-3(1+\beta_s)^2\gamma_b+8\alpha\gamma_s\gamma_b]D>0$ 时，下游企业最大利润 $\tilde{\pi}_b^{HC}$ 随网络外部性的增大而提高，反之，随网络外部性的增大而降低。命题 8.3 证毕。

命题 8.3 表明，在半合作模式下，网络外部性越强，产品价格、产品销量和消费者效用间的正反馈效应越大，降低相同程度的单位产品生产成本，能更大程度上地提高企业的产品销量和企业的总利润，以及消费者剩余和社会福利，供应链上下游企业就会更愿意加大创新投入以更大幅度地降低单位产品生产成本。因此，供应链上下游企业的创新成果和创新投入，上下游企业的总利润，消费者剩余和社会福利都会随着网络外部性的增强而得到提高，而产品价格则随网络外部性的增强而降低。

但是，由于双方在第一阶段（即创新成果和创新投入的决策阶段）是以双方总利润最大化为目标选择创新成果和创新投入，因此，做出的创新投入决策虽然有利于提高合作创新整体的总利润，但有可能对参与合作的单个企业不利，反而降低了其利润。

由条件 $8A\gamma_s\gamma_b - [-3(1+\beta_b)^2\gamma_s + 6(1+\beta_s)^2\gamma_b + 8\alpha\gamma_s\gamma_b]D > 0$ 可以看出，下游企业创新难度 γ_b 越大，或上游企业溢出系数 β_s 越大，该条件越不容易得到满足。即，下游企业创新难度或上游企业溢出系数较大时，随着网络外部性的增强，上游企业的利润可能反而被降低。这主要是由于下游企业创新难度越大，下游企业要降低相同的单位产品生产成本所需创新投入越高。因此，从合作创新的整体利益出发，合作双方就会决定，下游企业创新投入的提高幅度不宜过大，而由上游企业更大幅度地提高其创新成果和创新投入，结果导致下游企业利润和合作创新整体总利润都得到了提高，但上游企业因其创新投入提高过大，其利润反而降低。而上游企业溢出系数越大，上游企业投入相同创新资源所带给下游企业的成果溢出越大，额外降低下游企业的单位产品生产成本越多，越有利于提高供应链合作创新的总利润，因此，从合作创新的整体利益出发，上游企业就需要更大幅度地提高其创新成果和创新投入，其结果是，下游企业利润和合作创新整体总利润都得到了提高，但上游企业因其创新投入提高过大，其利润反而降低。

由条件 $8A\gamma_s\gamma_b - [-3(1+\beta_b)^2\gamma_s + 6(1+\beta_s)^2\gamma_b + 8\alpha\gamma_s\gamma_b]D > 0$ 可以看出，上游企业创新难度 γ_b 越大，或下游企业溢出系数 β_s 越大该条件越不容易得到满足。即，上游企业创新难度或下游企业溢出系数较大时，随着网络外部性的增强，下游企业的利润就会反而被降低。这主要是由于上游企业创新难度越大，上游企业要降低相同的单位产品生产成本所需创新投入越高，因此，从合作创新的整体利益出发，上游企业的创新成果和创新投入的提高幅度就可能远低于下游企业，从而导致上游企业利润和合作创新整体总利润都得到了提高，但下游企业的利润则因其创新投入提高过大而降低。而下游企业溢出系数越大时，下游企业投入相同创新资源提高的供应链合作创新总利润越高，因此，下游企业所提高其创新成果和创新投入就远大于上游企业，结果导致下游企业利润和合作创新整体总利润都得到了提高，但上游企业因其创新投入提高过大，其利润反而降低。

命题8.4 在完全合作模式下，企业i（i=s，b）的最优创新成果 $\tilde{x}_i^{TC}$ 和创新投入 $\tilde{I}_i^{TC}$，企业的最大总利润 $\sum_{i=s,b}\tilde{\pi}_i^{TC}$，最大消费者剩余 $\tilde{C}^{TC}$ 以及最大社会福利 $\tilde{S}^{TC}$ 均随着网络外部性的增大而提高，而最优最终产品价格 $\tilde{P}^{TC}$ 则随网络外部性的增大而降低。

证明：分别对完全合作模式下的上下游企业最优创新成果 $\tilde{x}_s^{TC}$ 和 $\tilde{x}_b^{TC}$ 求网络外部性系数 α 的一阶偏导数可得：

$$\frac{\partial\tilde{\pi}_s^{TC}}{\partial\alpha}\frac{2(1+\beta_s)\lambda\gamma_s\gamma_b^2D^2}{\{2A\gamma_s\gamma_b-[(1+\beta_b)^2\gamma_s+(1+\beta_s)^2\gamma_b+2\alpha\gamma_s\gamma_b]D\}^2}>0$$

和

$$\frac{\partial\tilde{x}_b^{TC}}{\partial\alpha}\frac{2(1+\beta_b)\lambda\gamma_b\gamma_s^2D^2}{\{2A\gamma_s\gamma_b-[(1+\beta_b)^2\gamma_s+(1+\beta_s)^2\gamma_b+2\alpha\gamma_s\gamma_b]D\}^2}>0,$$

因此，上下游企业最优创新成果 $\tilde{x}_s^{TC}$ 和 $\tilde{x}_b^{TC}$ 均为网络外部性系数 α 的严格递增函数，即上下游企业的最优创新成果均随网络外部性的增大而提高。

分别对完全合作模式下的上下游企业最优创新投入 $\tilde{I}_s^{TC}$ 和 $\tilde{I}_b^{TC}$ 求网络外部性系数 α 的一阶偏导数可得：$\frac{\partial\tilde{I}_s^{TC}}{\partial\alpha}=\gamma_s\tilde{x}_s^{TC}\frac{\partial\tilde{x}_s^{TC}}{\partial\alpha}>0$ 和 $\frac{\partial\tilde{I}_b^{TC}}{\partial\alpha}=\gamma_b\tilde{x}_b^{TC}\frac{\partial\tilde{x}_b^{TC}}{\partial\alpha}>0$。因此，上下游企业的最优创新投入 $\tilde{I}_s^{TC}$ 和 $\tilde{I}_b^{TC}$ 均为网络外部性系数 α 的严格递增函数，即，上下游企业

最优创新投入均随网络外部性的增大而提高。

对完全合作模式下的企业最优产品价格 $\tilde{P}^{TC}$ 求网络外部性系数 α 的一阶偏导数可得：

$$\frac{\partial \tilde{P}^{TC}}{\partial \alpha}=-\frac{2\left[(1+\beta_b)^2\gamma_s+(1+\beta_s)^2\gamma_b+2\alpha\gamma_s\gamma_b\right]\lambda\gamma_s\gamma_b D^2}{\left\{2A\gamma_s\gamma_b-\left[(1+\beta_b)^2\gamma_s+(1+\beta_s)^2\gamma_b+2\alpha\gamma_s\gamma_b\right]D\right\}^2},$$

因此，企业最优产品价格 $\tilde{P}^{TC}$ 为网络外部性系数 α 的严格递减函数，即，企业最优产品价格随网络外部性的增大而降低。

对完全合作模式下的上下游企业最大总利润 $\sum_{i=s,b}\tilde{\pi}_i^{TC}$ 求网络外部性系数 α 的一阶偏导数可得：

$$\frac{\partial \sum_{i=s,b}\tilde{\pi}_i^{TC}}{\partial \alpha}=\frac{\lambda^2\gamma_s^2\gamma_b D^2}{\left\{2A\gamma_s\gamma_b-\left[(1+\beta_b)^2\gamma_s+(1+\beta_s)^2\gamma_b+2\alpha\gamma_s\gamma_b\right]D\right\}^2}>0,$$

因此，上下游企业最大总利润 $\sum_{i=s,b}\tilde{\pi}_i^{TC}$ 为网络外部性系数 α 的严格递增函数，即，上下游企业最大总利润随网络外部性的增大而提高。

对完全合作模式下的最大消费者剩余 $\tilde{C}^{TC}$ 求网络外部性系数 α 的一阶偏导数可得：

$$\frac{\partial \tilde{C}^{TC}}{\partial \alpha}=\frac{2\lambda^2A^2\gamma_s^3\gamma_b^3 D}{\left\{2A\gamma_s\gamma_b-\left[(1+\beta_b)^2\gamma_s+(1+\beta_s)^2\gamma_b+2\alpha\gamma_s\gamma_b\right]D\right\}^3}>0,$$

因此，最大消费者剩余 $\tilde{C}^{TC}$ 为网络外部性系数 α 的严格递增函数，即，最大消费者剩余随网络外部性的增大而提高。

对完全合作模式下的最大社会福利 $\tilde{S}^{TC}$ 求网络外部性系数 α 的一阶偏导数可得：

$$\frac{\partial \tilde{S}^{NC}}{\partial \alpha}=\frac{\left\{2A\gamma_s\gamma_b(A+D)-\left[(1+\beta_b)^2\gamma_s+(1+\beta_s)^2\gamma_b+2\alpha\gamma_s\gamma_b\right]D^2\right\}\lambda^2\gamma_s^2\gamma_b^2 D}{\left\{2A\gamma_s\gamma_b-\left[(1+\beta_b)^2\gamma_s+(1+\beta_s)^2\gamma_b+2\alpha\gamma_s\gamma_b\right]D\right\}^3}>0,$$

因此，最大社会福利 $\tilde{S}^{TC}$ 为网络外部性系数 α 的严格递增函数，即，最大社会福利随网络外部性的增大而提高。

由此可知，在完全合作模式下，企业 i（i = s，b）的最优

创新成果 $\tilde{x}_i^{TC}$ 和创新投入 $\tilde{I}_i^{TC}$，企业的最大总利润 $\sum_{i=s,b}\tilde{\pi}_i^{TC}$，最大消费者剩余 $\tilde{C}^{TC}$ 以及最大社会福利 $\tilde{S}^{TC}$ 均随着网络外部性的增大而提高，而最优最终产品价格 $\tilde{P}^{TC}$ 则随网络外部性的增大而降低。命题 8.4 证毕。

命题 8.4 表明，在完全合作模式下，网络外部性越强，网络外部性所产生的产品价格、产品销量和消费者效用间的正反馈效应越大，供应链上下游企业降低相同的单位产品生产成本所提高的企业利润越多，企业就更愿意加大创新投入，从而更大幅度地降低生产成本和产品售价，增加更多的产品销量和企业利润。因此，随着网络外部性的增强，供应链上下游企业都会不断提高其创新成果和创新投入。同时，最终产品价格就随之降低，而供应链合作创新的总利润，消费者剩余和社会福利就随之得到提高。

8.5.2 不同成果溢出下的决策

命题 8.5 在不合作模式下，企业 i（i = s，b）的最优创新成果 $\tilde{x}_i^{NC}$ 和创新投入 $\tilde{I}_i^{NC}$，企业最大利润 $\tilde{\pi}_i^{NC}$，最大消费者剩余 $\tilde{C}^{NC}$ 以及最大社会福利 $\tilde{S}^{NC}$ 均随企业创新成果溢出的增大而提高，而最优最终产品价格 $\tilde{P}^{NC}$，则随企业创新成果溢出的增大而降低。

证明：分别对不合作模式下的供应链上下游企业最优创新成果 $\tilde{x}_s^{NC}$ 和 $\tilde{x}_b^{NC}$ 求上下游企业成果溢出系数 β_s 和 β_b 的一阶偏导数可得：

$$\frac{\partial\ \tilde{x}_s^{NC}}{\partial\ \beta_s}=\frac{2\{8A\gamma_s\gamma_b-[(1+\beta_b)^2\gamma_s-2(1+\beta_s)^2\gamma_b+8\alpha\gamma_s\gamma_b]D\}^2\lambda\gamma_b D^2}{\{8A\gamma_s\gamma_b-[(1+\beta_b)^2\gamma_s+2(1+\beta_s)^2\gamma_b+8\alpha\gamma_s\gamma_b]D\}^2}>0,$$

$$\frac{\partial \tilde{x}_s^{NC}}{\partial \beta_b}=\frac{4(1+\beta_s)(1+\beta_b)\lambda\gamma_s\gamma_b D^2}{\{8A\gamma_s\gamma_b-[(1+\beta_b)^2\gamma_s+2(1+\beta_s)^2\gamma_b+8\alpha\gamma_s\gamma_b]D\}^2}>0 \text{ 以及}$$

$$\frac{\partial \tilde{x}_b^{NC}}{\partial \beta_s}=\frac{4(1+\beta_s)(1+\beta_b)\lambda\gamma_s\gamma_b D^2}{\{8A\gamma_s\gamma_b-[(1+\beta_b)^2\gamma_s+2(1+\beta_s)^2\gamma_b+8\alpha\gamma_s\gamma_b]D\}^2}>0,$$

$$\frac{\partial \tilde{x}_b^{NC}}{\partial \beta_b}=\frac{2\{8A\gamma_s\gamma_b-[(1+\beta_b)^2\gamma_s-2(1+\beta_s)^2\gamma_b+8\alpha\gamma_s\gamma_b]D\}^2\lambda\gamma_b D^2}{\{8A\gamma_s\gamma_b-[(1+\beta_b)^2\gamma_s+2(1+\beta_s)^2\gamma_b+8\alpha\gamma_s\gamma_b]D\}^2}>0,$$

因此，供应链上下游企业最优创新成果 $\tilde{x}_s^{NC}$ 和 $\tilde{x}_b^{NC}$ 均为上下游企业成果溢出系数 β_s 和 β_b 的严格递增函数，即，企业最优创新成果均随成果溢出的增大而提高。

分别对不合作模式下的上下游企业最优创新投入 $\tilde{I}_s^{NC}$ 和 $\tilde{I}_b^{NC}$ 求企业成果溢出系数 β_s 和 β_b 的一阶偏导数可得：

$$\frac{\partial \tilde{I}_s^{NC}}{\partial \beta_s}=\gamma_s\tilde{x}_s^{NC}\frac{\partial \tilde{x}_s^{NC}}{\partial \beta_s}>0,\ \frac{\partial \tilde{I}_s^{NC}}{\partial \beta_b}=\gamma_s\tilde{x}_s^{NC}\frac{\partial \tilde{x}_s^{NC}}{\partial \beta_b}>0$$

和 $\dfrac{\partial \tilde{I}_b^{NC}}{\partial \beta_b}=\gamma_b\tilde{x}_b^{NC}\dfrac{\partial \tilde{x}_b^{NC}}{\partial \beta_b}>0,\ \dfrac{\partial \tilde{I}_b^{NC}}{\partial \beta_s}=\gamma_b\tilde{x}_b^{NC}\dfrac{\partial \tilde{x}_b^{NC}}{\partial \beta_s}>0.$

因此，供应链上下游企业最优创新投入 $\tilde{I}_s^{NC}$ 和 $\tilde{I}_b^{NC}$ 均为上下游企业成果溢出系数 β_s 和 β_b 的严格递增函数，即，企业最优创新投入均随成果溢出的增大而提高。

对不合作模式下的企业最优产品价格 $\tilde{P}^{NC}$ 分别求上下游企业成果溢出系数 β_s 和 β_b 的一阶偏导数可得：

$$\frac{\partial \tilde{P}^{NC}}{\partial \beta_s}=-\frac{8(A-\alpha D)\lambda\gamma_s\gamma_b^2 D}{\{8A\gamma_s\gamma_b-[(1+\beta_b)^2\gamma_s+2(1+\beta_s)^2\gamma_b+8\alpha\gamma_s\gamma_b]D\}^2}<0$$

$$\frac{\partial \tilde{P}^{NC}}{\partial \beta_b}=-\frac{4(A-\alpha D)\lambda\gamma_s^2\gamma_b D}{\{8A\gamma_s\gamma_b-[(1+\beta_b)^2\gamma_s+2(1+\beta_s)^2\gamma_b+8\alpha\gamma_s\gamma_b]D\}^2}<0,$$

因此，企业最优产品价格随成果溢出的增大而降低。

分别对不合作模式下的供应链上下游企业最大利润 $\tilde{\pi}_s^{NC}$ 和 $\tilde{\pi}_b^{NC}$ 求上下游企业成果溢出系数 β_s 和 β_b 的一阶偏导数可得：

$$\frac{\partial\ \tilde{\pi}_s^{NC}}{\partial\ \beta_s}=\frac{4\ (1+\beta_s)\ \{8A\gamma_s\gamma_b-[-(1+\beta_b)^2\gamma_s+2(1+\beta_s)^2\gamma_b+8\alpha\gamma_s\gamma_b]\ D\}\ \lambda^2\gamma_s\gamma_b^2D^2}{\{8A\gamma_s\gamma_b-[(1+\beta_b)^2\gamma_s+2(1+\beta_s)^2\gamma_b+8\alpha\gamma_s\gamma_b]\ D\}^3}>0,$$

$$\frac{\partial\ \tilde{\pi}_s^{NC}}{\partial\ \beta_b}=\frac{8\ (1+\beta_b)\ \{4A\gamma_s-[(1+\beta_s)^2+4\alpha\gamma_s]\ D\}\ \lambda^2\gamma_s^2\gamma_b^2D^2}{\{8A\gamma_s\gamma_b-[(1+\beta_b)^2\gamma_s+2(1+\beta_s)^2\gamma_b+8\alpha\gamma_s\gamma_b]\ D\}^3}>0\text{ 和}$$

$$\frac{\partial\ \tilde{\pi}_b^{NC}}{\partial\ \beta_s}=\frac{4\ (1+\beta_s)\ \{8A\gamma_b-[(1+\beta_b)^2+8\alpha\gamma_b]\ D\}\ \lambda^2\gamma_s^2\gamma_b^2D^2}{\{8A\gamma_s\gamma_b-[(1+\beta_b)^2\gamma_s+2(1+\beta_s)^2\gamma_b+8\alpha\gamma_s\gamma_b]\ D\}^3}>0,$$

$$\frac{\partial\ \tilde{\pi}_b^{NC}}{\partial\ \beta_b}=\frac{(1+\beta_b)\ \{8A\gamma_s\gamma_b-[(1+\beta_b)^2\gamma_s-2(1+\beta_s)^2\gamma_b+8\alpha\gamma_s\gamma_b]\ D\}\ \lambda^2\gamma_s^2\gamma_bD^2}{\{8A\gamma_s\gamma_b-[(1+\beta_b)^2\gamma_s+2(1+\beta_s)^2\gamma_b+8\alpha\gamma_s\gamma_b]\ D\}^3}>0,$$

因此，上下游企业最大利润均随成果溢出的增大而提高。

对不合作模式下的最大消费者剩余 $\tilde{C}^{NC}$ 分别求企业成果溢出系数 β_s 和 β_b 的一阶偏导数可得：

$$\frac{\partial\ \tilde{C}^{NC}}{\partial\ \beta_s}=\frac{16\ (1+\beta_s)\ \lambda^2A^2\gamma_s^2\gamma_b^3D}{\{8A\gamma_s\gamma_b-[(1+\beta_b)^2\gamma_s+2(1+\beta_s)^2\gamma_b+8\alpha\gamma_s\gamma_b]\ D\}^3}>0$$

和

$$\frac{\partial\ \tilde{C}^{NC}}{\partial\ \beta_b}=\frac{8\ (1+\beta_b)\ \lambda^2A^2\gamma_s^3\gamma_b^2D}{\{8A\gamma_s\gamma_b-[(1+\beta_b)^2\gamma_s+2(1+\beta_s)^2\gamma_b+8\alpha\gamma_s\gamma_b]\ D\}^3}>0,$$

因此，最大消费者剩余随成果溢出的增大而提高。

对不合作模式下的最大社会福利 $\tilde{S}^{NC}$ 分别求企业成果溢出系数 β_s 和 β_b 的一阶偏导数可得：

$$\frac{\partial\ \tilde{S}^{NC}}{\partial\ \beta_s}=\frac{8\ (1+\beta_s)\ \{2\ (A^2+4AD-4\alpha D^2)\ \gamma_s-(1+\beta_s)^2D^2\}\ \lambda^2\gamma_s\gamma_b^3D}{\{8A\gamma_s\gamma_b-[(1+\beta_b)^2\gamma_s+2(1+\beta_s)^2\gamma_b+8\alpha\gamma_s\gamma_b]\ D\}^3}>0\text{ 和}$$

$$\frac{\partial\ \tilde{S}^{NC}}{\partial\ \beta_b}=\frac{(1+\beta_b)\ \{8\ (A^2+5AD-5\alpha D^2)\ \gamma_s\gamma_b-[(1+\beta_b)^2\gamma_s+6(1+\beta_s)^2\gamma_b]\ D^2\}\ \lambda^2\gamma_s^2\gamma_bD}{\{8A\gamma_s\gamma_b-[(1+\beta_b)^2\gamma_s+2(1+\beta_s)^2\gamma_b+8\alpha\gamma_s\gamma_b]\ D\}^3}>0,$$

因此，最大社会福利随成果溢出的增大而提高。

由此可知，在不合作模式下，企业 i（i = s，b）的最优创新成果 $\tilde{x}_i^{NC}$ 和创新投入 $\tilde{I}_i^{NC}$，企业最大利润 $\tilde{\pi}_i^{NC}$，最大消费者剩余 $\tilde{C}^{NC}$ 以及最大社会福利 $\tilde{S}^{NC}$ 均随成果溢出的增大而提高，而最优最终产品价格 $\tilde{P}^{NC}$，则随成果溢出的增大而降低。命题 8.5 证毕。

命题8.5表明，在不合作模式下，上游企业创新成果溢出越大，其取得相同创新成果所降低的下游企业单位产品生产成本越多，下游企业的单位生产成本和最终产品的价格就越低，下游企业就会因额外降低更多的成本而愿意增加其创新投入和创新成果，从而更进一步地降低最终产品的价格，更大幅度地提高了最终产品销量。且通过网络外部性所产生的产品价格、产品销量和消费者净效用间的正反馈效应更进一步提高最终产品的销量，最终产品销量的增加所提高的中间产品需求和上游企业利润也就越多。因此，上游企业创新成果溢出越大，上游企业就越愿意提高创新投入和创新成果，进而降低了最终产品价格，提高了下游企业创新投入和创新成果、中间产品和最终产品的销量、上下游企业利润、消费者剩余和社会福利。

同理，下游企业创新成果溢出越大，其取得相同创新成果所降低的上游企业单位产品生产成本越多，上游企业的单位生产成本和中间产品的价格就越低，下游企业的中间产品的单位产品采购成本，以及最终产品的单位总成本和售价也就越低，最终产品的销量就越大，且会通过网络外部性所产生的产品价格、产品销量和消费者净效用间的正反馈效应进一步提高最终产品的销量，从而增加更多的下游企业利润，因此，下游企业创新成果溢出越大，下游企业就越愿意提高创新投入和创新成果，进而降低了中间产品价格和最终产品售价，提高了中间产品和最终产品的销量、上下游企业利润、消费者剩余和社会福利。

命题8.6　在半合作模式下，企业i（i=s，b）的最优创新成果 $\tilde{x}_i^{HC}$ 和创新投入 $\tilde{I}_i^{HC}$，企业最大总利润 $\sum_{i=s,b}\tilde{\pi}_i^{HC}$，最大消费者剩余 $\tilde{C}^{HC}$ 以及最大社会福利 $\tilde{S}^{HC}$ 均随企业创新成果溢出的增大而提高，而最优最终产品价格 $\tilde{P}^{HC}$，则随企业创新成果溢出的增大而降低。

证明：分别对半合作模式下的上下游企业最优创新成果 $\tilde{x}_s^{HC}$ 和 $\tilde{x}_b^{HC}$ 求上下游企业创新成果溢出系数 β_s 和 β_b 的一阶偏导数可得：

$$\frac{\partial \tilde{x}_s^{HC}}{\partial \beta_s}=\frac{3(1+\beta_s)\{8A\gamma_s\gamma_b-[3(1+\beta_b)^2\gamma_s-3(1+\beta_s)^2\gamma_b+8\alpha\gamma_s\gamma_b]D\}\lambda\gamma_b D}{\{8A\gamma_s\gamma_b-[3(1+\beta_b)^2\gamma_s+3(1+\beta_s)^2\gamma_b+8\alpha\gamma_s\gamma_b]D\}^2}>0,$$

$$\frac{\partial \tilde{x}_s^{HC}}{\partial \beta_b}=\frac{18(1+\beta_s)(1+\beta_b)\lambda\gamma_b\gamma_s D^2}{\{8A\gamma_s\gamma_b-[3(1+\beta_b)^2\gamma_s+3(1+\beta_s)^2\gamma_b+8\alpha\gamma_s\gamma_b]D\}^2}>0$$

和

$$\frac{\partial \tilde{x}_b^{HC}}{\partial \beta_s}=\frac{18(1+\beta_s)(1+\beta_b)\lambda\gamma_b\gamma_s D^2}{\{8A\gamma_s\gamma_b-[3(1+\beta_b)^2\gamma_s+3(1+\beta_s)^2\gamma_b+8\alpha\gamma_s\gamma_b]D\}^2}>0,$$

$$\frac{\partial \tilde{x}_b^{HC}}{\partial \beta_b}=\frac{3\{8A\gamma_s\gamma_b-[3(1+\beta_b)^2\gamma_s-3(1+\beta_s)^2\gamma_b+8\alpha\gamma_s\gamma_b]D\}\lambda\gamma_s D}{\{8A\gamma_s\gamma_b-[3(1+\beta_b)^2\gamma_s+3(1+\beta_s)^2\gamma_b+8\alpha\gamma_s\gamma_b]D\}^2}>0,$$

因此，上下游企业的最优创新成果均随成果溢出的增大而提高。

分别对半合作模式下的上下游企业最优创新投入 $\tilde{I}_s^{HC}$ 和 $\tilde{I}_b^{HC}$ 求企业成果溢出系数 β_s 和 β_b 的一阶偏导数可得：

$$\frac{\partial \tilde{I}_s^{HC}}{\partial \beta_s}=\gamma_s\tilde{x}_s^{HC}\frac{\partial \tilde{x}_s^{HC}}{\partial \beta_s}>0,\ \frac{\partial \tilde{I}_s^{HC}}{\partial \beta_b}=\gamma_s\tilde{x}_s^{HC}\frac{\partial \tilde{x}_s^{HC}}{\partial \beta_b}>0$$

和 $$\frac{\partial \tilde{I}_b^{HC}}{\partial \beta_s}=\gamma_b\tilde{x}_b^{HC}\frac{\partial \tilde{x}_b^{HC}}{\partial \beta_s}>0,\ \frac{\partial \tilde{I}_b^{HC}}{\partial \beta_b}=\gamma_b\tilde{x}_b^{HC}\frac{\partial \tilde{x}_b^{HC}}{\partial \beta_b}>0.$$

因此，上下游企业的最优创新投入均随成果溢出的增大而提高。

对半合作模式下的最优最终产品价格 $\tilde{P}^{HC}$ 分别求成果溢出系数 β_s 和 β_b 的一阶偏导数可得：

$$\frac{\partial \tilde{P}^{HC}}{\partial \beta_s}=-\frac{12(1+\beta_s)(A-\alpha D)\lambda\gamma_s\gamma_b^2 D}{\{8A\gamma_s\gamma_b-[3(1+\beta_b)^2\gamma_s+3(1+\beta_s)^2\gamma_b+8\alpha\gamma_s\gamma_b]D\}^2}<0$$ 和

$$\frac{\partial \tilde{P}^{HC}}{\partial \beta_b} = -\frac{12(1+\beta_b)(A-\alpha D)\lambda\gamma_s^2\gamma_b D}{\{8A\gamma_s\gamma_b - [3(1+\beta_b)^2\gamma_s + 3(1+\beta_s)^2\gamma_b + 8\alpha\gamma_s\gamma_b]D\}^2} < 0,$$

因此，企业最优产品价格随成果溢出的增大而降低。

对半合作模式下的上下游企业最大总利润 $\sum_{i=s,b}\tilde{\pi}_i^{HC}$ 求成果溢出系数 β_s 和 β_b 的一阶偏导数可得：

$$\frac{\partial \sum_{i=s,b}\tilde{\pi}_i^{HC}}{\partial \beta_s} = \frac{9(1+\beta_s)\lambda^2\gamma_s\gamma_b^2 D^2}{\{8A\gamma_s\gamma_b - [3(1+\beta_b)^2\gamma_s + 3(1+\beta_s)^2\gamma_b + 8\alpha\gamma_s\gamma_b]D\}^2} > 0$$

和 $$\frac{\partial \sum_{i=s,b}\tilde{\pi}_i^{HC}}{\partial \beta_b} = \frac{9(1+\beta_b)\lambda^2\gamma_s^2\gamma_b D^2}{\{8A\gamma_s\gamma_b - [3(1+\beta_b)^2\gamma_s + 3(1+\beta_s)^2\gamma_b + 8\alpha\gamma_s\gamma_b]D\}^2} > 0,$$

因此，上下游企业最大总利润随成果溢出的增大而提高。

对半合作模式下的最大消费者剩余 $\tilde{C}^{HC}$ 分别求企业创新成果溢出系数 β_s 和 β_b 的一阶偏导数可得：

$$\frac{\partial \tilde{C}^{HC}}{\partial \beta_s} = \frac{24(1+\beta_s)\lambda^2 A^2\gamma_s^2\gamma_b^3 D}{\{8A\gamma_s\gamma_b - [3(1+\beta_b)^2\gamma_s + 3(1+\beta_s)^2\gamma_b + 8\alpha\gamma_s\gamma_b]D\}^3} > 0$$

和 $$\frac{\partial \tilde{C}^{HC}}{\partial \beta_b} = \frac{24(1+\beta_b)\lambda^2 A^2\gamma_s^3\gamma_b^2 D}{\{8A\gamma_s\gamma_b - [3(1+\beta_b)^2\gamma_s + 3(1+\beta_s)^2\gamma_b + 8\alpha\gamma_s\gamma_b]D\}^3} > 0,$$

因此，最大消费者剩余随成果溢出的增大而提高。

对半合作模式下最大社会福利 $\tilde{S}^{HC}$ 分别求成果溢出系数 β_s 和 β_b 的一阶偏导数可得：

$$\frac{\partial \tilde{S}^{HC}}{\partial \beta_s} = \frac{3(1+\beta_b)\{8(A^2+3AD-3\alpha D^2)\gamma_s\gamma_b - 9[(1+\beta_b)^2\gamma_s + (1+\beta_s)^2\gamma_b]D^2\}\lambda^2\gamma_s^2\gamma_b D}{\{8A\gamma_s\gamma_b - [3(1+\beta_b)^2\gamma_s + 3(1+\beta_s)^2\gamma_b + 8\alpha\gamma_s\gamma_b]D\}^3} > 0$$

和

$$\frac{\partial \tilde{S}^{HC}}{\partial \beta_b} = \frac{3(1+\beta_s)\{8(A^2+3AD-3\alpha D^2)\gamma_s\gamma_b - 9[(1+\beta_b)^2\gamma_s + (1+\beta_s)^2\gamma_b]D^2\}\lambda^2\gamma_s\gamma_b^2 D}{\{8A\gamma_s\gamma_b - [3(1+\beta_b)^2\gamma_s + 3(1+\beta_s)^2\gamma_b + 8\alpha\gamma_s\gamma_b]D\}^3} > 0,$$

因此，最大社会福利随成果溢出的增大而提高。

由此可知，在半合作模式下，企业 i（i = s，b）的最优创新成果 $\tilde{x}_i^{HC}$ 和创新投入 $\tilde{I}_i^{HC}$，企业最大总利润 $\sum_{i=s,b}\tilde{\pi}_i^{HC}$，最大消费者剩余 $\tilde{C}^{HC}$ 以及最大社会福利 $\tilde{S}^{HC}$ 均随企业创新成果溢出的增大

而提高，而最优最终产品价格 $\tilde{P}^{HC}$，则随企业创新成果溢出的增大而降低。命题 8.6 证毕。

命题 8.6 表明，在半合作模式下，上游企业（或下游企业）创新成果溢出越大，其取得相同创新成果所降低的下游企业（或上游企业）单位产品生产成本和最终产品（或中间产品）的价格就越低，进而更大程度地提高中间产品和最终产品的销量，以及上下游企业的利润。此外，在半合作模式下，供应链上下游企业是以合作创新总利润最大化为目标制定双方的创新投入，上游企业（或下游企业）创新成果溢出越大时，从合作创新的整体利益出发，也会要求该企业更大幅度地提高其创新投入。因此，在半合作模式下，创新成果溢出越大，上下游企业的创新投入和创新成果，上下游企业利润，消费者剩余以及社会福利就越大，最终产品的售价就越低。

命题 8.7　在完全合作模式下，企业 i（i = s，b）的最优创新成果 $\tilde{x}_i^{TC}$ 和创新投入 $\tilde{I}_i^{TC}$，企业的最大总利润 $\sum_{i=s,b}\tilde{\pi}_i^{TC}$，最大消费者剩余 $\tilde{C}^{TC}$ 以及最大社会福利 $\tilde{S}^{TC}$ 均随着企业创新成果溢出的增大而提高，而最优最终产品价格 $\tilde{P}^{TC}$ 则随企业创新成果溢出的增大而降低。

证明：分别对完全合作模式下的上下游企业最优创新成果 $\tilde{x}_s^{TC}$ 和 $\tilde{x}_b^{TC}$ 求企业创新成果溢出系数 β_s 和 β_b 的一阶偏导数可得：

$$\frac{\partial \tilde{x}_s^{TC}}{\partial \beta_s}=\frac{\{2A\gamma_s\gamma_b-[(1+\beta_b)^2\gamma_s-(1+\beta_s)^2\gamma_b+2\alpha\gamma_s\gamma_b]D\}\lambda\gamma_bD^2}{\{2A\gamma_s\gamma_b-[(1+\beta_b)^2\gamma_s+(1+\beta_s)^2\gamma_b+2\alpha\gamma_s\gamma_b]D\}^2}>0,$$

$$\frac{\partial \tilde{x}_b^{TC}}{\partial \beta_s}=\frac{2(1+\beta_s)(1+\beta_b)\lambda\gamma_s\gamma_bD^2}{\{2A\gamma_s\gamma_b-[(1+\beta_b)^2\gamma_s+(1+\beta_s)^2\gamma_b+2\alpha\gamma_s\gamma_b]D\}^2}>0$$

和

$$\frac{\partial\ \tilde{x}_s^{TC}}{\partial\ \beta_b}=\frac{2\ (1+\beta_s)\ (1+\beta_b)\ \lambda\gamma_s\gamma_b D^2}{\{2A\gamma_s\gamma_b-[(1+\beta_b)^2\gamma_s+(1+\beta_s)^2\gamma_b+2\alpha\gamma_s\gamma_b]\ D\}^2}>0,$$

$$\frac{\partial\ \tilde{x}_b^{TC}}{\partial\ \beta_b}=\frac{\{2A\gamma_s\gamma_b-[-(1+\beta_b)^2\gamma_s+(1+\beta_s)^2\gamma_b+2\alpha\gamma_s\gamma_b]\ D\}\ \lambda\gamma_s D^2}{\{2A\gamma_s\gamma_b-[(1+\beta_b)^2\gamma_s+(1+\beta_s)^2\gamma_b+2\alpha\gamma_s\gamma_b]\ D\}^2}>0,$$

因此，上下游企业最优创新成果 $\tilde{x}_s^{TC}$ 和 $\tilde{x}_b^{TC}$ 均为企业创新成果溢出系数 β_s 和 β_b 的严格递增函数，即上下游企业的最优创新成果均随成果溢出的增大而提高。

分别对完全合作模式下的上下游企业最优创新投入 $\tilde{I}_s^{TC}$ 和 $\tilde{I}_b^{TC}$ 求企业创新成果溢出系数 β_s 和 β_b 的一阶偏导数可得：

$$\frac{\partial\ \tilde{I}_s^{TC}}{\partial\ \beta_s}=\gamma_s\tilde{x}_s^{TC}\frac{\partial\ \tilde{x}_s^{TC}}{\partial\ \beta_s}>0,\ \frac{\partial\ \tilde{I}_s^{TC}}{\partial\ \beta_b}=\gamma_s\tilde{x}_s^{TC}\frac{\partial\ \tilde{x}_s^{TC}}{\partial\ \beta_b}>0$$

和 $\dfrac{\partial\ \tilde{I}_b^{TC}}{\partial\ \beta_s}=\gamma_b\tilde{x}_b^{TC}\dfrac{\partial\ \tilde{x}_b^{TC}}{\partial\ \beta_s}>0,\ \dfrac{\partial\ \tilde{I}_b^{TC}}{\partial\ \beta_b}=\gamma_b\tilde{x}_b^{TC}\dfrac{\partial\ \tilde{x}_b^{TC}}{\partial\ \beta_b}>0$。

因此，上下游企业的最优创新投入 $\tilde{I}_s^{TC}$ 和 $\tilde{I}_b^{TC}$ 均为企业创新成果溢出系数 β_s 和 β_b 的严格递增函数，即，上下游企业最优创新投入均随成果溢出的增大而提高。

对完全合作模式下的企业最优产品价格 $\tilde{P}^{TC}$ 分别求企业创新成果溢出系数 β_s 和 β_b 的一阶偏导数可得：

$$\frac{\partial\ \tilde{P}^{TC}}{\partial\ \beta_s}=-\frac{2\ (A-\alpha D)\ (1+\beta_s)\ \lambda\gamma_s\gamma_b^2 D}{\{2A\gamma_s\gamma_b-[(1+\beta_b)^2\gamma_s+(1+\beta_s)^2\gamma_b+2\alpha\gamma_s\gamma_b]\ D\}^2}<0$$

和

$$\frac{\partial\ \tilde{P}^{TC}}{\partial\ \beta_b}=-\frac{2\ (A-\alpha D)\ (1+\beta_b)\ \lambda\gamma_s^2\gamma_b D}{\{2A\gamma_s\gamma_b-[(1+\beta_b)^2\gamma_s+(1+\beta_s)^2\gamma_b+2\alpha\gamma_s\gamma_b]\ D\}^2}<0,$$

因此，企业最优产品价格 $\tilde{P}^{TC}$ 为企业创新成果溢出系数 β_s 和 β_b 的严格递减函数，即，企业最优产品价格随成果溢出的增大而降低。

对完全合作模式下的上下游企业最大总利润 $\sum\limits_{i=s,b}\tilde{\pi}_i^{TC}$ 分别求企业创新成果溢出系数 β_s 和 β_b 的一阶偏导数可得：

$$\frac{\partial \sum\limits_{i=s,b}\tilde{\pi}_i^{TC}}{\partial \beta_b}=\frac{(1+\beta_b)\ \lambda^2\gamma_s^2\gamma_b D^2}{\{2A\gamma_s\gamma_b-[(1+\beta_b)^2\gamma_s+(1+\beta_s)^2\gamma_b+2\alpha\gamma_s\gamma_b]\ D\}^2}>0$$

和

$$\frac{\partial \sum\limits_{i=s,b}\tilde{\pi}_i^{TC}}{\partial \beta_b}=\frac{(1+\beta_s)\ \lambda^2\gamma_s\gamma_b^2 D^2}{\{2A\gamma_s\gamma_b-[(1+\beta_b)^2\gamma_s+(1+\beta_s)^2\gamma_b+2\alpha\gamma_s\gamma_b]\ D\}^2}>0,$$

因此，上下游企业最大总利润 $\sum\limits_{i=s,b}\tilde{\pi}_i^{TC}$ 为企业创新成果溢出系数 β_s 和 β_b 的严格递增函数，即，上下游企业最大总利润随成果溢出的增大而提高。

对完全合作模式下的最大消费者剩余 $\tilde{C}^{TC}$ 分别求企业创新成果溢出系数 β_s 和 β_b 的一阶偏导数可得：

$$\frac{\partial \tilde{C}^{TC}}{\partial \beta_s}=\frac{2\lambda^2A^2\gamma_s^2\gamma_b^3D}{\{2A\gamma_s\gamma_b-[(1+\beta_b)^2\gamma_s+(1+\beta_s)^2\gamma_b+2\alpha\gamma_s\gamma_b]\ D\}^3}>0$$

和

$$\frac{\partial \tilde{C}^{TC}}{\partial \beta_b}=\frac{2\lambda^2A^2\gamma_s^3\gamma_b^2D}{\{2A\gamma_s\gamma_b-[(1+\beta_b)^2\gamma_s+(1+\beta_s)^2\gamma_b+2\alpha\gamma_s\gamma_b]\ D\}^3}>0,$$

因此，最大消费者剩余 $\tilde{C}^{TC}$ 为企业创新成果溢出系数 β_s 和 β_b 的严格递增函数，即，最大消费者剩余随成果溢出的增大而提高。

对完全合作模式下的最大社会福利 $\tilde{S}^{TC}$ 分别求企业创新成果溢出系数 β_s 和 β_b 的一阶偏导数可得：

$$\frac{\partial \tilde{S}^{TC}}{\partial \beta_s}=\frac{\{2A\gamma_s\gamma_b\ (A+D)\ -\ [(1+\beta_b)^2\gamma_s+(1+\beta_s)^2\gamma_b+2\alpha\gamma_s\gamma_b]\ D^2\}\ \lambda^2\gamma_s\gamma_b^2D}{\{2A\gamma_s\gamma_b-[(1+\beta_b)^2\gamma_s+(1+\beta_s)^2\gamma_b+2\alpha\gamma_s\gamma_b]\ D\}^3}>0$$

和

$$\frac{\partial \tilde{S}^{TC}}{\partial \beta_b}=\frac{\{2\ (A+D)\ A\gamma_s\gamma_b-[(1+\beta_b)^2\gamma_s+(1+\beta_s)^2\gamma_b+2\alpha\gamma_s\gamma_b]\ D^2\}\ \lambda^2\gamma_s^2\gamma_b D}{\{2A\gamma_s\gamma_b-[(1+\beta_b)^2\gamma_s+(1+\beta_s)^2\gamma_b+2\alpha\gamma_s\gamma_b]\ D\}^3}>0,$$

因此，最大社会福利 $\tilde{S}^{TC}$ 为企业创新成果溢出系数 β_s 和 β_b 的严格递增函数，即，最大社会福利随成果溢出的增大而提高。

由此可知，在完全合作模式下，企业 i（i = s，b）的最优创新成果 $\tilde{x}_i^{TC}$ 和创新投入 $\tilde{I}_i^{TC}$，企业的最大总利润 $\sum_{i=s,b}\tilde{\pi}_i^{TC}$，最大消费者剩余 $\tilde{C}^{TC}$ 以及最大社会福利 $\tilde{S}^{TC}$ 均随着企业创新成果溢出的增大而提高，而最优最终产品价格 $\tilde{P}^{TC}$ 则随企业创新成果溢出的增大而降低。命题 8.7 证毕。

命题 8.7 表明，在完全合作模式下，上游企业（或下游企业）创新成果溢出越大，其取得相同创新成果所降低的下游企业（或上游企业）单位产品生产成本和最终产品（或中间产品）的价格就越低，进而更大程度地提高中间产品和最终产品的销量以及上下游企业的利润。此外，在完全合作模式下，供应链上下游企业是以合作创新总利润最大化为目标制定双方的创新投入和最终产品价格，上游企业（或下游企业）创新成果溢出越大时，从合作创新的整体利益出发，也会要求该企业更大幅度的提高其创新投入。因此，在完全合作模式下，创新成果溢出越大，上下游企业的创新投入和创新成果，上下游企业利润，消费者剩余以及社会福利就越大，最终产品的售价就越低。

8.5.3 不同合作模式下的决策

不同合作模式下的决策不失一般性，命：

$\rho_1 = 2A\gamma_s\gamma_b - [(1+\beta_b)^2\gamma_s + (1+\beta_s)^2\gamma_b + 2\alpha\gamma_s\gamma_b]D$,

$\rho_2 = 8A\gamma_s\gamma_b - [3(1+\beta_b)^2\gamma_s + 3(1+\beta_s)^2\gamma_b + 8\alpha\gamma_s\gamma_b]D$,

$\rho_3 = 8A\gamma_s\gamma_b - \{(1+\beta_b)^2\gamma_s + 2\gamma_b[(1+\beta_s)^2 + 4\alpha\gamma_s]\}D$,

则，对比不合作、半合作以及完全合作等三种合作模式下的最优解，可以得出以下命题。

命题8.8 企业i（i = s，b）的最优创新投入 $\tilde{I}_i$ 和创新成果 $\tilde{x}_i$，企业最大总利润 $\sum_{i=s,b}\tilde{\pi}_i$，最大消费者剩余 $\tilde{C}$ 以及最大社会福利 $\tilde{S}$ 均在完全合作模式下最大，半合作模式下次之，不合作模式下最小，即 $\tilde{I}_i^{TC} > \tilde{I}_i^{HC} > \tilde{I}_i^{NC}$，$\tilde{x}_i^{TC} > \tilde{x}_i^{HC} > \tilde{x}_i^{NC}$，$\sum_{i=s,b}\tilde{\pi}_i^{TC} > \sum_{i=s,b}\tilde{\pi}_i^{HC} > \sum_{i=s,b}\tilde{\pi}_i^{NC}$，$\tilde{C}^{TC} > \tilde{C}^{HC} > \tilde{C}^{NC}$，$\tilde{S}^{TC} > \tilde{S}^{HC} > \tilde{S}^{NC}$。而最优最终产品价格 $\tilde{P}$ 则在完全合作模式下最小，半合作模式下次之，不合作模式下最大，即，$\tilde{P}^{TC} < \tilde{P}^{HC} < \tilde{P}^{NC}$。

证明：(1) 将完全合作模式与半合作模式下的上游企业最优创新成果相减可得：

$$\tilde{x}_s^{TC} - \tilde{x}_s^{HC} = \frac{2(1+\beta_s)(A-\alpha D)\lambda\gamma_b^2 D}{\rho_1\rho_2} > 0。$$

将半合作模式与不合作模式下的上游企业最优创新成果相减可得：

$$\tilde{x}_s^{HC} - \tilde{x}_s^{NC} = \frac{(1+\beta_s)[8A_b + 3(1+\beta_b)^2 D - 8\alpha\gamma_b D]\lambda\gamma_s\gamma_b D}{\rho_2\rho_3} > 0。$$

将完全合作模式与半合作模式下的下游企业最优创新成果相减可得：

$$\tilde{x}_b^{TC} - \tilde{x}_b^{HC} = \frac{2(1+\beta_b)(A-\alpha D)\lambda\gamma_s^2\gamma_b D}{\rho_1\rho_2} > 0;$$

将半合作模式下与不合作模式下的下游企业最优创新成果相减可得：

$$\tilde{x}_b^{HC} - \tilde{x}_b^{NC} = \frac{\lambda[16\gamma_s(A-\alpha D) - 3(1+\beta_s)^2 D]\gamma_s\gamma_b D}{\rho_2\rho_3} > 0。$$

因此，$\tilde{x}_i^{TC} > \tilde{x}_i^{HC} > \tilde{x}_i^{NC}$，i = s，b 即，企业创新成果在完全合

作模式下最大，半合作模式下次之，不合作模式下最小。

由于 $I_i=\gamma\frac{x_i^2}{2}$，$\tilde{x}_i^{TC}>\tilde{x}_i^{HC}>\tilde{x}_i^{NC}$，因此，$\tilde{I}_i^{TC}>\tilde{I}_i^{HC}>\tilde{I}_i^{NC}$，即，企业创新投入在完全合作模式下最大，在半合作模式下次之，在不合作模式下最小。

由此可知，供应链上下游企业的创新投入和成果均在完全合作模式下最大，半合作模式下次之，不合作模式下最小。

（2）将完全合作模式下与半合作模式的最终产品价格相减可得：

$$\tilde{P}^{TC}-\tilde{P}^{HC}=-\frac{(A-\alpha D)\ \{4A\gamma_s\gamma_b-[(1+\beta_b)^2\gamma_s+(1+\beta_s)^2\gamma_b+4\alpha\gamma_s\gamma_b]\ D\}\ \lambda\gamma_s\gamma_b}{\rho_1\rho_2}<0;$$

将半合作模式下的最终产品产量与不合作模式的最终产品产量相减可得：

$$\tilde{P}^{HC}-\tilde{P}^{NC}=-\frac{2\ (A-\alpha D)\ [(1+\beta_b)^2\gamma_s+(1+\beta_s)^2\gamma_b]\ \lambda\gamma_s\gamma_b D}{\rho_2\rho_3}<0,$$

因此，$\tilde{P}^{TC}<\tilde{P}^{HC}<\tilde{P}^{NC}$，即，最终产品价格在完全合作模式下最小，在半合作模式次之，在不合作模式最大。

（3）将完全合作模式下与半合作模式下的上下游企业总利润相减可得：

$$\sum_{i=s,b}\tilde{\pi}_i^{TC}-\sum_{i=s,b}\tilde{\pi}_i^{HC}=\frac{(A-\alpha D)\ \lambda^2\gamma_s^2\gamma_b^2D}{\rho_1\rho_2}>0;$$

将半合作模式与不合作模式下的上下游企业总利润相减可得：

$$\sum_{i=s,b}\tilde{\pi}_i^{HC}-\sum_{i=s,b}\tilde{\pi}_i^{NC}=\frac{\lambda^2\gamma_s^2\gamma_b^2D^2}{2\rho_2\rho_3^2}\{32\ (A-\alpha D)\ (1+\beta_b)^2\gamma_s-(1+\beta_s)^2\ [3\ (1+\beta_b)^2D-8A\gamma_b+8\alpha\gamma_b D]\}>0,$$

因此，$\sum_{i=s,b}\tilde{\pi}_i^{TC}>\sum_{i=s,b}\tilde{\pi}_i^{HC}>\sum_{i=s,b}\tilde{\pi}_i^{NC}$，即，上下游企业利润在完全合作模式下最大，在半合作模式下次之，在不合作模式下

最小。

（4）将完全合作模式下的消费者剩余与半合作模式下的消费者剩余相减可得：

$$\tilde{C}^{TC}-\tilde{C}^{HC}=\frac{A^2\lambda^2\gamma_s^2\gamma_b^2}{2\rho_1^2\rho_2^2}$$

$\{12A\gamma_s\gamma_b-[5(1+\beta_b)^2\gamma_s+5(1+\beta_s)^2\gamma_b+12\alpha\gamma_s\gamma_b]D\}\times\{4A\gamma_s\gamma_b-[(1+\beta_b)^2\gamma_s+(1+\beta_s)^2\gamma_b+4\alpha\gamma_s\gamma_b]D\}>0$，

将半合作模式下的消费者剩余与不合作模式下的消费者剩余相减可得：

$$\tilde{C}^{HC}-\tilde{C}^{NC}=\frac{2A^2\lambda^2\gamma_s^2\gamma_b^2D}{\rho_2^2\rho_3^2}\times[2(1+\beta_b)^2\gamma_s+(1+\beta_s)^2\gamma_b]$$

$\{16A\gamma_s\gamma_b-[4(1+\beta_b)^2\gamma_s+5(1+\beta_s)^2\gamma_b+16\alpha\gamma_s\gamma_b]D\}>0$，因此，$\tilde{C}^{TC}>\tilde{C}^{HC}>\tilde{C}^{NC}$，即消费者剩余在完全合作模式下最大，在半合作模式下次之，在不合作模式下最小。

（5）由于社会福利为企业利润与消费者剩余之和，即 $S=\sum_{i=s,b}\tilde{\pi}_i+C$，且由以上分析可知 $\sum_{i=s,b}\tilde{\pi}_i^{TC}>\sum_{i=s,b}\tilde{\pi}_i^{HC}>\sum_{i=s,b}\tilde{\pi}_i^{NC}$，以及 $\tilde{C}^{TC}>\tilde{C}^{HC}>\tilde{C}^{NC}$。因此，$\tilde{S}^{TC}>\tilde{S}^{HC}>\tilde{S}^{NC}$，即，社会福利在完全合作模式下最大，在半合作模式下次之，在不合作模式下最小。

由此可知，企业 i（i = s，b）的最优创新投入 $\tilde{I}_i$ 和创新成果 $\tilde{x}_i$，企业最大总利润 $\sum_{i=s,b}\tilde{\pi}_i$，最大消费者剩余 $\tilde{C}$ 以及最大社会福利 $\tilde{S}$ 均在完全合作模式下最大，半合作模式下次之，不合作模式下最小，即 $\tilde{I}_i^{TC}>\tilde{I}_i^{HC}>\tilde{I}_i^{NC}$，$\tilde{x}_i^{TC}>\tilde{x}_i^{HC}>\tilde{x}_i^{NC}$，$\sum_{i=s,b}\tilde{\pi}_i^{TC}>\sum_{i=s,b}\tilde{\pi}_i^{HC}>\sum_{i=s,b}\tilde{\pi}_i^{NC}$，$\tilde{C}^{TC}>\tilde{C}^{HC}>\tilde{C}^{NC}$，$\tilde{S}^{TC}>\tilde{S}^{HC}>\tilde{S}^{NC}$。而最优最终产品价格 $\tilde{P}$ 则在完全合作模式下最小，半合作模式下次之，不合

作模式下最大，即，$\tilde{P}^{TC} < \tilde{P}^{HC} < \tilde{P}^{NC}$。命题8.8证毕。

命题8.8表明，供应链上下游企业无论是在创新上进行合作，还是生产和定价上进行的合作都有利于增加上下游企业的创新投入和创新成果，降低最终产品的价格，提高企业利润，消费者剩余和社会福利。因此，供应链上下游企业应尽可能采用完全合作模式。

但是，在完全合作模式下，供应链上下游企业是以双方总利润最大化为目标制定生产、定价和创新策略，且在最优策略的制定过程中将上游企业中间产品的销售收入与下游企业中间产品购买成本相互抵消。因而，完全合作模式下的最优生产、定价及创新策略中，只有最优最终产品价格和上下游企业的创新投入水平，没有最优的中间产品转移价格。而中间产品转移价格的大小决定了上下游企业在完全合作模式下的利润分配，若价格制定不合理，则可能因上游企业或下游企业的利润低于半合作模式而导致该企业不愿采用完全合作模式。这不仅将导致供应链上下游企业的利润损失，还会降低消费者剩余和社会福利。接下来，本章将研究供应链上下游企业如何制定中间产品转移价格，合理分配合作总利润，促进创新及生产的完全合作。

8.6 供应链纵向合作利润分配机制及对策

8.6.1 利润分配机制

由命题8.8可知，在完全合作模式下，供应链上下游企业以最大化合作创新总利润为目的来制定生产、定价及创新策略，虽然最大化了合作创新总利润，但如果不能设计出一种利润分配机制来确定中间产品转移价格，以保证供应链上下游企业都能从增加的总利润中获得一部分利益，则无法进行完全合作。

笔者认为一种合理的分配机制应该是收益与投入成正比，因此，建议采用投入比例分配法，即，将总利润增值部分按各企业创新投入占创新总投入的比例分配给企业。

命题 8.9 在投入比例分配法中，中间产品转移价格为：

$$\tilde{w}^{TC}=C_{s0}+\frac{[16(A-\alpha D)\gamma_s-9(1+\beta_s)^2D]\rho_1\lambda\gamma_b}{2\rho_2^2}+\frac{(A-\alpha D)(1+\beta_s)^2\lambda\gamma_s\gamma_b^2}{[(1+\beta_b)^2\gamma_s+(1+\beta_s)^2\gamma_b]\rho_2}-\frac{[2\beta_b(1+\beta_b)\gamma_s+(1-\beta_s^2)\gamma_b]\lambda D}{2\rho_1},$$

上游企业利润为：

$$\tilde{\pi}_s^{TC}=\frac{\lambda^2\gamma_s\gamma_b^2D}{2[(1+\beta_b)^2\gamma_s+(1+\beta_s)^2\gamma_b]\rho_1\rho_2^2}\times\{[16(A-\alpha D)\gamma_s-9(1+\beta_b)^2D][(1+\beta_b)^2\gamma_s+(1+\beta_s)^2\gamma_b]\rho_1+(1+\beta_s)^2(A-\alpha D)\rho_2\gamma_s\gamma_b\},$$

下游企业利润为：

$$\tilde{\pi}_b^{TC}=\frac{\lambda^2\gamma_s^2\gamma_b D}{2[(1+\beta_b)^2\gamma_s+(1+\beta_s)^2\gamma_b]\rho_1\rho_2^2}\{2(1+\beta_b)^2(A-\alpha D)\rho_2\gamma_s\gamma_b+[8(A-\alpha D)\gamma_b-9(1+\beta_b)^2D][(1+\beta_b)^2\gamma_s+(1+\beta_s)^2\gamma_b]\rho_1\}。$$

证明：由（8.30），（8.31）式以及上下游企业创新投入函数可得，完全合作模式下的上下游企业最优创新投入分别为

$$\tilde{I}_s^{TC}=\frac{(1+\beta_s)^2\lambda^2\gamma_s\gamma_b^2D^2}{2\rho_1^2}\text{和}\ \tilde{I}_b^{TC}=\frac{(1+\beta_b)^2\lambda^2\gamma_b\gamma_s^2D^2}{2\rho_1^2}。$$

因此，上下游企业的利润增值分配比例分别为

$$\delta_s=\frac{(1+\beta_s)^2\gamma_b}{(1+\beta_b)^2\gamma_s+(1+\beta_s)^2\gamma_b}$$

和 $\delta_b=\dfrac{(1+\beta_b)^2\gamma_s}{(1+\beta_b)^2\gamma_s+(1+\beta_s)^2\gamma_b}$。

由（8.24），（8.25）和（8.33）式可得：

$$\Delta\sum_{i=s,b}\tilde{\pi}_i=\sum_{i=s,b}\tilde{\pi}_i^{TC}-\sum_{i=s,b}\tilde{\pi}_i^{HC}=\frac{(A-\alpha D)\lambda^2\gamma_s^2\gamma_b^2D}{\rho_1\rho_2},$$

由完全合作模式下的上游企业利润

$$\tilde{\pi}_s^{TC}=\frac{\{[2(1+\beta_b)\beta_b\gamma_s+(1-\beta_s^2)\gamma_b]\lambda\gamma_bD+2\rho_1(w-C_{s0})\}\lambda\gamma_s\gamma_bD}{2\rho_1^2},$$

以及半合作模式下的上游企业利润

$$\tilde{\pi}_s^{HC}=\frac{[16(A-\alpha D)\gamma_s-9(1+\beta_b)^2D]\lambda^2\gamma_s\gamma_b^2D}{2\rho_2^2}$$

和利润增量分配额

$$\delta_s\Delta\sum_{i=s,b}\tilde{\pi}_i=\frac{(1+\beta_s)^2(A-\alpha D)\lambda^2\gamma_s^2\gamma_b^3D}{[(1+\beta_b)^2\gamma_s+(1+\beta_s)^2\gamma_b]\rho_1\rho_2},$$

求解 $\tilde{\pi}_s^{TC}=\tilde{\pi}_s^{HC}+\delta_s\Delta\sum_{i=s,b}\tilde{\pi}_i$ 可得中间产品转移价格为

$$\begin{aligned}\tilde{w}^{TC}=C_{s0}&+\frac{[16(A-\alpha D)\gamma_s-9(1+\beta_s)^2D]\rho_1\lambda\gamma_b}{2\rho_2^2}\\&+\frac{(A-\alpha D)(1+\beta_s)^2\lambda\gamma_s\gamma_b^2}{[(1+\beta_b)^2\gamma_s+(1+\beta_s)^2\gamma_b]\rho_2}\\&-\frac{[2\beta_b(1+\beta_b)\gamma_s+(1-\beta_s^2)\gamma_b]\lambda D}{2\rho_1},\end{aligned}$$

上游企业利润为

$$\begin{aligned}\tilde{\pi}_s^{TC}=&\frac{\lambda^2\gamma_s\gamma_b^2D}{2[(1+\beta_b)^2\gamma_s+(1+\beta_s)^2\gamma_b]\rho_1\rho_2^2}\\&\times\{[16(A-\alpha D)\gamma_s-9(1+\beta_b)^2D]\\&[(1+\beta_b)^2\gamma_s+(1+\beta_s)^2\gamma_b]\rho_1\\&+(1+\beta_s)^2(A-\alpha D)\rho_2\gamma_s\gamma_b\},\end{aligned}$$

下游企业利润为

$$\tilde{\pi}_b^{TC}=\frac{\lambda^2\gamma_s^2\gamma_b D}{2\left[(1+\beta_b)^2\gamma_s+(1+\beta_s)^2\gamma_b\right]\rho_1\rho_2^2}\{2(1+\beta_b)^2(A-\alpha D)\rho_2\gamma_s\gamma_b+[8(A-\alpha D)\gamma_b-9(1+\beta_b)^2 D][(1+\beta_b)^2\gamma_s+(1+\beta_s)^2\gamma_b]\rho_1\}。$$

命题8.9证毕。

命题8.9表明，在投入比例分配法中，供应链上下游企业按其创新投入的比例分配了利润增量，双方分别在半合作模式的利润基础上增加了

$$\delta_s\Delta\sum_{i=s,b}\tilde{\pi}_i=\frac{(1+\beta_s)^2(A-\alpha D)\lambda^2\gamma_s^2\gamma_b^3 D}{\left[(1+\beta_b)^2\gamma_s+(1+\beta_s)^2\gamma_b\right]\rho_1\rho_2}$$

和 $\delta_b\Delta\sum_{i=s,b}\tilde{\pi}_i=\frac{(1+\beta_b)^2(A-\alpha D)\lambda^2\gamma_s^3\gamma_b^2 D}{\left[(1+\beta_b)^2\gamma_s+(1+\beta_s)^2\gamma_b\right]\rho_1\rho_2}$，

这样有利于提高双方进行完全合作的积极性，促进完全合作的形成。

8.6.2 对策建议

通过以上分析可以得出对策建议如下:

（1）企业应设法提高产品的网络外部性，同时增加创新投入，以提高企业利润。

（2）供应链上、下游企业应多采用反求工程等技术，以提高创新成果溢出效应，从而提高企业利润；政府也应鼓励企业提高创新成果溢出，以提高消费者剩余和整个社会福利。

（3）供应链上、下游企业应在创新和生产上均加强合作，从而提高企业利润；政府也应对此加以鼓励，以提高整个社会福利。

（4）在完全合作模式下，企业在分配利润增量时，不宜过于依仗其议价能力获取尽可能多的利润增量，还应根据双方在创新上的投入情况进行分配。

8.7 研究结果

在具有网络外部性的产品市场中，网络外部性能通过改变消费者的效用而对消费者的购买决策以及供应链上下游企业的生产、定价和创新策略产生较大影响。在创新投资过程中存在着由企业间创新信息的交流或外泄，创新人员的流动等引起的投资溢出效应，企业的创新投入会被供应链其他企业所用，增加其创新投入，从而影响企业的创新决策。本章考虑消费者除了能从购买产品中获得基本效用之外，还能获得一定的与产品网络规模相关的网络效用，企业的创新投入会给供应链其他企业带来额外的创新投入，建立了基于网络外部性、投资溢出的供应链纵向合作创新博弈模型，研究了供应链上下游企业在不合作、半合作及完全合作等三种合作创新模式下的创新策略，分析了网络外部性、投资溢出以及合作模式对企业创新策略的影响，提出了按投入比例分配的利润分配机制，并确定了该机制下的中间产品转移价格和双方利润，以促进供应链上下游企业采用完全合作模式。研究表明：

（1）在不合作、半合作以及完全合作等三种合作创新模式下，随着网络外部性的增大，企业的最优创新成果和创新投入均会增加，最优最终产品价格则会降低，供应链上下游企业最大总利润，最大消费者剩余以及最大社会福利均会得到提高。因此，无论在哪种合作模式下，供应链均偏好于生产高网络外部性的产品。但是，在半合作模式下，当上游企业（或下游企业）创新效率或投资溢出效应较大时，上游企业（或下游企业）的利润反而随网络外部性的增大而降低。

（2）在不合作、半合作以及完全合作等三种合作创新模式下，随着企业创新投资溢出的增大，供应链上下游企业的最优创新成果增多，最优最终产品价格降低，上下游企业的最大利润，最大消费者剩余以及最大社会福利均会得到提高。因此，无论在哪种合作模式下，供应链上下游企业均应设法提高投资溢出。

（3）供应链上下游企业的总利润、消费者剩余和社会福利均在完全合作模式下最大，在不合作模式下最小，即，对于企业、消费者和整个社会而言，完全合作都是一种最优合作模式。因此，供应链上下游企业应尽可能选择完全合作模式进行生产和创新合作，以提高企业利润、消费者剩余和社会福利。

（4）在完全合作模式下，由于供应链上下游企业是以双方总利润最大化为目标来确定最终产品价格和创新投入，虽然最大化了双方总利润，但若不能设计出一种合理的利润分配机制来制定中间产品转移价格，确保双方都能从增加的总利润中获得部分收益，则有可能会使得供应链上下游企业无法进行完全合作。采用按创新投入比例分配利润增量，可以使得供应链上下游企业均按其创新投入的比例分配到总利润增量，提高了所有企业的利润，能有效促进完全合作的实施。

9 网络外部性下企业研发行为未来研究方向

9.1 本书研究方向

现实生活中有很多产品（如即时通信软件、电信或网络服务等）都具有一个很重要的特征，即消费者消费产品所获效用会随该产品用户量的增多而变大，产品的这种特征被称为网络外部性。网络外部性是一种客观的经济现象，它反映了产品价值与产品使用人数的一种正反馈效应，产品的价值不再集聚于产品本身所具有的属性，而是延伸至整个产品网络。产品（技术）价值的变革对技术发起方即研发企业的行为产生重要影响，这种影响表现在新产品的引入、新旧技术间的竞争、企业研发投入等多方面。

此外，具有网络外部性或兼容性的产品还有明显特征，就是技术更新升级非常快，研发创新行为比较频繁，溢出效应比较明显（包括研发过程中因企业间研发信息的交流，研发人员的流动等引起的投资溢出，以及其他企业采用反求工程等手段从研发企业的研发成果中获益，即成果溢出）。

本书针对网络外部性下研发竞争日趋激励，技术竞争日趋复杂的现状，在对网络外部性下研发特征分析的基础上，研究了网络外部性和溢出效应环境下的企业研发动机及行为（包括独立研发、行业内横向合作研发及供应链纵向合作研发），并分析了网络外部性，产品兼容性以及溢出效应等对企业的合作研发动机、研发投资策略、企业利润以及社会福利的影响，找出不同环境下的企业最优研发投资策略以及完全合作模式下的利润分配机制。研究发现：

（1）在网络外部性和溢出效应（即投资溢出或成果溢出）的环境下，企业独立研发的动机及行为主要具有以下特征：

①单个企业独立研发时，研发企业的利润会得到增加，而非研发企业的利润则会被降低。因此，非研发企业将会被迫进行研发投资；且研发企业始终倾向于低溢出效应，非研发企业则始终倾向于低网络外部性、高兼容性和高溢出效应。而研发企业的研发投入会随网络外部性的增加而提高，随兼容性和溢出效应的增加而降低。

②两个企业均不愿同时进行独立研发投资，但双方会因陷入“囚徒困境”而被迫同时进行研发投资；且双方均倾向于高兼容性，高溢出效应，以及低网络外部性；而双方的研发投入都随溢出效应的增加而减少，与网络外部性和兼容性无关。

（2）网络外部性和溢出效应环境下的企业独立研发行为研究的最大启示就是，若两个企业无法就双方均不进行研发达成可执行的协议，并形成可置信的威胁，促使双方严格执行协议不进行研发投入，则双方就会陷入“囚徒困境”之中，必然都会在自利行为的驱使下，为了增加自身利润而打破双方均不研发的约定进行研发投资。因此，政府若想促使企业进行研发投资或加大研发投入，则应该设法阻止企业达成不进行研发的协议，或对研发企业进行补贴（如按研发投入的一定比例进行补贴或按产品价格的一定比例对每个售出的产品进行补贴），以提高其收益，激励其放弃协议进行研发。同时，设法降低研发投资溢出效应，以此提高企业的研发投资。

（3）在网络外部性和溢出效应（即投资溢出或成果溢出）的环境下，行业内横向合作研发的动机及行为主要具有以下特征：

①合作研发不仅能够能提高企业利润，而且可以因单位生产成本的减少而降低企业产品价格，从而增加产品销量和消费者剩余，最终提高了社会福利。因此，企业愿意进行合作研发，而政府也应鼓励企业进行合作研发，并为企业的合作研发提供良好的政策法律环境。

②企业的合作研发动机、研发投入以及企业利润和社会福利会随兼容性和溢出效应性的增加而提高，因此企业更愿意生产高兼容性的产品，且更偏好高溢出效应性的环境。当产品兼容性较大或外部性较小时，企业的合作研发投入、企业利润以及社会福利均随网络外部性的提高而增加。因此，政府应鼓励企业生产网络外部性较高、兼容性强的产品，并加强研发信息和技术的沟通交流，以增强投资溢出效应，或采用反求工程等技术，以增强成果溢出效应，从而促使企业投入更多研发资源，提高企业利润和社会福利。

（4）在网络外部性和溢出效应（即投资溢出或成果溢出）的环境下，供应链纵向合作研发的动机及行为主要具有以下特征：

①在不合作、半合作以及完全合作等三种合作创新模式下，供应链上下游企业的创新成果和创新投入，上下游企业总利润，消费者剩余以及社会福利均随着网络外部性的增大而提高，最终产品价格随着网络外部性的增大而降低。因此，供应链无论采用哪种合作模式均偏好于生产高网络外部性的产品。

②在不合作、半合作以及完全合作等三种合作创新模式下，

供应链上下游企业的创新成果和创新投入，上下游企业各自的利润，消费者剩余以及社会福利均随着企业创新投资溢出（或成果溢出）的增大而提高，最终产品价格则随着企业创新投资溢出（或成果溢出）的增大而降低。因此，供应链上下游企业无论采用哪种合作模式均应设法提高投资溢出（或成果溢出）。

③供应链上下游企业的总利润、消费者剩余和社会福利均在完全合作模式下最大，在不合作模式下最小，即，对于企业、消费者和整个社会而言，完全合作都是一种最优合作模式。因此，供应链上下游企业应尽可能选择完全合作模式进行生产和创新合作，以提高企业利润、消费者剩余和社会福利。

④在完全合作模式下，由于供应链上下游企业是以双方总利润最大化为目标来确定最终产品价格和创新投入，虽然最大化了双方总利润，但若不能设计出一种合理的利润分配机制来制定中间产品转移价格，确保双方都能从增加的总利润中获得部分收益，则有可能会使得供应链上下游企业无法进行完全合作。虽然双方可以通过讨价还价设定分配比例，但这种方式的结果取决于双方讨价还价能力的强弱，因此可能导致谈判能力弱的一方不满谈判结果而不愿意进行完全合作。而按创新投入比例分配利润增量则能有效避免该情况的出现，提高双方进行完全合作的积极性。

9.2 未来研究方向

关于网络外部性和溢出效应环境下的企业研发行为以及相应激励措施领域，还有很多值得继续深入研究的内容，包括：

（1）本书主要对网络外部性和溢出效应环境下双寡头企业的独立及合作研发行为进行研究，但现实情况更多的是多企业间的竞争，如，我国的移动通讯行业虽然是个高垄断行业，但仍然有移动、联通和电信三家企业进行竞争。因此，多企业间的竞争及合作情况将更为复杂，也非常值得深入研究。

（2）本书主要对由一个上游企业和一个下游企业组成的供应链合作创新进行研究。但供应链合作创新中，一个下游企业与多个上游企业或多个下游企业与一个上游企业同时合作的情况也较为常见。当合作创新成员数大于2时，部分成员就有进行合谋的动机，以整个合作创新利益的损失换取它们的收益，如供应商合谋抬高供应品价格，或生产商合谋压低采购价格，成员间的合谋也会导致合作创新效率低下甚至解体。因此有必要研究是否能够设计出一种激励机制，既能激励供应链企业积极投入，又能防止合谋行为的发生。

（3）本书主要从企业的角度对企业的独立及合作研发行为进行研究，企业作为一个经济实体，它是以自身利润最大化为决策目标，现实中，在绝大多数情况下，企业的决策对于整个社会的福利而言并不是最优选择，即出现了“市场失灵”现象，这时，政府就应发挥其宏观调控的职能，采用财政或税收激励（如按研发投入的一定比例进行补贴或按产品价格的一定比例对每个售出的产品进行补贴），对企业的决策进行帕累托改进，提高社会福利。政府在网络外部性和溢出效应环境下的最优激励措施选择也将是进一步研究方向之一。

参考文献

曹福建，顾新一．一类存在网络外部性的水平差异模型［J］．管理科学学报，2002，1（9）：59－64.

丁国荣．基于Hotelling模型的网络外部性研究［J］．系统工程理论方法应用，2004，5（10）：429－432.

侯光明，艾凤义．基于混合溢出的双寡头横向R&D合作［J］．管理工程学报，2006，20（4）：94－97.

龚艳萍，周育生．基于R&D溢出的企业合作研发行为分析［J］．系统工程，2002，20（5）：59－64.

黄波，孟卫东，任玉珑．基于投资溢出的并行研发联盟成员投资策略研究［J］．预测，2009，28（2）：42－46.

霍沛军，陈继祥．针对国内双寡头的最优R&D补贴策略［J］．系统工程学报，2002，（17）2：115－120.

霍沛军，陈继祥，陈剑．R&D补贴与社会次佳R&D［J］．管理工程学报，2004，18（2）：1－3.

霍沛军，陈剑，陈继祥．双寡头R&D合作与非合作时的最优溢出［J］．中国管理科学，2002，10（6）：92－96.

李克克，陈宏民．网络外部性条件下厂商的R&D动机研究［J］．系统工程学报，2006，21（2）：171－175.

李克克，陈宏民．具有不对称网络规模的寡头市场条件下企业的R&D动机研究［J］．管理工程学报，2007a，21（1）：

88－91，109.

李克克，陈宏民．网络外部性条件下的序贯创新与进入遏制［J］．系统工程学报，2007b，22（5）：480－485.

李忠，陈继祥．存在成果溢出和投资溢出下的研发组织分析［J］．系统工程理论方法应用，2003，12（2）：116－119.

李勇，张异，杨秀苔等．供应链中制造商－供应商合作研发博弈模型［J］．系统工程学报，2005，20（1）：12－18.

刘伟，张子健，张婉君．纵向合作中的共同R&D投资机制研究［J］．管理工程学报，2009，23（1）：19－22，34.

梁丹，吕永龙，史雅娟，等．技术扩散研究进展［J］．科研管理，2005，6（4）：29－34.

刘宏，杨克华．市场结构与合作技术创新行为关系研究［J］．科学学与科学技术管理，2003，24（6）：56－59.

刘卫民，陈继祥．内生溢出与R&D竞争、合作的激励问题［J］．管理工程学报，2006，20（3）：1－5.

孟卫东，黄波，李宇雨．基于投资溢出的研发联盟成员投资策略研究［J］．中国管理科学，2009，174（4）：133－140.

史晋川，刘晓东．网络外部性、商业模式与PC市场结构［J］．经济研究，2005，3（9）：91－107.

汤建影，黄瑞华．研发联盟企业间知识共享影响因素的实证研究［J］．预测，2005，24（5）：20－25，43.

王国才，朱道立．网络经济下企业兼容性选择与用户锁定策略研究［J］．中国管理科学，2004，12（6）：91－95.

王秋菲，李凯．纵向RJVs研发成本分担机制［J］．系统工程，2007，25（5）：104－107.

文守逊，郑存丽．基于网络外部性的双寡头企业R&D合作研究［J］．科技进步与对策，2009，26（4）：68－71.

夏若江．网络外部性条件下系统创新的市场失灵和第三方的介入［J］．科研管理，2007，28（3）：25，26－30.

幸昆仑，文守逊，黄克．网络外部性和溢出条件下企业R&D行为研究［J］．科技管理研究，2008，28（8）：226－228，231.

徐迪，翁君奕．具有网络外部性的创新产品的兼容策略分析［J］．数量经济技术经济研究，2004，21（8）：62－66.

杨勇，达庆利．网络外部性下不对称企业技术创新投资决策研究［J］．管理工程学报，2007，21（1）：47－50.

于全辉．网络外部性下企业创新行为的进化分析［J］．科学学与科学技术管理，2006，27（9）：52－55，70.

张铭洪编著．网络经济学教程［M］．北京：科学出版社，2002.

Amir A.，Wooders J. One－way spillovers，endogenous innovator/imitator roles，and research joint ventures［J］．Games and Economic Behavior，2000，31（1）：1－25.

Amir R. Modelling imperfectly appropriable R&D via spillovers［J］．International Journal of Industrial Organization，2000，18（7）：1013－1032.

Amir R.，Jin J. Y.，Troege M. On additive spillovers and returns to scale in R&D［J］．International Journal of Industrial Organization，2008，26（3）：695－703.

Arrow K. J. Economic welfare and the allocation of resources for innovation. In：Nelson R. R（Ed）．The Rate and Direction of Inventive Activity［M］．NJ Princeton University Press，1962：609－626.

Atallah G. Vertical R&D Spillovers，Cooperation，Market Structure, and Innovation [J]. Economics of Innovation and New Technology, 2002, 11 (3): 179 - 209.

Autant - Bernard C., P Billand P., C BravardNadine C., Massard N. Network Effects in R&D Partnership Evidence from the European Collaborations in Micro and Nanotechnologies [C]. DIME - Workshop on "Interdependencies of interactions in local and sectoral innovation systems", IENA: France. 2007.

Baake P., Boom A. Vertical product differentiation network externalities and compatibility decisions [J]. International Journal of Industrial Organization, 2001, 19 (1/2): 267 - 284.

Barney J. Firm Resources and Sustained Competitive Advantage [J]. Journal of Management Studies, 1991, 17 (1): 99 - 120.

Bayer R., Chan M. Network externalities, demand inertia, and dynamic pricing in an experimental oligopoly market [Z]. University of Adelaide Working Paper, 2004: 08.

Boivin C. Vencatachellum D. R&D in market with network externalities [J]. Economics Bulletin, 2002, 12 (9): 1 - 8.

Bondt R., Veugelers R. Strategic investment with spillovers [J]. European Journal of Political Economy, 1991, 7 (3): 345 - 366.

BondtR., Slaets P., Cassiman B. The degree of spillovers and the number of rivals for maximum effective R&D [J]. International Journal of Industrial Organization, 1992, 10 (1): 35 - 54.

Cabrer - Borras B., Serrano - Domingo G. Innovation and R&D spillover effectsin Spanish regions: a spatial approach [J]. Research Policy, 2007, 36 (9): 1357 - 1371.

Cellini R., Lambertini L. Dynamic R&D with spillovers: Competition vs cooperation [J]. Journal of Economic Dynamics and

Control, 2009, 33 (3): 568 - 582.

Cerquera D. R&D incentives, compatibility and network externalities [Z]. ZEW Discussion Papers, 2006, 093.

Choi J. P. Network Externality, compatibility choice, and Planned obsolescence [J]. Journal of Industrial Economics, 1994, 42 (2): 167 - 182.

Church J., Gandal N. Systems competition, vertical merger, and foreclosure [J]. Journal of Economics & Management Strategy, 2001, (9) 1: 25 - 51.

Collis D. J., Cynthia A. Montgomery. Creating Corporate Advantage [J]. Harvard Business Review, 1998, 76 (3): 70 - 83.

Coe D. T., Helpman E., Hoffmaister A. W. International R&D spillovers and institutions [J]. European Economic Review, 2009, 53 (7): 723 - 741.

Corts K. S., Lederman M. Software exclusivity and the scope of indirect network effects in the U. S. home video game market [J]. International Journal of Industrial Organization, 2009, 27 (2): 121 - 136.

Creenstein S. arket Structure and Innovation: A Brief Synopsis of Recent Thinking [R]. The US Federal Trade Commission. 2002.

Csorba G. Contracting with asymmetric information in the presence of positive networkeffects: Screening and divide - and - conquer techniques [J]. Information Economics and Policy, 2008a, 20 (1): 54 - 66.

Csorba G. Screening contracts in the presence of positive network effects [J]. International Journal of Industrial Organization, 2008b, 26 (1): 213 - 226.

D'Aspremont C. , Jacquemin A. Cooperative and Non – cooperative R&D in Duopoly with Spillover [J] . American Economic Review, 1988, 78 (5): 1133 – 1137.

D'Aspremont C. , Jacquemin A. Cooperative and Non – cooperative R&D in Duopoly with Spillovers: Erratum [J] . American Economic Review, 1990, 80 (3): 641 – 642.

Dietzenbacher E. Spillovers of innovation effects [J] . Journal of Policy Modeling, 2000, 22 (1): 27 – 42.

Doganoglu T. , Wright J. Multihoming and compatibility [J] . International Journal of Industrial Organization, 2006, 24 (1): 45 – 67.

Doz Y. , Hamel G. Alliance Advantage: The art of creating value through partnering [M] . Boston, MA: Harvard Business School Press, 1998.

Economides N. The Economics of Networks [J] . International Journal of Industrial Organization, 1996, 14 (6): 673 – 699.

Farrell J. , Saloner G. Standardization, Standardization, Compatibility, and Innovation [J] . Rand Journal of Economic, 1985, 16 (1): 70 – 83.

Ge Z. H. , Hu Q. Y. Collaboration in R&D activities: Firm – specific decisions [J] . European Journal of OperationalResearch, 2008, 185 (2, 1): 864 – 883.

Griliches Z. The search for R&D spillovers [J] . Scandinavian Journal of Economics, 1992 (94): 29 – 47.

Guellec, D. Pottelsberghe B. V. The Impact of Public R&D Expenditure on Business R&D [J] . Economics of Innovation and New Technology, 2003, 12 (3): 225 – 243.

Harabi N. Vertical relations between firms and innovation: An empirical investigation of German firms [Z]. ZEW discussion paper, No. 1997, 97 (10): 12.

He Q., Zhao J. Y. An analysis of the economic effect of spatial R&D knowledge spillovers [J]. International Journal of Learning and Intellectual, 2009, 6 (4): 402-414.

Hendler J., Golbeck J. Metcalfe's law, Web 2.0, and the Semantic Web [J]. Web Semantics: Science, Services and Agents on the World Wide Web, 2008, 6 (1): 14-20.

Huang B., Meng W. D., Li Y. Y. Partners' Resource-commitment Decisions in R&D Outsourcing [C]. International Conference on Engineering, Services and Knowledge Management, 2008.

Huang T. Hotelling competition with demand on parallel line [J]. Economics Letters, 2009, 102 (3): 155-157.

Hur K. I, Watanabe C. Unintentional technology spillover between two sectors: kinetic approach [J]. Technovation, 2001, 21 (4): 227-235.

Hwang W., Oh J. Adoption of new online services in the presence of network externalities and complementarities [J]. Electronic Commerce Research and Applications, 2009, 8 (1): 3-15.

Ishii A. Cooperative R&D between vertically related firms with spillovers [J]. International Journal of Industrial Organization, 2004, 22 (8-9): 1213-1235.

Kalaignanam K, Shankar V, VaradarajanR. Asymmetric New Product Development Alliances: Win-Win or Win-Lose Partnerships [J]. Management Science, 2007, 53 (3): 357-374.

Kamien M. I., Muller E., Zang I. Research joint ventures and

R&D cartels [J]. American Economic Review, 1992, 82 (5): 1293 - 1306.

Katz M. L., Shapiro C. Network Externalities, Competition and Compatibility [J]. American Economic Review, 1985, 75 (3): 424 - 440.

Katz M. L., Shapiro C. Product introduction with network externalities [J]. Journal of Industrial Economics, 1992, 40 (1): 55 - 84.

Katz M. L., Shapiro C. Systems competition and Network Effects [J]. Journal of Economic Perspectives, 1994, 8 (2): 93 - 115.

Kim J. Y. Product compatibility and technological innovation [J]. International Economic Journal, 2000, 14 (3): 87 - 100.

Kim J. Y. Product compatibility as a signal of quality in a market with network externalities [J]. International Journal of Industrial Organization, 2002, 20 (7): 949 - 964.

Klimenko M. M. Policies and international trade agreements on technical compatibility for industries with network externalities [J]. Journal of International Economics, 2009, 77 (2): 151 - 166.

Kokko A. Technology, Market Characteristics, and Spillovers [J]. Journal of Development Economics, 1994, 43 (2): 279 - 293.

Kono H. Employment with connections: Negative network effects [J]. Journal of Development Economics, 2006, 81 (1): 244 - 258.

Kristiansen E. G. R&D in markets with network externalities [J]. International Journal of Industrial Orgaization, 1996, 14 (6): 769 - 784.

Kultti K. , Takalo T. R&D spillovers and information exchange [J] . Economics Letter, 1998, 61 (1): 121 - 123.

Larralde H. , J Stehlé J. , P Jensen P. Analytical solution of a multi - dimensional Hotelling model with quadratic transportation costs [J] . Regional Science and Urban Economics, 2009, 39 (3): 343 - 349.

Leahy D. , Neary J. P. Absorptive capacity, R&D spillovers, and public policy [J] . International Journal of Industrial Organization, 2007, 25 (5): 1089 - 1108.

Li K. K. Network Externalities, Compatibility, and R&D Strategies [J] . ICMSE International Conference on Management Science and Engineering (14th), 2007: 2146 - 2151.

Licht G. Zoz K. Patents and R&D, An Econometric investigation using applications for German, European and US patents by German firms [M] //D. Encaoua, B. Hall, F. Laisney and J. Mairesse (eds.) . The economics and econometrics of innovation, Boston: Kluwer Academic Publishers, 2000.

Lin L. H. Impact of user skills and network effects on the competition between open source and proprietary software [J] . Electronic Commerce Research and Applications, 2008, 7 (1): 68 - 81.

L. f. H. Multinational enterprises and innovation: firm level evidence on spillover via R&D collaboration [J] . Journal of Evolutionary Economics, 2009, 19 (1): 41 - 71.

López - Sánchez J. I. , Arroyo - Barrigüete J. L. , Ribeiro D. Development of a technological competition model in the presence of network effects from the modified law of Metcalfe [J] . Service Business, 2008, 2 (2): 83 - 98.

Marin P. L., Siotis G. Market structure, competition, and innovation in the European and US chemical industries [M] //Cesaroni F., Gambardella, A., Garcia - Fontes, F. R&D (eds.), Innovation and competitiveness in the European chemical industry, Amsterdam: Kluwer Publishers, 2004.

Markovich S. Snowball: A dynamic oligopoly model with indirect network effects [J]. Journal of Economic Dynamics and Control, 2008, 32 (3): 909 - 938.

Manove M., Llobet G. Sequential Innovation, Network Effects and the Choice of Compatibility [Z]. 2004 Meeting Papers with number 721 of Society for Economic Dynamics, 2004.

Matsumura T., Matsushima N. Cost differentials and mixed strategy equilibria in a Hotelling model [J]. The Annals of Regional Science, 2009, 43 (1): 215 - 234.

Mesquita L. F., Anand J., Brush T. H. Comparing the resource - based and relational views: knowledge transfer and spillover in vertical alliances [J]. Strategic Management Journal, 2008, 29 (9): 913 - 941.

Moingeon B., Edmondson A. Organizational learning and competitive advantage [M]. London: Sage Publications, 1996.

Nickell S. J. Competition and Corporate Performance [J] Journal of Political Economy, 1996, 104 (4): 724 - 746

O'Mahony M., Vecchi M. R&D, knowledge spillovers and company productivity performance [J]. Research Policy, 2009, 38 (1): 35 - 44.

Penrose E. The theory of the growth of the firm [M]. New York: Wiley, 1995.

Petit M. L., Tolwinski B. R&D Cooperation or Competition [J]. European Economic Review, 1999, 43 (1): 185-208.

Piga C., Poyago-Theotoky J. Endogenous R&D spillovers and locational choice [J]. Regional Science and Urban Economics, 2005, 35 (2): 127-139.

Porter M. E. Competitive strategy [M]. New York: Free Press, 1980.

Raider H. J. Market Structure and Innovation [J]. Social Science Research, 1998, 27 (1): 1-21.

Rokuhara A. R&D and Antimonopoly Policy [R]. Gyosei, Tokyo, 1985.

Saaskilahti P. R&D strategy and network compatibility [J]. Economics of Innovation and New Technology, 2006, 15 (8): 711-733.

Sakakibara M. Evaluating government-sponsored R&D consortia in Japan: who benefits and how? [J]. Research Policy, 1997, 26 (4-5): 447-473.

Sarkar S. N. R&D Expenditure and Entry Deterrence in Presence of Network Externality [Z]. Working Paper Series, 2004.

Schmookler J. Invention and economic growth [M]. Cambridge: Harvard University Press, 1966.

Sengupta A., Sengupta K. A Hotelling-Downs model of electoral competition with the option to quit [J]. Games and Economic Behavior, 2008, 62 (2): 661-674

Shapiro C., Varian H. R. Information rules: a strategic guide to the network economy [M]. Harvard Business School Press, 1999.

Silipo D. B., Weiss A. Cooperation and competition in an R&D

market with spillovers [J]. Research in Economics, 2005, 59 (1): 41 - 57.

Soekijad M., Andriessen E. Conditions for knowledge sharing in competitive alliances [J]. European Management Journal, 2003, 21 (5): 578 - 587.

Steurs G. Inter - industry R&D spillovers: what difference do they make? [J]. International Journal of Industrial Organization, 1995, 13 (2): 249 - 276.

Suarez F. F. Battles for technological dominance: an integrative framework [J]. Research Policy, 2004, 33 (2): 271 - 286.

Sung T. K., Carlsson B. Network Effects, Technological Opportunity, and Innovation: Evidence from the Korean Manufacturing Firms [J]. Asian Journal of Technology Innovation, 2007 (15): 91 - 108.

Tesoriere A. A Further Note on Endogenous Spillovers in a Non - tournament R&D Duopoly [J]. Review of Industrial Organization, 2008a, 33 (2): 177 - 184.

Tesoriere A. Endogenous R&D symmetry in linear duopoly with one - way spillovers [J]. Journal of Economic Behavior and Organization, 2008b, 66 (2): 213 - 225.

Vossen R. W. Market Power, Industrial Concentration and Innovative Activity [J]. Review of Industrial Organization, 1999, 15 (4): 367 - 378.

Watkins T. A., Paff L. A. Absorptive capacity and R&D tax policy: Are in - house and external contract R&D substitutes or complements? [J]. Small Business Economics, 2009, 33 (2): 207 - 227.

Wang C. , Zhao Z. Horizontal and vertical spillover effects offoreign direct investment in Chinese manufacturing [J]. Journal of Chinese Economic and Foreign Trade Studies, 2008, 1 (1): 8-20.

Wang F. H. , Yan F. H. , Hou Y. J. , The Influence of Network Externality on Technology Diffusion [J]. WiCom International Conference on Wireless Communications, Networking and Mobile Computing, 2007: 5788-5791.

Wernerfelt B. A resource-based view of the firm [J]. Strategic Management Journal, 1984, 5 (2): 171-180.

Yetiskul E. , Matsushima K. , Kobayashi K. Airline Network Structure withThick Market Externality [J]. Research in Transportation Economics, 2005 (13): 143-163.

Yin Y. , Lawphongpanich S. Internalizing emission externality on road networks [J]. Transportation Research Part D: Transport and Environment, 2006, 11 (4): 292-301.

Ziss S. Strategic R&D with Spillovers, Collusion and Welfare [J]. The Journal of Industrial Economics, 1994, 42 (4): 375-393.